Esta colecção tem como objectivo proporcionar textos que sejam acessíveis e de indiscutível seriedade e rigor, que retratem episódios e momentos marcantes da História, seus protagonistas, a construção das nações e as suas dinâmicas.

OS CELTAS

Título original:
The Celts – Bronze Age to New Age 01 Edition

Esta tradução de *The Celts – Bronze Age to New Age 01 Edition*
é publicada através de acordo assinado com a Pearson Education Limited.

Tradução: Susana Costa Freitas

Revisão: Luís Milheiro

Capa de FBA

Depósito Legal n.º 448429/18

Biblioteca Nacional de Portugal - Catalogação na Publicação

HAYWOOD, John

Os celtas. - (História narrativa)
ISBN: 978-972-44-2142-1

CDU 94(364)
39(364)
316.72(364)

ISBN: 978-972-44-2142-1
ISBN da 1.ª edição: 978-972-44-1240-5

EDIÇÕES 70, uma chancela de Edições Almedina, S. A.
Avenida Engenheiro Arantes e Oliveira, 11 – 3.º C – 1900-221 Lisboa / Portugal
e-mail: geral@edicoes70.pt

www.edicoes70.pt

JOHN HAYWOOD

OS CELTAS

da idade do bronze aos nossos dias

70

Agradecimentos

Agradecemos a permissão de reproduzir material de direitos de autor:

Bridgeman Art Library, www.bridgeman.co.uk

Getty Images/Hulton Archive

John Haywood

Museu de Copenhaga

The British Museum

Werner Forman Archive

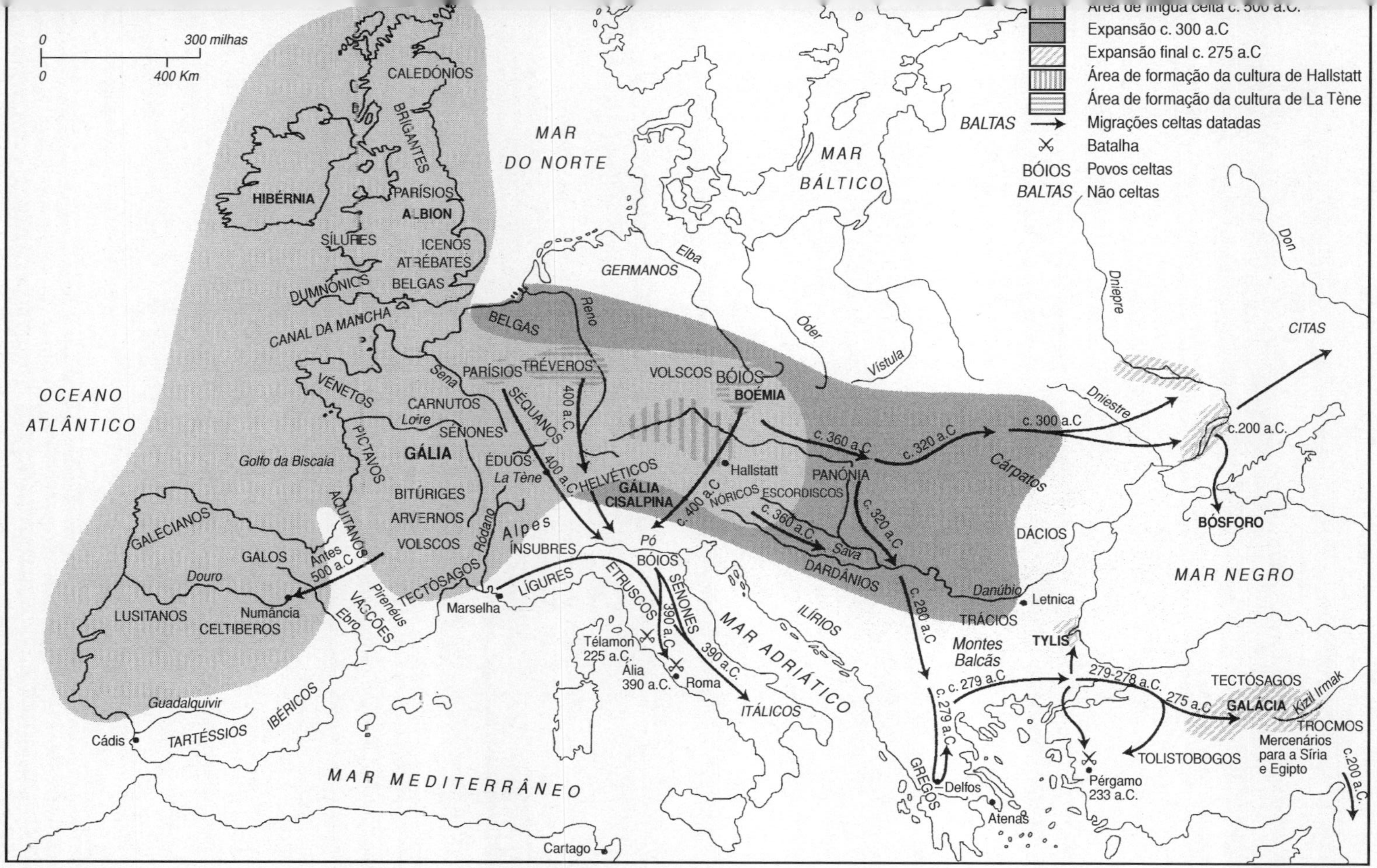

Mapa 1 *As Migrações Celtas*

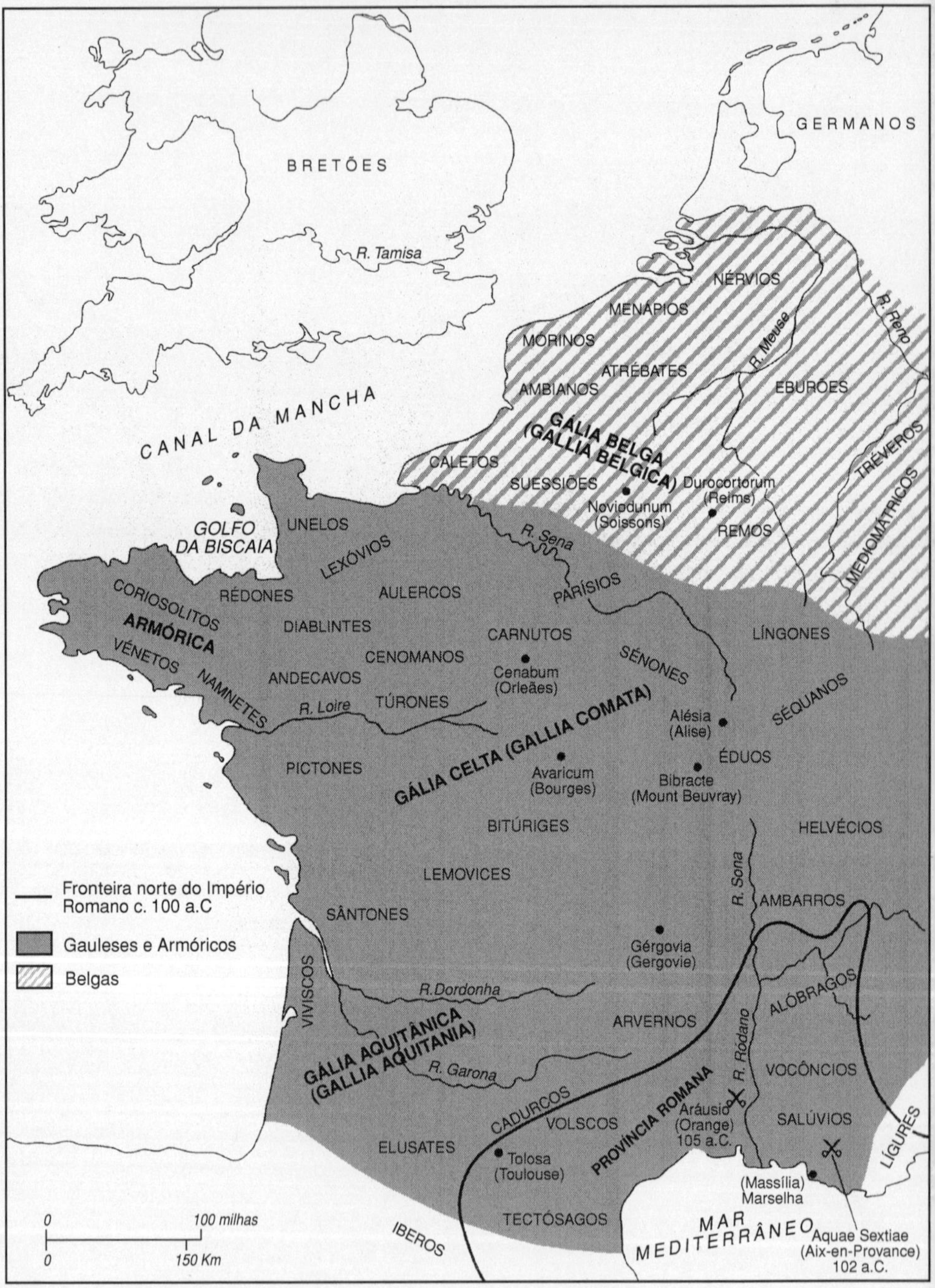

Mapa 2 *Os Povos da Gália no Final da Idade do Ferro*

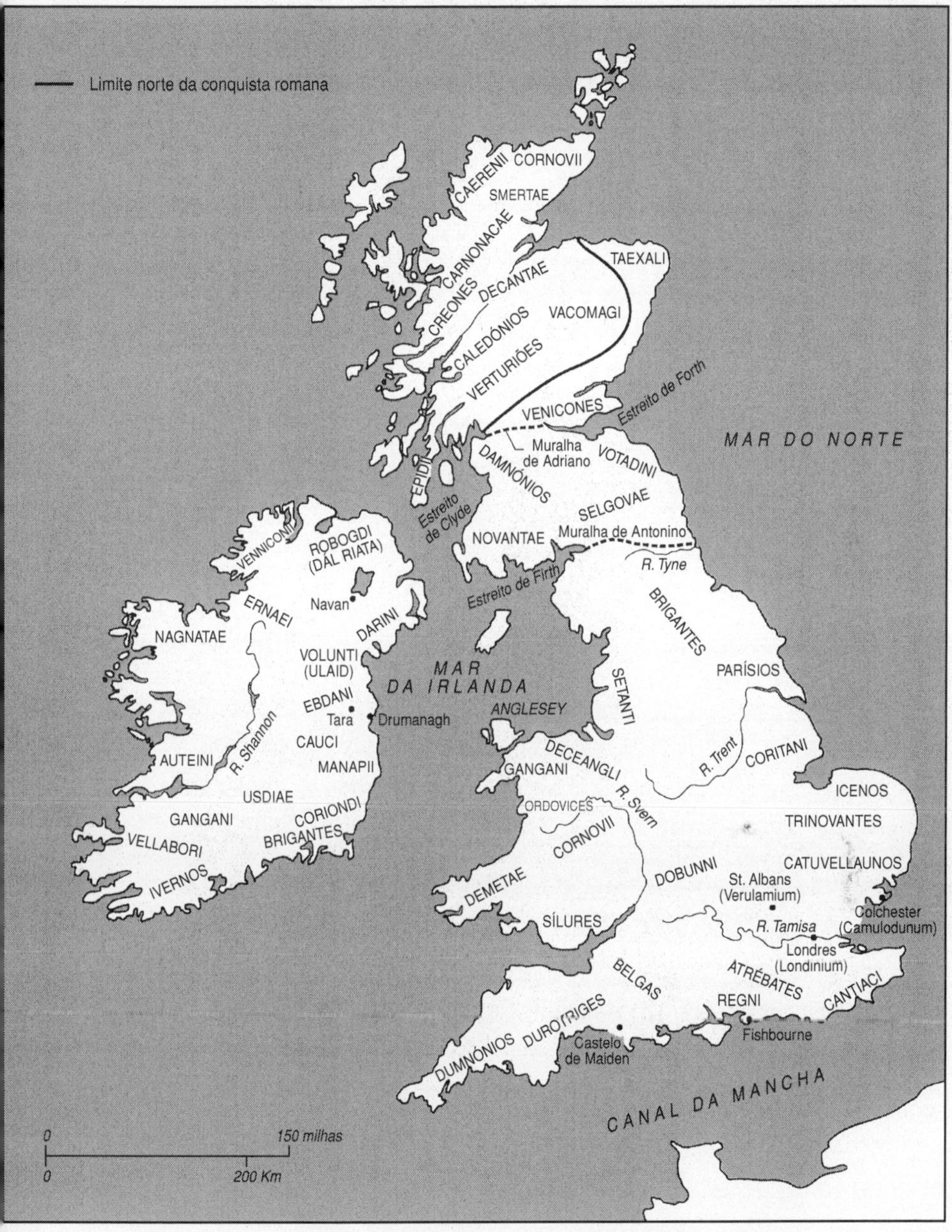

MAPA 3 *Os Povos da Grã-Bretanha no Final da Idade do Ferro*

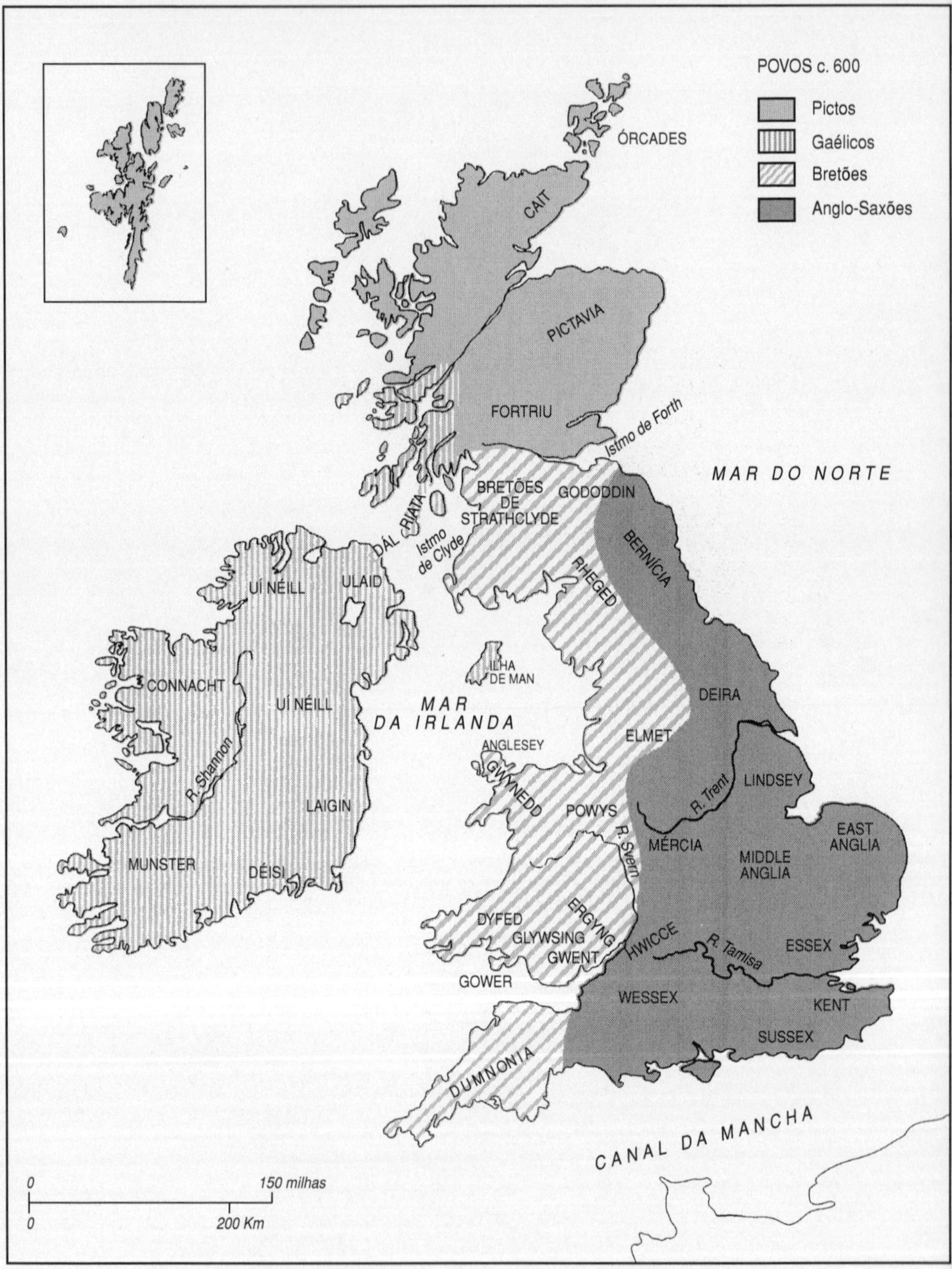

Mapa 4 *Os Povos e Reino da Grã-Bretanha e Irlanda, cerca de 600 d. C.*

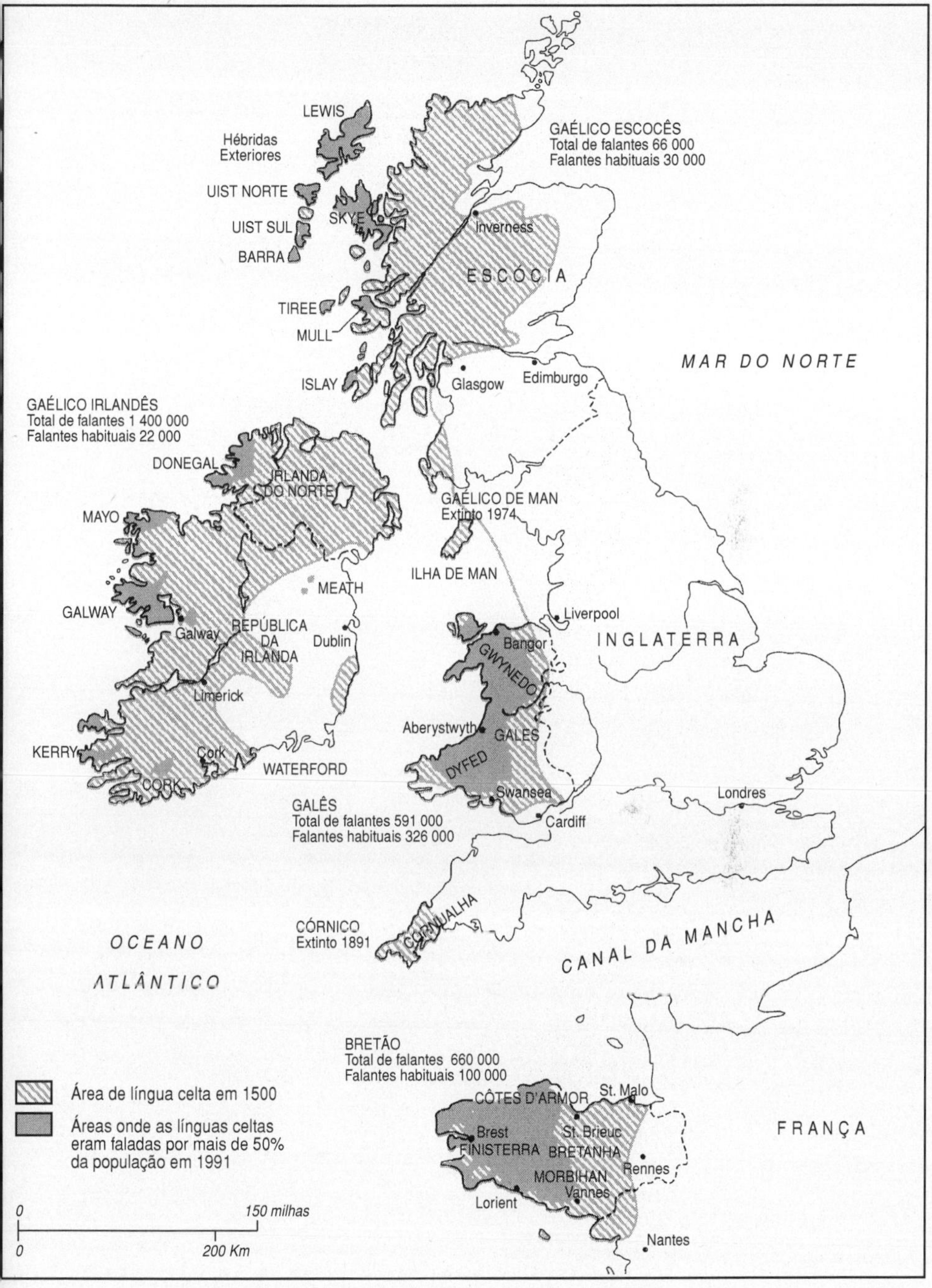

MAPA 5 *O Declínio das Línguas Celtas*

Introdução

Poucos povos europeus perduraram por tanto tempo quanto os Celtas. Desde o início obscuro da Idade do Bronze, os Celtas que dominaram o continente europeu na Idade do Ferro, viram-se obrigados através dos seus vizinhos, os Germanos, Dácios e Romanos, a uma retirada forçada. No século I a. C., ficaram confinados à franja da Europa atlântica, no entanto, sobreviveram aos Romanos e aos Dácios e resistiram para desempenhar um papel importante na vida cultural do início da Europa medieval. No final da Idade Média, as últimas sociedades celtas autónomas encontravam-se sob grande pressão e foram todas suprimidas em meados do século XVIII, pelos Ingleses, pelos Escoceses das Terras Baixas e pelos Franceses. Nessa altura, quando a sua extinção parecia inevitável, os intelectuais europeus começaram a revelar um sério interesse pela história dos Celtas, pela sua lígua e cultura. Poetas, artistas e nacionalistas criaram-lhes uma imagem romântica, incrementando a imaginação popular e iniciando um reavivar da identidade celta de um modo notável, que perdura até aos nossos dias.

Trabalhos académicos recentes sobre os Celtas focam a natureza da sua identidade: terão os antigos Celtas realmente existido, ou serão uma simples construção moderna? Serão os Celtas modernos os Celtas reais, ou apenas uma invenção da era romântica? Com algumas reservas, que se explicam neste livro, acho que ambos são reais. Para aqueles que não acreditam nos Celtas antigos, a sua sobrevivência até à Idade Moderna não constitui qualquer problema (os Celtas modernos são apenas um fenómeno cultural interessante). Aqueles que acreditam nos Celtas antigos têm como certa a sua sobrevivência até à Idade Moderna ou, se têm uma inclinação romântica ou nacionalista, explicam-na como uma luta heróica contra todas as expectativas. Mas, quando se pensa em tal, o facto de ainda haver na era romântica pessoas que se podiam redescobrir como Celtas (ou reinventar, se for céptico), é realmente fantástico. Afinal, onde estão os outros povos da Europa da Idade do Ferro? Desapareceram todos, Etruscos, Iberos, Ilírios, Trácios, Dácios, mesmo os Romanos. Em vez de olhar para a história celta como um longo declínio de dois milénios, deve ver-se nela uma história real de sobrevivência.

A sobrevivência dos Celtas, durante mais de 2500 anos, requer uma explicação consistente e sistemática. O principal interesse dos historiadores que se debruçaram sobre este povo é, em geral, explicar porque é que eles foram conquistados e assimilados, em vez de explicar a razão por que resistiram a conquistas e assimilações com tanto sucesso e por um período de tempo tão longo, porém, as suas conclusões são muitas vezes contraditórias. Por exemplo, a sociedade tribal e descentralizada dos Gauleses possibilitou, supostamente, a sua divisão e conquista pelos Romanos, mas a Irlanda medieval, também descentralizada, supostamente tornou impossível aos Viquingues a sua conquista e manutenção do território, com excepção de alguns enclaves fortificados. Quando nos deparamos com o final da Idade Média e início da Idade Moderna na Irlanda, a desunião irlandesa volta a ser a razão para a sua conquista por parte dos Ingleses.

Como estudioso do período do início da era medieval, sempre me surpreendi por serem os reinos mais bem geridos os que mais facilmente eram conquistados. Carlos Magno conquistou o poderoso reino da Lombardia de Itália numa única campanha, no entanto, levou 25 anos a conquistar os Saxões, pagãos e ainda tribais. A Inglaterra, em 1066, era possivelmente o mais bem gerido reino na Europa Ocidental, porém, os Normandos conquistaram-na com uma única batalha. Mas quando os Normandos tentaram repetir o feito em Gales e na Irlanda, o seu êxito foi bastante limitado apesar de usufruírem de uma clara superioridade, tanto no campo de batalha como na arte das construções fortificadas. O que se passava era o seguinte. Num reino centralizado, onde o poder e a liderança estão concentrados em poucas mãos, aquilo que o invasor tem de fazer é eliminar a elite e ocupar o seu lugar para conseguir o controlo total. Foi o que aconteceu à Inglaterra em 1066. Onde o poder e a autoridade estão descentralizados, tal não pode acontecer. A Irlanda do início da Idade Média é um exemplo perfeito. Não só estava dividida em dezenas de sub-reinos e super-reinos, como todos eles tinham linhagens reais extensas. Por não ser possível chegar a uma união para lutar contra o invasor, esse facto fazia parecê-la fragilizada, o que era, de algum modo, verdade. A falta de unidade podia querer dizer que os Viquingues e os Normandos podiam assaltar e saquear à vontade, mas na realidade manter, controlar e instalar-se na terra com o seu próprio povo, é bastante diferente. Quem existia para negociar uma paz duradoura? Que instituições governamentais havia para serem tomadas e utilizadas para controlar os nativos? Como se pode acabar com a elite, para que os nativos descontentes se sintam privados da liderança? Apesar de se poder matar um rei irlandês numa batalha, com os seus filhos e até os seus netos, isso dificilmente será um princípio. No início da Irlanda medieval, existia um número quase infinito de reivindicações reais credíveis para liderar a resistência. Apesar de ambos ganharem a maioria das batalhas, os Viquingues permaneciam confinados às suas cidades muradas na costa, enquanto os Normandos, que conquistavam território, ficavam similarmente dependentes em relação às fortificações. Uma vez que os Irlandeses aprenderam a evitar combater com os Anglo-Normandos nos seus próprios termos, estes podiam governar onde tivessem um exército ou um castelo. Se a Irlanda, em 1170, tivesse o poder e a autoridade centralizados, tal como a Inglaterra, em 1066, certamente teria sido conquistada com a mesma facilidade. Se a descentralização constituía uma força oculta para os Irlandeses no início da Idade Média, por que razão o mesmo não acontecia noutros tempos?

Os Romanos tinham um exército incrivelmente eficiente para vencer batalhas, mas, tal como os Normandos, era-lhes mais fácil conquistar sociedades centralizadas e hierarquicamente urbanizadas do que as sociedades tribais descentralizadas. O Egipto, com 3000 anos de uma longa tradição de governação centralizada, foi conquistado sem qualquer batalha. Foi grande o contraste com a Hispânia celta. Durante 200 anos os Romanos tiveram, anualmente, uma média de 20 000-25 000 soldados ocupados a lutar contra os povos da Ibéria. Durante o mesmo período de tempo os Romanos conquistaram todo o Leste mediterrânico. Porém, os Celtiberos nunca conseguiram unir-se contra os Romanos. E onde, no Oeste da Europa, se foi esgotar a máquina de guerra dos Romanos?

No Norte da Grã-Bretanha, na Irlanda e na Germânia: todas elas áreas onde prevaleciam sociedades tribais muito descentralizadas. Tal ênfase ganha mais significado, se considerarmos a conquista da Gália por César. Cerca de 58 a. C., a Gália tornara-se um local bastante civilizado; embora continuasse tribal, começaram a emergir instituições do Estado e a sociedade a estreitar-se hierarquicamente. Durante seis anos, como a resistência gaulesa não se encontrava coordenada, César teve de correr de um extremo da Gália para o outro, para pôr fim a rebeliões sem fim à vista. Em 52 a. C., Vercingétorix uniu os Gauleses e concentrou quase toda a sua força armada em Alésia, onde o exército romano o eliminou em poucas semanas. A guerra da Gália, praticamente, terminou. Os Gauleses teriam feito muito melhor sem Vercingétorix.

A natureza do colonialismo romano e inglês medieval mostra-nos, claramente, que a desunião não era uma fraqueza decisiva para os Celtas. O Império Romano dependia da cooperação das províncias, porém, não tinha capacidade para lhes impor uma coacção militar governamental directa. Uma vez conquistadas, as elites provinciais tinham de ser persuadidas a governaram localmente. Quanto maior fosse a autoridade concentrada, que estas elites tivessem antes da conquista, mais fácil seria essa tarefa. Também ajudava se a área conquistada tivesse um sistema de agricultura intensivo (cultivável em vez de pastoral), com camponeses sedentários já eficientemente explorados pela elite local. A Gália em 58 a. C. e o Sul da Grã-Bretanha em 43 d. C. estavam nestas circunstâncias: era prático e lucrativo para os Romanos conquistarem estes territórios. Todavia, o Norte da Grã-Bretanha, a Irlanda e a Germânia não satisfaziam tais requisitos, pelo que se tornava difícil e dispendioso conquistá-los. Consequentemente, se a Gália estivesse mais unida, ou seja, mais centralizada do que estava em 58 a. C., teria sido ainda mais fácil para os Romanos a sua conquista. Se os Gauleses tivessem desenvolvido um sistema militar mais eficaz que o dos Romanos, então o resultado poderia ser diferente. Tal como os Romanos, os Ingleses eram de opinião de que as suas conquistas se pagariam por si, uma vez que não tinham condições para suportar ocupações militares prolongadas. As terras mais férteis do Sul de Gales e do Sudeste da Irlanda estavam nas condições ideais para lhes ser imposto o sistema senhorial, sendo por isso atractivas para serem colonizadas pelos Ingleses. Porém, o Norte de Gales e o Oeste e Norte da Irlanda eram diferentes. Efectivamente, todo o País de Gales e a Irlanda foram finalmente conquistados pelos Ingleses, mas o custo foi enorme e no final do século XVI, os Ingleses tinham simplesmente abandonado a ideia de que os Irlandeses poderiam alguma vez ser assimilados, portanto, recorreram, com um sucesso limitado, a uma limpeza étnica.

Portanto, estes são os temas interactivos que, de modo consistente, ocorrem na história celta durante 2000 anos. Um é o modo como a descentralização das suas estruturas sociais tornou difícil a conquista, mesmo quando confrontados com um inimigo cujo sistema militar era muito superior. O outro são as limitações dos sistemas coloniais dos seus inimigos, que não conseguiam facilmente assimilar sociedades descentralizadas, mesmo quando estas eram vencidas em batalhas. Estas são as razões que levaram à sobrevivência dos Celtas e que esta obra se propõe explorar.

1

As Origens dos Celtas

O Danúbio tem a sua origem no território dos Celtas, perto da cidade de Pyrênê, e corre pelo meio da Europa, dividindo-a em duas partes. Os Celtas vivem além das Colunas de Hércules e fazem fronteira com os Cinésios, que vivem no extremo oeste da Europa.

HERÓDOTO, *Histórias* (*c.* 444 a. C.)

Os Celtas provaram ser um incrível grupo de povos resistente. Na Antiguidade, foram contemporâneos dos Romanos, Iberos, Ilírios, Trácios, Dácios, Etruscos, Lígures, Citas, Gregos e Germanos, entre outros. Apenas os Celtas, Gregos e Germanos ainda existem. Defini-los durante a sua longa existência não é tarefa fácil. Tem havido uma tão grande mudança cultural, tecnológica e social, que os Celtas modernos seriam completamente irreconhecíveis aos olhos dos seus antepassados. Pouco subsiste da cultura dos Celtas antigos e houve ainda um período – mais de mil anos – em que o nome «celta» caiu em completo desuso, antes de ser reavivado no século XVIII. A definição mais consistente e mais largamente aceite baseia-se na língua, que é o único traço seguro de continuidade, ligando os Celtas antigos aos seus descendentes modernos: os Celtas são povos que falam línguas celtas. Nos tempos antigos estes povos incluíam Gauleses, Belgas, Celtiberos, Lusitanos e Gálatas, e Bretões e Irlandeses antigos.

A IDENTIDADE CELTA

A palavra «celta» (grego *Keltoi*, latim *Celtae*) foi primeiro usada pelos autores gregos, há cerca de 2500 anos, para descrever as tribos bárbaras que viviam no interior da colónia grega de Massília (Marselha). Os Gregos cedo expandiram o uso dessa palavra para descrever todos os povos bárbaros da Europa a norte dos Alpes, incluindo os Francos, que hoje não são considerados Celtas. Os Gregos também usaram outro nome, «Gálatas» (*Galatoi*), intercalando com «Celta», especificamente para descrever os povos da Europa Central que falavam celta e que invadiram a Grécia e a Anatólia no século III a. C. Os Romanos usaram uma palavra similar, «Gaul» (*Galli*) para descrever os povos continentais de língua celta. As origens destas três palavras são desconhecidas, mas todas são, provavelmente, celtas, já que surgem como elementos em nomes tribais (*Gallaeci*, *Celtici*, *Celtiberi*), nomes pessoais (*Celtius*) e ainda nomes de locais (*Celti*). Júlio César diz-nos que «Celta» era também usado como um nome colectivo em algumas das tribos gaulesas. Estes eram os Celtas originais encontrados pelos Gregos de Massília. Contudo, nem todos os povos, que actualmente reconhecemos como Celtas, alguma vez se descreveram como tal. Apesar de os antigos Bretões serem vistos agora como Celtas, nunca foram descritos como Celtas ou Gauleses, vendo-se como povos bem diferentes, tal como os Romanos os viam, reconhecendo no entanto, grandes parecenças com a sua língua e os seus costumes. Em relação aos Irlandeses antigos, nem sequer tinham uma identidade própria comum até ao início da Idade Média, quando adoptaram o nome *Gaidel* (*Gaedheal* em gaélico moderno), proveniente de *Guoidel* («selvagens»), o nome bretão para os povos da Irlanda. O costume de descrever todos os grupos que falam a língua celta como «Celtas» é bastante recente, datando apenas do século XVIII. Como não era usual, historicamente, os grupos que falavam celta serem referidos como um todo, alguns historiadores modernos e arqueólogos sustentam que a ideia de os Celtas serem um povo é, simplesmente, uma interpretação moderna. Historiadores e arqueólogos têm vindo a impor uma unidade artificial àquilo que realmente era um grupo diversificado de povos, sem qualquer sentido de identidade comum. Se se levar em conta que a posição politicamente correcta, a de que o único nome, cujo uso poderá ser justificado para descrever um povo, é o nome que esse próprio povo usa, então poderemos concordar com o arqueólogo Simon James, de que não existe justificação para descrever os antigos Bretões e Irlandeses como Celtas e que o termo não tem significado, mesmo quando aplicado à Idade do Ferro na Europa continental. Esta é uma posição que compreensivelmente não agrada aos Celtas modernos, a maioria originários da Grã-Bretanha e da Irlanda, uma vez que a vêem como uma tentativa de negar as suas antigas raízes e de apagar da história aqueles que consideram ser os seus antepassados. O ponto de vista aqui descrito é o de que os cépticos se mostram demasiado presumidos. Objectivamente, existiu um grande grupo de povos na Europa da Idade do Ferro, que falava línguas muito aparentadas e que partilhava as mesmas crenças religiosas, estilos de arte, vestuário e armas, estruturas sociais e valores. Faz sentido usar um nome comum para descrever estes povos, bem como os povos modernos que deles descendem, tendo em conta esta acumulação de características partilhadas.

Quando os Celtas inicialmente emergiram da obscuridade pré-histórica, no século V a. C., eram já um grupo de povos muito disperso. A língua celta falava-se na maior parte da Europa Ocidental, desde a Áustria e Boémia, passando pelo Sul da Alemanha e França, até à Grã-Bretanha, Irlanda e à Península Ibérica. Não é claro o modo como os Celtas conseguiram chegar a esses locais e de onde vieram. Escritores gregos antigos, como o geógrafo Hecateu e o historiador Heródoto, que escreveu sobre os mais antigos registos das terras celtas, nada dizem sobre isso e, como nunca desenvolveram uma literatura cultural em profundidade, os Celtas nunca puderam registar os seus mitos e lendas originais que estão agora irreparavelmente perdidos. Nos séculos seguintes, os Gregos negociaram com os Celtas, lutaram com eles e utilizaram-nos como mercenários e escravos, mas se alguma vez pretenderam saber as suas origens, certamente acharam que as respostas não mereciam ser escritas. Afinal, o que era a cultura de um Celta? Não conseguiam sequer falar correctamente – em grego, claro – emitindo apenas ruídos incompreensíveis («bar-bar»), dos quais se herdou o hábito de descrever aqueles que consideramos incivilizados como «bárbaros». Os Gregos preferiram explicar a génese dos Celtas inventando mitos etimológicos pitorescos. Segundo um destes mitos, registado pelo historiador Ápio de Alexandria, Polifemo, o infame Ciclope da Sicília e a sua mulher Galateia tiveram três filhos, Celto, Gálates e Ilírio, tendo emigrado todos da Sicília e reinado sobre outros povos que vieram a chamar-se Celtas, Gálatas e Ilírios (os antepassados dos Albaneses). Outra história, recordada por Parténio (século I a. C.), é a de Céltina, a bela filha do rei Bretano, que se apaixonou por Hércules, quando este levava os bois de Gérion da Erítia. Céltina escondeu os animais e recusava-se a dizer a Hércules onde estavam, a não ser que este fizesse amor com ela. Não foi necessário usar de muita persuasão e dessa união nasceu um filho. Foi-lhe dado o nome Celto e dele descendem os Celtas. Os Romanos não eram muito melhores que os Gregos. De acordo com César, os Gauleses afirmavam ser descendentes de um deus de um submundo a quem ele atribui um nome romano Dis Pater (Pluto). Qual era o seu nome celta, César não diz, porque essa ideia não lhe ocorreu. Os Romanos acreditavam que os seus deuses eram universais, porém, se outros povos os conhecessem com nomes diferentes, isso era-lhes indiferente. O historiador Tácito confirma esta indiferença quando escreve que era de esperar que ninguém se preocupasse em saber as origens dos povos bárbaros.

O registo arqueológico mostra que, quando os Gregos se aperceberam da sua existência, os Celtas já possuíam uma cultura aristocrática sofisticada, caracterizada por trabalhos bastante desenvolvidos em ferro e bronze e por um estilo distinto de arte decorativa. Esta cultura inicial reconhecida como celta, era a cultura de Hallstatt, cujo nome resulta de uma necrópole da Idade do Ferro, situada nos Alpes Austríacos, e escavada no século XIX. As mais de 2000 sepulturas continham oferendas ricas para os mortos, revelando a existência de uma sociedade guerreira aristocrática com largas ligações comerciais, que chegavam ao Báltico e Norte de África. Foi através destas ligações, que a existência dos Celtas foi descoberta pelos Gregos. A cultura de Hallstatt da Idade do Ferro não surgiu completamente formada: foi o produto de uma longa tradição cultural, que pode ser seguida através de várias fases desde cerca de 1200 a. C., quando se começou a desenvolver como uma variante da cultura de urnas funerárias de meados da Idade do Bronze, bastante espalhada pela Europa Central. Antes disso, os Celtas tornaram-se arqueologicamente invisíveis. No entanto, os Celtas, ou os grupos que falavam celta, já deviam existir há mais de 1000 anos.

AS LÍNGUAS CELTAS

As línguas celtas são um ramo da família das línguas indo-europeias, que inclui grego, latim, iraniano, urdu, hindi e as modernas línguas românicas, germânicas e eslavas. Hoje em dia, dos grupos de línguas indo-europeias, a celta é a de menor número de praticantes, mas cerca de 300 a. C. era, provavelmente, o grupo de línguas mais espalhado na Europa, sendo falada desde o rio Dniepre ao oceano Atlântico. A língua celta existia em duas formas, ambas originárias desde tempos pré-históricos, p-celta e q-celta. Antigamente a q-celta era falada na Ibéria e na Irlanda, espalhando-se até à Escócia e ilha de Man, no início da Idade Média. A p-celta, que se encontrava mais difundida, falava-se na Grã-Bretanha, Gália, Norte de Itália, Europa Central e Anatólia. As formas antigas de q-celta incluíam hispano-celta e goidélico (o antepassado do irlandês moderno, escocês e gaélico de Man), enquanto o p-celta incluía gaulês, lepôncio e britónico (o antepassado do galês moderno, bretão e córnico). A divisão em p– e q-celta é baseada em diferenças fonéticas, como por exemplo, entre o escocês *map* («filho») e o equivalente gaélico *mac*.

As línguas indo-europeias não eram originariamente indígenas da Europa. As línguas da Europa mais primitivas não tinham qualquer relacionamento com línguas indo-europeias. Algumas, como a minóica, a etrusca e a ibérica, são conhecidas através de inscrições; a existência de outras pode ser sugerida por nomes de lugares, ou palavras em línguas menos antigas. Provavelmente, a única sobrevivente destas línguas é a euskara, a língua dos Bascos: as línguas indo-europeias tinham substituído todas as outras no início do milénio I d. C. Todas as línguas modernas indo-europeias descendiam de um antepassado comum, conhecido pelos linguistas como proto-indo-europeu. Apesar de serem propostos outros locais como a Anatólia, muitos linguistas acreditam que os povos que originariamente falavam indo-europeu eram pastores nómadas, que viviam nas estepes do Oeste da Ásia Central por volta de 4000 a. C. Essa língua foi posteriormente espalhada por migrações até à Índia, ao Médio Oriente e à Europa, onde se começaram a transformar nas línguas modernas, à medida que grupos diferentes se fixavam e perdiam contacto entre si. Há linguistas que acham que estas migrações tiveram lugar algures nos milénios III ou IV a. C., uma vez que se sabe que na Europa se falavam línguas indo-europeias logo depois de 2000 a. C. Muitas foram as tentativas para identificar os primitivos Indo-Europeus como uma cultura arqueológica específica. A melhor candidata é a cultura Yamnaya, que floresceu cerca de 3500-2500 a. C., nas estepes do Norte do mar Cáspio. O povo Yamnaya foi o primeiro a combinar a pastorícia (ovelhas, gado e cavalos), com veículos de rodas. Esta mobilidade permitiu-lhes adoptar um estilo de vida migratório, levando os seus rebanhos por longas distâncias através das estepes, em busca de novos pastos. Por volta de 2500 a. C., grupos de povos Yamnaya espalharam-se pelo Leste dos Urais até às estepes asiáticas e a oeste através das estepes ucranianas até ao Sudeste da Europa, o que é compatível com as evidências linguísticas da chegada dos Indo-Europeus à Europa. Descobertas recentes de múmias de Tarim Basin, no Turquestão chinês, mostram pessoas altas, de pele e cabelos claros, que tatuavam a sua pele, usavam panos axadrezados e que viviam nas estepes, há 4000 anos. Apesar de a sua aparência corresponder às descrições de antepassados celtas, estas pessoas não eram Celtas mas Tocarianos, um povo nómada agora extinto, que falava indo-europeu. Foi através do contacto com estes povos que os Chineses primitivos tiveram conhecimento do bronze, veículos de rodas e cavalos domesticados.

Exactamente quando e como se desenvolveram as línguas celtas a partir da língua proto-indo-europeia, é matéria de discussão. A maioria dos linguistas acredita que, provavelmente, as línguas celtas emergiram aproximadamente na área da Europa Central, onde a cultura de Hallstatt se desenvolveu, e que depois se espalharam pela Europa Ocidental por migrantes que substituiu, ou mais certamente, assimilou a população indígena. A difusão de estilos ornamentais de trabalho em metal, como o estilo de Hallstatt, é vista como a prova material destas migrações. Os críticos de tal visão argumentam que a evidência de migrações pré-históricas celtas não é conclusiva. Estilos ornamentais de trabalho em ferro, crenças religiosas e costumes funerários podem igualmente ter sido difundidos, como resultado de trocas comerciais e contactos sociais de povos migratórios. Houve uma altura em que se acreditava, por exemplo, que mudanças culturais largamente difundidas que marcaram o início da Idade do Ferro na Grã-Bretanha, eram o resultado da imigração celta. Sabe-se agora, através de escavações em sítios que abarcam a transição da Idade do Bronze à Idade do Ferro, como a Ponte Runnymede no rio Tamisa, que estas mudanças eram evoluções totalmente indígenas. Sobre este aspecto pode ser ou não significativo que os Bretões antigos se vissem como a população indígena da Grã-Bretanha. Existe também uma crescente apreciação do modo como os grupos étnicos se expandiam, mais por recrutamento e assimilação, que por reprodução biológica. Esta tese é suportada por uma crescente quantidade de provas, de um alto grau de continuidade genética nas populações europeias, entre o fim da Era Glacial e o Período de Migrações, no início da Idade Média. Tal parece excluir a possibilidade de terem existido migrações pré-históricas de Celtas em larga escala, para a Grã-Bretanha e a Irlanda, por exemplo (apesar de certamente terem ocorrido, numa escala menor, movimentos populacionais). Os arqueólogos, principalmente na Grã-Bretanha, aderiram a uma doutrina de imobilismo, que virtualmente nega qualquer papel importante que as migrações tiveram, como agentes de mudança cultural. Mas se não houve migrações de povos que falavam celta, como se terão tornado a Gália, a Espanha, a Grã-Bretanha e a Irlanda em grupos que falam essa língua?

O arqueólogo Colin Renfrew propôs uma teoria alternativa, que explica a difusão de línguas celtas sem o recurso às migrações. Renfrew propõe que a terra natal indo-europeia não era na Ásia Central, mas na Anatólia, que, antes da chegada dos Turcos na Idade Média, era uma região onde se falava indo-europeu. A língua proto-indo-europeia foi introduzida no Sudoeste da Europa através da Anatólia, com os primeiros agricultores que chegaram cerca de 7000 a. C. e que foi depois difundida, bem como o modo de vida agrícola, pela maior parte da Europa cerca de 4000 a. C. O proto-indo-europeu é a língua que deu origem às línguas europeias, incluindo as celtas, tendo-se posteriormente desenvolvido nas mesmas áreas onde eram faladas no início. Por outras palavras, o gaulês pode ter resultado da língua proto-indo-europeia na Gália, o britónico na Grã-Bretanha, o hispano-celta na Ibéria, e assim por diante. Apesar da sua elegante simplicidade e de corresponder às provas arqueológicas, a teoria de Renfrew não é aceitável para os linguistas, pelo facto de estes acharem que o proto indo europeu não podia ser falado tão cedo como 7000 anos a. C. Portanto, a questão das migrações pré-históricas celtas mantém-se em aberto. Contudo, apesar de não existirem dúvidas de que a cultura celta se difundiu mais que o seu ADN, devemos ser cautelosos ao rejeitar as migrações pré-históricas celtas, quando a propensão para a migração em tempos históricos está tão bem confirmada.

A IDADE DO BRONZE

As sociedades aristocráticas, hierarquizadas, como as dos primitivos Celtas, começaram a desenvolver-se no Norte da Europa durante a Idade do Bronze (*c.* 2500 a. C.-750 a. C.), período no qual o uso de ferramentas e armas de metal começou a ser comum. O uso de metais na Europa data desde cerca de 6000 anos a. C. No início eram apenas usados metais como o ouro e o cobre, na sua forma natural (*i. e.*, como metais puros, não como minério). A técnica de extracção de metal do minério de cobre por fundição, foi usada primeiro na Europa e nos Balcãs, cerca de 4500 a. C. Esta técnica pode ter sido inventada independentemente na Polónia, no Sul de Espanha e no Sudoeste da Irlanda, onde a fundição do cobre começou alguns séculos mais tarde. O cobre e o ouro são muito macios para fabricar ferramentas úteis, sendo usados principalmente para ornamentos pessoais. As ferramentas de metal só começaram a substituir as de pedra no uso diário, com a invenção do bronze, uma liga dura, feita com a adição de pequenas quantidades de arsénico ou estanho no cobre, durante o processo de fundição. O bronze foi feito inicialmente no Médio Oriente no milénio IV a. C., mas parece que foi inventado independentemente na Europa Central, cerca de 2400 a. C. Em mil anos a metalurgia do bronze difundiu-se pela Europa. Esta nova tecnologia deve ter parecido mágica aos europeus da Idade do Bronze, um presente precioso dos deuses. Enormes quantidades de armas, ferramentas e outros artefactos eram então oferecidos aos deuses, depositados como agradecimento em fossas ou pântanos, por um povo grato.

A adopção do bronze levou a um incremento no comércio de longa distância no seio da Europa. Enquanto a maior parte dos locais tem fornecimentos de pedra adequados para o fabrico de ferramentas em pedra, o minério de cobre está muito menos espalhado e a cassiterite (minério de estanho) é bastante rara. As comunidades que antes eram auto-suficientes, tinham agora que fazer trocas, se queriam obter fornecimentos de metais. O incremento no comércio criou as circunstâncias ideais para uma mais fácil troca de ideias. Se os metais não eram trocados como lingotes, eram trocados como artefactos, portanto, o conhecimento de novos tipos de ferramentas, ou novos estilos decorativos espalhou-se rapidamente, promovendo uma considerável uniformidade da cultura principal na maior parte da Europa. Por volta de 1000 a. C., muitas culturas diferentes do início da Idade do Bronze tinham sido substituídas, na quase totalidade do

Ocidente e Centro da Europa continental, pelas complexas culturas de necrópoles de urnas, nome dado pelas suas distintas práticas funerárias. Os corpos eram cremados e as cinzas colocadas em urnas de cerâmica, para serem enterradas em grandes sepulturas achatadas, em campos que continham centenas ou mesmo milhares de sepulturas. Uma das maiores destas necrópoles, em Kelheim no Sul da Alemanha, continha mais de 10 000 sepulturas. A cultura das urnas funerárias apareceu primeiro cerca de 1350 a. C. na Hungria, difundindo-se para a Polónia, Alemanha, Áustria, Suíça, Bélgica, França, Itália e Espanha. A difusão das culturas das urnas funerárias do Ocidente da Europa, é vista por alguns como uma prova das migrações celtas da sua hipotética terra natal no Centro da Europa, porém, provou-se impossível ligar as culturas dos campos de urnas a algum grupo étnico em particular. Estas culturas representam um variado grupo étnico e linguístico, onde provavelmente se podiam contar os primeiros grupos que falavam celta. A Europa da Idade do Bronze começou a chegar ao fim por volta de 1200 a. C., com a introdução do trabalho em ferro na Grécia vindo da Anatólia, onde tinha sido inventado cerca de 300 anos antes. O ferro mantinha o fio melhor que o bronze e era muito mais barato, porque o ferro mineral é realmente muito comum, em especial o ferro mineral em pântano, sendo facilmente extraídos depósitos de ferro que se encontram em pântanos, que eram muito explorados em tempos antigos e medievais. Da Grécia, o trabalho em ferro espalhou-se para norte através dos Balcãs e a oeste, ao longo das rotas comerciais mediterrâneas que alcançavam a Europa Central e a Espanha, por volta de 750 a. C. Em 500 a. C., o trabalho em ferro era praticado por toda a Europa.

Enquanto as primeiras sociedades agrícolas da Idade do Neolítico tinham sido relativamente igualitárias, não existindo grandes disparidades em relação à riqueza e à condição social, as sociedades da Idade do Bronze desenvolveram elites socialmente dominantes. Estes progressos são mais claros na mudança das práticas funerárias. O enterro nas tumbas megalíticas do Neolítico era comunal, mas na Idade do Bronze os enterros reflectem o estatuto do indivíduo. Membros da elite social eram enterrados com oferendas ricas, como joalharia, armas e armaduras, enquanto as pessoas comuns eram enterradas com poucas ou nenhumas oferendas: um membro da elite podia ter a sua sepultura gravada em mamoas, enquanto as sepulturas das pessoas comuns não tinham marcas. Estas importantes mudanças sociais eram, provavelmente, a consequência do aumento do comércio. Quem conseguisse controlar o comércio, a produção e uso de ferramentas em metal e armas, podia assegurar, para si e para a sua família, a posição de considerável poder e autoridade dentro da sua comunidade. À medida que as sociedades se iam hierarquizando, foram aparecendo chefes de clã e elites guerreiras. O emergir de elites sociais constituiu um grande estímulo para o trabalho do artífice. Produziam-se belas armas e armaduras, jóias, objectos de culto religiosos e luxuosos serviços de mesa em ouro, prata e bronze, de modo a que a elite pudesse mostrar – e ainda reforçar – a sua riqueza e estatuto superior. A Idade do Bronze tardia assistiu a uma crescente militarização na Europa Ocidental, com o aparecimento de fortalezas em colinas, povoações lacustres e a introdução de novos tipos de armas, como a espada de corte em bronze. A posse de uma destas armas altamente especializadas e caras tornava o seu dono instantaneamente reconhecido como um membro da elite. Há antropólogos que descrevem este tipo de sociedade hierarquizada aristocrática, como uma sociedade de «chefes de clã», típica dos Celtas, durante a maior parte da sua história registada: os «chefes de clã» celtas das Terras Altas escocesas sobreviveram até ao século XVIII d. C. Muitos dos povos descritos como «bárbaros» por escritores clássicos mediterrâneos, como os Germanos, Dácios, Hunos e muitos outros, também tinham este tipo de estrutura social.

OS CELTAS DE HALLSTATT

A cultura primitiva mais importante, geralmente reconhecida como pertencente aos Celtas, é a cultura de Hallstatt, que vai desde o Bronze tardio até ao início da Idade do Ferro. Este nome vem da necrópole de uma antiga comunidade mineira de sal nos Alpes Austríacos, que foi escavada entre 1846 e 1863. Hallstatt tornou-se rica através do comércio de sal e as sepulturas dos seus habitantes continham oferendas ricas, incluindo longas espadas de corte, que os arqueólogos imediatamente reconheceram de descrições sobre armas celtas em antigas fontes dos Gregos. Embora Hallstatt tenha uma sonoridade muito germânica é, na realidade, um nome de um local celta, querendo dizer «local de sal». A cultura de Hallstatt divide-se em quatro fases, Hallstatt A (1200-1000), B (1000-800), ambas do fim da Idade do Bronze e C (800-600) e D (600-450), do princípio da Idade do Ferro. Esta cultura desenvolveu-se primeiro ao longo do Danúbio, na Áustria e Sul da Alemanha e na Boémia, como parte do complexo de campos de urnas e só nas fases da Idade do Ferro é que desenvolveu um carácter realmente distinto. A cultura de Hallstatt da Idade do Ferro tornou-se muito influente, difundindo-se pela maior parte da Alemanha e Países Baixos, Suíça, França, Espanha, Portugal e Sudeste da Grã-Bretanha em 500 a. C. Graças aos testemunhos dos escritos dos Gregos antigos, podemos estar confiantes que os povos do centro de Hallstatt eram Celtas, apesar de a cultura de Hallstatt não ser idêntica, isto é, o aparecimento da cultura não marca o surgimento dos grupos de língua celta. A difusão da cultura foi, mais provavelmente, o resultado do comércio e contacto social entre grupos que já falavam línguas celtas e partilhavam valores similares, do que de migrações para fora do centro de Hallstatt. Mesmo quando a cultura de Hallstatt estava no seu auge, havia grupos que falavam celta que não haviam ficado sobre a sua influência; a Ibéria adoptou-a selectivamente, já a Irlanda não.

Pouco existe que possa distinguir a fase inicial da cultura de Hallstatt, do resto do complexo de campos de urnas. A influência destes campos entrou em declínio no período B da cultura de Hallstatt, quando apareceram estilos distintos de armas, incluindo uma espada mais longa e esguia. A mudança mais dramática seguiu-se à introdução do trabalho em ferro na Europa Central, no século VIII. A paisagem do centro de Hallstatt na Áustria, Sul da Alemanha e Boémia, começou a ser cada vez mais dominada por fortes em colinas. À volta destes fortes agrupavam-se sepulturas com mamoas ricamente adornadas, tendo os mais ricos muitas vezes equipamentos de cavalos e carros funerários de quatro rodas. A prática de colocar veículos nas sepulturas da elite, tornou-se uma velha característica celta, apesar de as quadrigas de duas rodas substituírem, mais tarde, esses carros. Estes progressos são a evidência do aparecimento de uma sociedade marcadamente hierárquica e centralizada, de poderosos e ricos chefes de clã. A mudança dos enterros de cremação dos tempos dos campos de urnas funerárias para a inumação, aponta para maiores mudanças nos sistemas de crenças que acompanham as mudanças sociais. A causa desta transformação da sociedade de Hallstatt não é clara. Uma possibilidade é a disponibilidade de armas mais eficazes, que permitiam à elite guerreira a obtenção de um poder mais forte. A evidente importância do cavalo na cultura C de Hallstatt e o surgimento da espada longa de corte que servia à cavalaria de combate, levou a sugerir que as mudanças podiam estar relacionadas com a chegada dos cavaleiros nómadas indo-iranianos, chamados Cimérios, que dominaram o Oeste das estepes da Eurásia nesta altura. Os imigrantes cimérios podem ter sido assimilados com a elite guerreira e introduzido os novos costumes funerários, sendo a inumação o meio normal entre os nómadas indo-iranianos para acomodar os mortos. Por outro lado, a elite indígena pode simplesmente ter adoptado estes costumes estranhos e exóticos dos Cimérios como meio de ostentar e reforçar o seu estatuto. Outro factor possível no nascimento da cultura C de Hallstatt foi, provavelmente, o resultado de uma crescente população. Em todas as sociedades pré-industriais a produção agrícola era de longe a mais importante fonte de riqueza. O nível de produção agrícola estava directamente ligado ao esforço, humano e animal, que era aplicado na terra, portanto, quanto maior fosse a população, maior a força de trabalho, maior a produção e o excedente para a elite tirar para si, dos camponeses trabalhadores. (Esta foi a razão por que todas as civilizações nasceram em planícies férteis, como a Mesopotâmia, que podia facilmente suportar populações muito densas, mesmo usando técnicas agrícolas simples.)

Na fase final da cultura de Hallstatt (Hallstatt D), o centro da cultura mudou-se para oeste, para as extensões superiores dos rios Danúbio, Reno, Neckar, Mosela, Sona e Sena. Nesta área, actuavam forças centralizadoras poderosas. Um grande número de fortes em colinas foram abandonados durante o século VI, para serem substituídos por um número relativamente limitado de fortalezas maiores, que surgiram como centros de poder preeminentes. Estes eram os pontos fortes dos chefes de clã poderosos, cujas sepulturas têm sido encontradas nos campos em redor. Estas sepulturas «principescas» eram mais esplendorosamente equipadas que as sepulturas iniciais de Hallstatt. Provavelmente, a sepultura mais sumptuosa foi a de um homem de 1,80 metros de altura, com 30 a 40 anos, descoberta perto de Hochdorf na Alemanha, que incluía um carro funerário, um sofá em bronze, sapatos cobertos com ouro, cornos de beber e outros artigos festivos e trabalhos luxuosos em metal importados, incluindo um caldeirão grego em bronze. Estes chefes de clã do período tardio de Hallstatt, viviam claramente com algum esplendor. A sepultura de Hochdorf estava coberta com uma enorme mamoa de 30,5 metros de altura. Quando uma mamoa ampla não era suficiente para mostrar o alto estatuto do seu ocupante, algumas tinham ainda esculturas monumentais no topo, como a escultura grosseira em grés de um guerreiro, em Hirschlanden, na Alemanha. Este guerreiro está nu, além de um elmo cónico, um torque e uma espada, sendo ambos símbolos de poder no mundo Hallstatt. Alguns escritores do Clássico tardio comentam com frequência esta prática celta, de irem nus para a batalha. As grandes mamoas serviam, com frequência, como centro de convergência para sepultamentos posteriores, já que as famílias procuravam associar-se na morte com estes símbolos de poder dinástico. Uma grande mamoa, construída por volta de 600 a. C. em Magdalenenburg junto a Vlissingen na Alemanha, foi utilizada cerca de 200 anos e continha, eventualmente, 120 inumações secundárias. A frequência de enterros da elite começou a diminuir ao longo do século VI, reflectindo o declínio do número de centros de poder importantes. O poder estava a tornar-se mais centralizado, não só em menos locais, como em poucas mãos.

A mudança para ocidente do foco da cultura de Hallstatt esteve ligada à fundação de uma colónia grega em Massília (Marselha), cerca de 600 a. C. No início do século VIII a. C., as cidades-estado gregas viam as colónias fundadas no estrangeiro como um modo útil de aliviar tensões causadas por populações em crescimento. Apesar destas colónias se tornarem independentes dos seus locais de origem, criavam grandes oportunidades comerciais para as cidades-mãe e também ajudavam a difundir influências gregas à volta do mar Negro e na maior parte do Mediterrâneo. As colónias gregas fundadas em Itália no século VIII a. C., por exemplo, foram um elemento formativo na emergência da civilização etrusca na Toscana, a qual, por seu turno, teve uma grande influência na civilização do início de Roma. Os Gregos tinham como principais rivais no comércio os Fenícios, cuja terra natal se situava no actual Líbano. Estimulados pelas exigências do poderoso Império Assírio na Mesopotâmia, os Fenícios criaram rotas comerciais através do Mediterrâneo e para lá das Colunas de Hércules, a fim de estabelecerem um monopólio de comércio com a zona da costa atlântica europeia, que era a fonte de metais valiosos, especialmente do estanho. Gades (Cádis) tornou-se o seu principal entreposto de comércio na região. Como os Fenícios viam o conhecimento geográfico como um valioso segredo de comércio para ser guardado, não se sabe ao certo até que ponto terão chegado a norte ao longo da costa atlântica. Possivelmente foram os primeiros representantes das civilizações mediterrânicas, a contactar com os Celtas da Grã-Bretanha. Porém, os Gregos como eram muito competitivos, tentaram activamente criar rotas alternativas. Os seus óptimos portos naturais e acessos fáceis ao Noroeste e Centro da Europa, através do vale do Ródano e do seu afluente, o Sona, tornavam Massília um local bastante promissor: tornou-se próspero e nunca deixou de ser um porto importante.

A nova rota de comércio, aberta com a fundação de Massília, enriqueceu os clãs do Oeste de Hallstatt e deu-lhes acesso a luxos exóticos do Mediterrâneo, como o vinho e serviços de mesa finos afins. Controlar o consumo e distribuição destes luxos, provavelmente em banquetes, tornou-se uma importante forma de a elite de Hallstatt mostrar e reforçar o seu estatuto: realmente deveria ser raro para as pessoas comuns terem acesso a estas mercadorias, já que os produtos de importação mediterrânicos raramente foram encontrados fora dos castelos e sepulturas principescas. Não se sabe com clareza como eram pagos estes luxos. Podem ter sido presentes diplomáticos, destinados a facilitar o comércio de produtos mais mundanos, como cereais, peles e escravos. Com os luxos, chegaram também outras formas de influência mediterrânica. Os artífices de Hallstatt adoptaram e adaptaram elementos decorativos de trabalho em metal do Mediterrâneo e incorporaram-nos numa mistura rica de influências nativas e citas para criarem os seus próprios ornamentos geométricos, vegetais e animais, que marcaram o aparecimento da arte celta. Outra grande influência grega foi a introdução da roda de oleiro.

A maior parte do comércio de longa distância na Idade do Ferro era conduzida através de uma cadeia de intermediários – os produtos tornavam-se mais caros cada vez que mudavam de mãos – com o destinatário, provavelmente, sem fazer ideia da proveniência do objecto. As mercadorias valiosas podiam viajar longas distâncias: por exemplo, foi encontrada seda chinesa na sepultura de uma «princesa» de Hallstatt em Heuneburg na Alemanha. É provável que os comerciantes gregos não tivessem ido mais longe que Bragny-sur-Saône, perto da confluência dos rios Sona, Doubs e Dheune. Grandes quantidades de ânforas de vinho de Massília, cerâmica e vidro aqui encontradas, sugerem que Bragny era o mais importante centro de distribuição de produtos importados do Mediterrâneo no século VI a. C. Apesar disso, é possível que alguns gregos tenham chegado ao coração de Hallstatt, já que por volta de 580 a. C., o forte de Heuneburg estava equipado com paredes de tijolo de lama e torres idênticas às usadas na arquitectura militar grega contemporânea, mas bastante estranhas em relação às tradições locais. As paredes eram impróprias para as condições climatéricas locais e cedo foram substituídas: ao contrário do tijolo cozido, o tijolo de lama dissolve-se com a chuva. É também provável que um artífice grego de Esparta ou Tarento, tenha visitado a fortaleza de Mont Lassois no Leste da França e enquanto lá esteve fundiu (ou pelo menos montou) a magnífica cratera em bronze (um vaso de vinho), que foi descoberta na sepultura de uma «princesa» perto de Vix. O tamanho enorme da cratera – tinha 1,64 metros de altura e pesava 208 quilos – tornava impraticável o seu transporte a longas distâncias. Histórias contadas por comerciantes e viajantes deram a conhecer ao mundo mediterrânico estes povos, chamados *Keltoi*, pela primeira vez. Os Celtas de Hallstatt podiam, provavelmente, ver apenas vantagens nas novas ligações forjadas com as civilizações mediterrânicas, porém, estas iriam ter consequências fatais para os seus descendentes. Iniciando a integração do mundo celta com a economia do Mediterrâneo e estimulando o processo de centralização política, acabaram por tornar mais vulnerável a conquista e a assimilação política e cultural pelos Romanos.

O mundo opulento dos chefes de clã de Hallstatt teve um fim abrupto cerca de 450 a. C., com o abandono de todos os importantes centros de poder, entre eles o de Heuneburg, que foi violentamente destruído. A razão para o declínio dos chefes de clã de Hallstatt não é clara. O interesse crescente de Massília na subjugação das tribos celtas e lígures da Provença e a competição com os Etruscos, que tinham aberto novas rotas através dos Alpes, podem ter levado a um declínio do comércio das rotas do Ródano. Isto pode ter custado aos chefes de clã de Hallstatt o seu monopólio na distribuição das importações do Mediterrâneo e a perda de mercadorias de prestígio, de que necessitavam para realçar o seu estatuto. Outro factor que contribuiu para o declínio dos chefes de clã de Hallstatt, parece ter sido o aparecimento de novos centros de chefes de clã a norte. Associada ao aparecimento destes novos chefes estava uma impressionante cultura nova, a cultura de La Tène.

OS CELTAS DE LA TÈNE

A cultura de La Tène caracteriza-se pelo reconhecimento imediato do seu estilo de arte, baseado nos cativantes e complexos padrões sinuosos geométricos. Para muitas pessoas o estilo de La Tène *é* a arte celta. A arte celta, no entanto, não era apenas ornamental; tinha funções simbólicas religiosas e mágicas, portanto, a mudança no estilo provavelmente também representa uma importante mudança nos sistemas de crenças, que acompanhou o surgimento dos chefes de clã de La Tène. No continente europeu, a influência do estilo de La Tène continuou por mais de 400 anos, até às conquistas romanas no século I a. C. Na Grã-Bretanha e na Irlanda, onde o estilo foi adoptado cerca de 200 a. C., a influência de La Tène continuou através do período romano até ao início da Idade Média, sendo transformado, no processo, de pagão numa forma de arte cristã. O estilo

La Tène não era homogéneo. Os primeiros exemplos desse estilo eram claramente imitações e adaptações de motivos decorativos gregos e etruscos, mas, com o seu desenvolvimento, apareceram estilos regionalmente distintos. Por exemplo, enquanto em França e na Alemanha, predominavam os motivos vegetais, na Grã-Bretanha e na Irlanda o estilo era mais abstracto e geométrico. Os Gregos e os Romanos eram patologicamente incapazes de reconhecer que a arte bárbara podia ser boa arte (veriam isso como uma contradição) e a influência dominante do Classicismo na arte europeia levou a que só no fim do século XIX o estilo de La Tène fosse reconhecido pelo grande feito artístico que alcançou. O estilo abstracto da arte de La Tène apela aos gostos modernos e tem sido reavivado com sucesso por joalheiros modernos.

Foi um sítio no lago Neuchâtel, na Suíça, que deu a esta cultura o nome La Tène, mas os seus centros iniciais encontravam-se mais a norte, situando-se o mais importante no vale do rio Mosela e um segundo centro, mais pequeno e mais pobre, no vale do rio Marne. Um terceiro centro desenvolveu-se mais tarde na Boémia e, em 400 a. C., a influência de La Tène difundira-se através da maior parte da Áustria, Suíça, Sul da Alemanha e França. Cerca de 150 anos mais tarde, a cultura de La Tène alastrou até ao Sudeste da Grã-Bretanha e começava a espalhar-se devagar a norte e oeste para a Irlanda. Esta cultura foi também adoptada na Ibéria celta, mas apenas de um modo selectivo. A característica mais impressionante do início da sociedade de La Tène era o seu carácter marcial. Enquanto as sepulturas da elite de Hallstatt continham armas, essas eram feitas principalmente para caçar e expor. Quando a elite do início de La Tène era sepultada, ia preparada como se fosse combater. Existia um incremento no número de armas colocadas nestas sepulturas e, quando lá colocavam veículos, não eram os carros funerários de quatro rodas do tempo de Hallstatt, mas um meio de transporte muito mais guerreiro, o carro de duas rodas. Esta inovação pode ter sido adoptada como resultado dos contactos com os Etruscos. Tal como no tempo de Hallstatt, as sepulturas da elite eram acompanhadas com conjuntos de objectos para beber, incluindo vasos gregos e, agora, vasos etruscos. Escritores gregos e romanos posteriores, confirmam que os banquetes eram de importância central para a elite guerreira de La Tène, que tinha a oportunidade de mostrar a sua riqueza e enaltecer as suas proezas em batalha. O aparecimento desta cultura guerreira marcou o início de um longo período de instabilidade no Norte e Centro da Europa.

2

As Grandes Migrações

Os Celtas, que são um dos três povos da Gália, eram dominados pelos Bitúriges, dando, então, esta tribo ao povo Celta um rei. Nesse tempo, o rei era Ambicato, que, com as suas capacidades e enorme fortuna [...] alcançara grande poder. No seu reinado a Gália cresceu tão rica e populosa que se tornou muito difícil controlar tamanha multidão. O rei, que era um homem velho, desejando libertar o seu reino do fardo do excesso de população, anunciou a intenção de mandar os seus dois sobrinhos, Belloveso e Segoveso, dois jovens aventureiros, pelo mundo fora a fim de encontrarem pátrias, guiados, por augúrio, pelos deuses.

TITO LÍVIO, *História de Roma*, V.34 (*c.* 27 a. C.)

Se a questão das migrações celtas pré-históricas permanece por decifrar, já as migrações celtas em tempos históricos são bem testemunhadas e dramáticas, na sua escala e impacto. Entre os séculos V e III a. C., as migrações levaram os Celtas da Europa Central através dos Alpes até à Itália e, seguindo o Danúbio, espalharam-se a este para as montanhas dos Cárpatos e, mais além, até às estepes ucranianas e Sudeste dos Balcãs,

Grécia e Anatólia. Pequenos grupos chegaram mesmo ao Egipto. Durante o processo, os Celtas ganharam uma reputação de terrível selvajaria na guerra. Como resultado das suas migrações, tornaram-se no grupo de povos mais espalhado pela Europa. Porém, o seu vasto domínio não era em sentido algum um Império Celta. Não existia uma direcção central de migrações, nem qualquer plano mestre imperial. As tribos aliavam-se quando lhes convinha, permanecendo no entanto como clãs independentes.

As migrações celtas eram, provavelmente, um meio de aliviar tensões sociais causadas pela população em crescimento, ou pela falta de recursos. Júlio César diz-nos que os Helvécios, uma tribo de Gauleses, decidiu migrar no século I a. C., porque se sentiam encurralados entre os Alpes e o rio Reno, restringindo-se-lhes as oportunidades para fazer guerra a tribos vizinhas. Os Helvécios gostavam de lutar e ressentiam-se com estas restrições à sua liberdade de acção, ao mesmo tempo que sentiam o seu território demasiado pequeno para a sua população. A sociedade celta era dominada pela elite guerreira. Para ela a guerra era essencial, tal como um palco, onde podia mostrar actos de valor para ampliar o seu estatuto, bem como para os saques, que quando eram distribuídos aumentavam o poder do líder, atraía mais guerreiros para o seu séquito, tornando possível fazer incursões em mais larga escala e com um alcance maior. Havia também líderes ambiciosos que competiam entre si por estatuto e seguidores, o que reforçava a tendência marcial da sociedade celta. Se as oportunidades para as incursões fossem restringidas por qualquer razão, a natureza competitiva da sociedade guerreira podia-se virar para o seu interior. Nestas circunstâncias, a migração oferecia um meio de saída. É certo que as migrações celtas podiam envolver parte da tribo, toda a tribo, ou mesmo uma coligação de tribos. Elas eram evidentemente bem planeadas. Os Helvécios levaram dois anos a preparar a sua migração, aumentando as suas reservas de alimentos, adquirindo animais de tracção e carroças e negociando com tribos vizinhas, cujos territórios necessitavam atravessar, para alcançar a sua terra natal pretendida, na costa atlântica da Gália. Quando finalmente estavam prontos para partir, incendiavam os seus *oppida* e as aldeias, para que o retorno não fosse possível. César, que pode ter exagerado para engrandecer os seus próprios feitos, afirmou que eram 368 000 migrantes ao todo, sendo 263 000 helvécios e 105 000 de outras tribos aliadas. Destes 92 000 eram guerreiros – uma força considerável para os tempos antigos. Nos séculos VI e VII a. C., as cidades-estado gregas haviam sofrido problemas semelhantes de sobrepopulação, pelo que também enviaram vagas de emigrantes, que foram fundar colónias por toda a costa do Mediterrâneo e do mar Negro. Massília, que exercera grande influência sobre os chefes de clã de Hallstatt, foi uma dessas colónias. Os colonos gregos eram escolhidos tirando à sorte, mas não se sabe como é que os Celtas decidiam quem podia ir, ou se os emigrantes eram sequer ouvidos sobre o assunto.

A primeira migração celta historicamente comprovada, atravessou os Alpes até Itália. De acordo com o registo completo destas migrações, pelo historiador romano Tito Lívio, os primeiros celtas migraram até Itália durante o reinado de Tarquínio Prisco (r. *c.* 616-579 a. C.), o quinto rei de Roma. Lívio diz-nos que os «Celtas», que descreve como um dos três mais importantes povos da Gália, eram nesta altura dominados pelos Bitúriges. Nos tempos de Lívio, este povo vivia na Gália Central, o coração da área que os Romanos conheciam como a Gallia Celtica. Ambicato, o rei dos Bitúriges, ao sentir o seu reino sobrepovoado, decidiu enviar os seus dois sobrinhos Belloveso e Segoveso, com o máximo possível de seguidores que conseguissem comandar a fim de procurarem novas terras. Os deuses foram devidamente consultados e Segoveso foi enviado para o Sul da Alemanha, Belloveso seguiu «pela estrada boa para Itália». Os seguidores deste eram provenientes de várias tribos, os Bitúriges, os Sénones, os Éduos, os Arvernos, os Carnutos, os Aulercos e os Ambianos. Os escritores clássicos acreditavam piamente que o vinho de Itália, o azeite e o clima quente, eram a grande atracção para os Celtas. De acordo com a tradição registada por Plínio, foi um artífice gaulês chamado Hélico, que informou os seus conterrâneos dos encantos de Itália, ao regressar a casa de uma viagem a Roma, com figos secos, uvas e recipientes com vinho e azeite. No início, a horda de migrações gaulesas tinha dificuldade em encontrar uma rota através dos Alpes, por isso viajaram mais para sul até ao Mediterrâneo, onde auxiliaram um grupo de colonizadores gregos a fundar a colónia de Massília. Encorajados pelo seu êxito, que tomaram como um bom presságio para os seus planos, os Celtas redobraram os seus esforços, encontrando finalmente uma rota pelos Alpes, provavelmente pelo desfiladeiro do monte Genèvre, que os levava até às regiões superiores do vale do rio Pó. Os Etruscos, que já tinham reivindicado para si estas extensas terras férteis, foram derrotados pelos Gauleses perto do rio Ticino. Estes situaram as suas colónias a norte do rio Pó, no Piemonte e na Lombardia, fundando Milão como o seu centro principal. Esta mistura de gauleses tornou-se conhecida como os Ínsubres, devido ao nome do território que colonizaram.

O relato de Tito Lívio sobre as origens dos Ínsubres foi escrito cerca de 600 anos depois dos eventos que descreve e alguns, provavelmente todos, podem ser lendas. Os outros escritores clássicos não fazem menção às migrações celtas para Itália antes de cerca de 400 a. C. No entanto, algumas inscrições de uma extinta língua celta conhecida como o lepôncio, encontradas nos contrafortes dos Alpes, prova que os grupos que falavam celta, estavam certamente estabelecidos no Piemonte e na Lombardia no século VI a. C. Sepulturas ricamente decoradas da cultura de Golasecca, encontradas nesta área, mostram que foi habitada por uma sociedade guerreira aristocrática, que tinha muito em comum com os chefes de clã de Hallstatt, na altura prósperos a norte dos Alpes. Contudo, as raízes da cultura de Golasecca podem ser seguidas até cerca de 900 a. C., muito antes da migração descrita por Lívio. Seriam os povos de Golasecca, os que falavam celta desde o início, ou seria esse o resultado dos contactos transalpinos de migrações como as que Lívio descreve? Não há provas que o demonstrem, mas é provável que, se os povos de Golasecca não eram os Ínsubres, eram pelo menos os seus antepassados.

Anos mais tarde, outros grupos de gauleses seguiram Belloveso através dos Alpes até à Itália. Primeiro chegaram os Cenomanos, que se fixaram em redor de Bréscia e Verona. De acordo com Lívio, isto passou-se durante a vida de Belloveso, mas não existem provas arqueológicas de colónias celtas em Itália, nesta altura, fora da área da cultura da Golasecca. Como os primeiros artefactos celtas conhecidos, provenientes desta área, pertenciam à cultura de La Tène, não podiam ter chegado antes de cerca de 450 a. C. Algum tempo depois, seguiram-se os Líbuos e os Salúvios, portanto, quando os Bóios e os Língones chegaram não havia território para colonizar a não ser a norte do rio Pó. Não tiveram outra hipóteses senão construir balsas e invadir o território da Etrúria e da Úmbria entre o rio e os Apeninos. Cenas de batalhas com guerreiros celtas são um tema proeminente em estelas funerárias de um grupo etrusco de Bolonha do século V a. C., portanto, é certo que resistiram à invasão. Fontes romanas também mencionam conflitos entre Etruscos e Celtas, ou Gauleses, como usualmente lhes chamam. A última grande migração celta até à Itália foi de uma tribo chamada Sénones, o que pode ter acontecido por volta de 400 a. C. Dirigiram-se ainda mais para sul e ocuparam uma faixa da costa adriática estendendo-se aproximadamente de Rímini até mais a sul do rio

Aso, uma área que se tornou conhecida como Ager Gallicus («o país dos Gauleses»). Os Romanos conheciam toda a área da colónia celta em Itália como Gália Cisalpina («Gália-deste-lado-dos-Alpes»).

Os nomes tribais das migrações do período de La Tène deram, provavelmente, alguma indicação sobre a sua origem. Em tempos históricos tardios, os Sénones, Cenomanos e Língones viveram todos na Gália Central ou Oriental, os Salúvios na Provença e os Bóios na Boémia (de *Boihaemum*, «a casa dos Bóios»). Obviamente, não temos meios de saber ao certo se todos viveram nessas áreas, no início do século V a. C., mas há achados arqueológicos, pelo menos da Boémia, que apontam para um declínio na população por volta do tempo das migrações, já que muitos cemitérios deixaram de ser usados e os enterros da elite desapareceram. Foram também encontrados achados parecidos, que evidenciam o declínio da população na região do Marne-Mosela, outro centro do início de La Tène. Parecia razoável concluir que a razão para o declínio da população fosse a migração para Itália. Existem também muitos exemplares semelhantes de joalharia, encontrados em sepulturas celtas perto de Bolonha e da Boémia. Mesmo os rituais fúnebres eram idênticos. Sepulturas em áreas de colonos Sénones e Cenomanos reflectem costumes funerários da região do Marne, em França. Os colonos celtas a norte de Pó mantiveram a principal cultura típica de La Tène, ou, no caso dos Ínsubres (se forem identificados com a cultura de Golasecca), adoptaram-na dos recém-chegados. A sul do Pó, os Bóios, os Língones e os Sénones aceitaram parte da principal cultura dos povos que conquistaram, por exemplo, viver no mesmo tipo de casas de pedra e madeira de dois andares que os Etruscos construíam, muito diferentes daquelas a que estariam habituados a norte dos Alpes. Os Celtas construíram fortes, mas também viveram em aldeias e cidades etruscas, como Felsina, que se tornou no centro principal dos Bóios e de onde deriva o seu nome actual – Bolonha. Em necrópoles perto de Bolonha e noutros locais encontram-se sepulturas etruscas, lado a lado com sepulturas de guerreiros, típicas da cultura de La Tène. É evidente que os nativos, claramente, não foram dizimados, porém, os Celtas talvez tenham formado a nova elite social. Deu-se uma gradual celtização da população local, com objectos La Tène a aparecerem em sepulturas etruscas na região do Marne-Mosela. No século IV a. C., os nativos já tinham sido assimilados pela cultura celta.

Os Gauleses trouxeram não só a sua cultura principal para Itália, mas também a sua estrutura social. Para a sociedade guerreira – ou pelo menos de ataque – de La Tène, era essencial a manutenção do seu estatuto. Era, por isso, inevitável que começassem a atacar o próspero território etrusco, no outro lado dos Apeninos. Estes ataques originaram os primeiros contactos fatais entre os Celtas e os Romanos. Nesta altura ninguém podia prever a grandiosidade do futuro de Roma. Era apenas uma cidade-estado próspera, entre muitas, contudo, já ansiava por aumentar a sua influência em Itália. Em 391 a. C. (ou possivelmente 387), os Romanos enviaram três embaixadores para mediar uma disputa territorial entre a cidade etrusca de Clúsio (actual Chiusi) e os Sénones. Quando as negociações falharam e a luta começou, os enviados romanos aliaram-se aos Etruscos, contra as regras da diplomacia, matando um dos chefes de clã gauleses. Esta ofensa obrigou a uma retaliação e, depois de os Romanos teimosamente recusarem entregar os homens culpados para punição, um exército de gauleses atravessou os Apeninos em Julho de 390 a. C. (ou 386) e dirigiu-se pelo vale do rio Tibre até Roma, com uma rapidez aterradora. Breno, o líder dos Gauleses, era um bom general e facilmente derrotou o exército romano, enviado para o travar, no rio Ália, a poucos quilómetros de Roma.

Indefesa e abandonada por todos, menos os doentes e os idosos, Roma caiu no dia seguinte e foi compreensivelmente saqueada. De acordo com a tradição romana, uma guarnição simbólica de resistentes, que se mantinham na colina do Capitólio, foi salva de um ataque surpresa durante a noite, quando alertada pelo grito dos gansos sagrados no templo de Juno. Foi sorte os soldados esfomeados não se terem atrevido a comer os gansos, com medo de incorrer na ira da rainha dos deuses, conhecida por se irritar com facilidade. Os Gauleses foram finalmente persuadidos a sair de Roma, depois de sete meses, quando os Romanos concordaram em pagar uma enorme recompensa – mil libras de ouro. Os Gauleses pretendiam ainda mais ouro dos Romanos utilizando, a seu favor, pesos viciados. Quando os Romanos se queixaram, diz-se que Breno pôs a sua espada no prato da balança dos pesos suspeitos, dizendo simplesmente: «Vae victis» – Ai dos vencidos!

A história subsequente do mundo poderia ter sido muito diferente, se os Gauleses tivessem conseguido ocupar Roma permanentemente, mas a sua retirada foi talvez inevitável: estavam muito longe de casa, isolados em território hostil e com poucos alimentos. A partida dos Gauleses pode também ter sido precipitada por notícias de um ataque nas suas terras pelos Vénetos, uma tribo itálica do Nordeste de Itália. Há uma tradição tardia que diz que os Gauleses foram perseguidos e derrotados no seu regresso a casa, mas isso provavelmente não é mais do que uma invenção para salvar a face. A experiência da derrota foi muito traumática para a pequena república, que não tinha emergido há muito da sombra dos seus vizinhos Etruscos, os quais, felizmente para Roma, estavam muito mais expostos aos ataques dos Gauleses, não podendo por isso tirar vantagem da situação. Ao enfraquecerem os Etruscos, os Gauleses, sem intenção, podem ter ajudado Roma no seu caminho para alcançar o domínio sobre Itália.

Os Romanos eram um povo com uma habilidade sem igual para guardar rancores (pense-se em Cartago) e não importava que reconhecessem, em grande parte, a sua culpa, no desastre de 390 a. C. As palavras de Breno perseguiram a imaginação dos Romanos e muito depois de terminada uma ameaça real, políticos oportunistas como Júlio César conseguiram facilmente convencer a população romana, de que hordas de Gauleses estavam prontas para descer até Roma e saqueá-la uma segunda vez. Apesar de na altura não poder ser claro, o saque de Roma representou a grande vaga de expansão celta na Europa Ocidental. Roma entrou em conflito com os Gauleses, várias vezes durante o século IV a. C. Embora não tivesse havido a repetição do desastre de 390 a. C. – Roma construiu uma muralha à volta da cidade em 378 a. C., para se defender dos ataques gauleses – um grupo de assaltantes esteve a poucos quilómetros de Roma em 367 a. C., antes de ser derrotado nas colinas de Albano. Outra incursão em 361 a. C., chegou ainda mais perto, sendo travada no rio Ânio, apenas a cinco quilómetros da cidade. O mesmo grupo incursor voltou mais tarde nesse ano e foi vencido muito perto da Porta de Colina. As cidades do Lácio, que Roma tentava dominar, abasteciam e auxiliavam, com frequência, os Gauleses. Gradualmente, os Romanos foram avaliando os Gauleses cisalpinos, começando a ganhar-lhes cada vez mais facilmente os sucessivos ataques e, finalmente em 334, ambos concordaram com um tratado de paz.

Os Gauleses não colonizaram nenhum território a sul dos montes Apeninos, no entanto, alguns dirigiram-se mesmo até mais a sul, na Apúlia, onde serviram como mercenários aos dirigentes gregos, como Dionísio I de Siracusa (r. 405-367 a. C.). Dionísio era um soberano expansionista, que despendeu grande parte do seu reinado na guerra, ou com os Cartagineses ou com os Etruscos. Nos anos 380 a. C., Dionísio capturou o porto etrusco de Adria, perto do delta do Pó e fundou uma colónia em

Ancona, na Ager Gallicus. Em 385 a. C. fez uma aliança formal com os Sénones e começou a recrutar mercenários, tendo alguns tomado parte numa expedição naval contra o porto etrusco de Pirgo (Santa Severa), em 384 a. C. Dionísio e o seu filho, Dionísio II continuaram a recrutar mercenários durante 30 anos, através de Ancona. Um dos seus mercenários foi enterrado com algum esplendor, numa tumba escavada em pedra, em Canosa di Puglia (Apúlia), no fim do século IV. Entre os bens da sepultura encontrava-se um elmo de ferro esplêndido, coberto com folhas de bronze decoradas com motivos vegetais e corais embutidos: originalmente, o elmo seria também decorado com penas. Com o encorajamento ou não dos seus senhores gregos, a Apúlia tornou-se a base para os Gauleses fazerem incursões em território romano, por exemplo em 367 a. C. e ainda em 348 a. C.

Apenas dois anos antes do tratado de paz entre a Gália e Roma, outro grupo de celtas teve um encontro memorável com o jovem Alexandre, *o Grande*, da Macedónia. Alexandre planeava uma conquista espectacular sobre o vasto Império Persa, que o tornaria uma lenda no seu curto tempo de vida, mas antes tinha de proteger as fronteiras do seu reino com uma campanha contra as tribos dos Ilírios e dos Trácios. A sua campanha chegou a norte, ao meio do Danúbio, onde encontrou representantes de várias tribos celtas, algumas provavelmente de Itália. Alexandre perguntou aos enviados do que mais tinham medo, esperando com certeza, que dissessem que era dele. Quando lhe responderam que era que o céu lhes caísse em cima, ouviu-se Alexandre dizer entre dentes que os Celtas tinham uma opinião demasiado elevada sobre eles próprios. Apesar disso, os Celtas estavam evidentemente impressionados com Alexandre, visto que se deram ao trabalho de mandar uma embaixada até à Babilónia para se encontrar com ele, em 323 a. C.

As migrações celtas para leste da Europa começaram nos primórdios do século IV a. C. e continuaram até ao fim do século. Esta região estava ainda além dos horizontes de observadores letrados do Mediterrâneo, mas a direcção geral da migração e a sua cronologia torna-se clara através da difusão da cultura de La Tène. No fim do século IV a. C., havia populações cuja cultura principal era a de La Tène espalhadas ao longo do Danúbio Médio, que se fixaram na Eslováquia, Hungria e Sérvia e em bolsas na Transilvânia e ainda mais a norte dos montes Cárpatos, perto de Cracóvia no Sul da Polónia. Achados de necrópoles sugerem que deve ter havido duas vagas de migrações celtas, mas é mais provável que algumas das mudanças na principal cultura, sejam o resultado de povos indígenas adoptarem a cultura de La Tène.

A difusão de armas e de outros artefactos celtas pela Moldávia e Ucrânia são a prova da presença celta nas estepes europeias. Como a maior parte são achados extraviados, ou provenientes de sepulturas dos Citas nómadas locais das estepes, esta presença pode não passar de bandos de guerreiros errantes. Apenas foi encontrada uma sepultura celta perto de Chernobyl e uma única colónia em Bovshev no rio Dniestre, mas nomes de locais como Gallitsyja e Galich, no Oeste da Ucrânia, são indícios de uma colonização mais alargada. A atracção pode ter sido as cidades gregas na costa do mar Negro. Moedas do rei Leuconte II do Bósforo, um reino grego no mar de Azov, retratam escudos e armas celtas. Estas moedas podem ter sido a comemoração de uma vitória grega sobre os Celtas invasores. Uma inscrição do século III a. C. de Ólbia (Nicolayev, na Ucrânia), recorda que a ameaça do ataque dos Gálatas, o nome grego para os Celtas, foi estimada como tão grande, que Protogenes, um dos homens proeminentes do local, pagou a construção de uma muralha para a cidade. A inscrição também menciona que os Gálatas forçaram os Citas nómadas locais a procurar protecção na cidade. Se os Citas estivessem no auge do seu poderio, podiam facilmente ter impedido os Celtas de penetrarem nas estepes, mas já tinham sofrido uma derrota recente por outro povo nómada, os Cimérios, e estavam em acentuado declínio.

A alguns meses do encontro dos embaixadores celtas na Babilónia, Alexandre morreu, apenas com 33 anos. Não deixou nenhum herdeiro adulto e o seu império foi rapidamente dividido pelos seus generais, numa luta violenta por terras e poder, que durou mais de 20 anos. Os Celtas exploraram esta óbvia fraqueza no mundo helénico, para continuarem a sua expansão para sudeste. Cerca de 300 a. C., uma confederação livre de tribos celtas dirigiu-se para os Balcãs e atacou os Ilírios, os Tribalos e os Panónios. Cerca de 298 a. C. um líder celta, Cimbaules, dirigiu um ataque à Macedónia, mas rapidamente foi expulso. Os Celtas voltaram em 281 a. C., sob o comando de Bolgios, sendo o rei da Macedónia nesta altura Ptolomeu Keraunos (a alcunha significa «raio»), um oportunista sem escrúpulos, que alcançara o poder assassinando o seu antecessor no trono. A Ptolomeu não faltava habilidade militar, mas também era muito impetuoso e, com vaidade, julgava-se um novo Alexandre. Quando Bolgios – cujo nome tal como Ptolomeu tinha, provavelmente, alguma associação a um raio – ofereceu retirar-se com a recompensa de um grande pagamento,

Ptolomeu interpretou essa atitude, não como uma tentativa de chantagem, mas como um sinal de fraqueza e logo se lançou num plano de ataque muito mal preparado. O exército de Ptolomeu era maior e mais bem armado, mas a aparência selvagem dos Celtas e a sua coragem imprudente levaram-nos a vencer. Ptolomeu foi morto e a sua cabeça decapitada desfilou em triunfo na ponta de uma lança. No mesmo ano, outra força celta sob o comando de Cerethreus, invadiu com êxito o reino da Trácia, vizinha da Macedónia e saquearam a sua capital Seutópolis.

Este sucesso encorajou os Celtas a lançar uma incursão à Grécia em 279 a. C., sob o comando de Breno (possivelmente um nome ou título lendário) e Achichorios. É difícil precisar qual o tamanho do grupo de ataque dos Celtas. Há escritores gregos que apresentam deliberadamente a invasão celta, como uma repetição da enorme invasão persa por Xerxes, em 480 a. C. e apontam para números nas centenas de milhares. Embora seja difícil acreditar em tais números por parecerem exagerados é impossível saber ao certo. No entanto, a unidade nunca foi natural para os Celtas e esta grande força começou a quebrar, como resultado de uma dissidência interna, mesmo antes de chegarem à Grécia: cerca de um terço da força, liderada por Leonorios e Lutorios decidiu virar para leste, em direcção à Trácia. Estes acabaram por ter mais sorte. A incompetência de Ptolomeu levou os Celtas a acreditar ser a Grécia mais fraca do que na realidade era.

Apesar da partida de Leonorios e Lutorios, Breno seguiu para sul até à Grécia, tal como planeado, deixando para trás uma pequena força a fim de assegurar o controlo da Macedónia. O novo rei da Macedónia, Antígono Gónatas, era um manipulador mais astuto que Ptolomeu. Percebendo que o interesse principal dos Celtas era o saque, Antígono preparou-lhes uma armadilha, mandando o seu exército abandonar o campo, fingindo que retirava. Como esperava, os Celtas rapidamente caíram sobre o campo para o pilhar, perdendo toda a coesão no processo, sendo então emboscados e aniquilados. Cerca de um ano mais tarde (em 278 ou 277 a. C.), Antígono seguiu para Lisimaqueia para derrotar Cerethreus, não longe de Gallipoli. A resistência à força principal de Breno foi dirigida por Atenas. Breno que seguiu para sul, através da costa da Tessália, encontrou pouca resistência no caminho. Os Gregos simplesmente fugiram para a segurança das suas cidades muradas, que os Celtas, sem nenhuma experiência em guerra de cerco, não conseguiam tomar. Os Gregos decidiram tentar parar os Celtas no desfiladeiro das Termópilas, onde os Espartanos enfrentaram heroicamente os Persas, em 480 a. C. Os Celtas tentaram forçar um caminho através do desfiladeiro, mas sofreram pesadas baixas, tal como os Persas 200 anos antes. Breno, que parecia ser um comandante cheio de recursos, descobria agora o mesmo caminho «secreto» da montanha, que os Persas em 480 a. C. utilizaram para flanquearem os Espartanos. Breno dividiu a defesa grega, mandando Achichorios com uma força para oeste para os montes Pindos, até à Etólia. Aqui Achichorios caiu inesperadamente sobre a cidade de Callium, que foi saqueada com grande selvajaria, incluindo a violação em massa das mulheres. Isto foi o suficiente para o contingente etólio do exército grego seguir com rapidez para casa. O exército grego, depauperado, foi então cercado no desfiladeiro pelos Celtas, mas escapou ao seu destino tal como os Espartanos anteriormente, graças à marinha de Atenas, que os evacuou por mar.

Com as forças gregas temporariamente dispersas, Breno seguiu para a cidade sagrada de Delfos, terra do famoso oráculo que falou para o deus do sol Apolo, no alto da encosta do monte Atos. Como nenhum grego se atreveria a atacar Delfos, muitas cidades gregas tinham aí os seus tesouros em segurança. Pela mesma razão, Delfos era virtualmente indefesa. O terreno irregular da montanha não era próprio para uma batalha campal e, apesar de os Gregos assolarem os Celtas o melhor que podiam, estes pareciam imparáveis. Não se sabe bem o que aconteceu a seguir, já que os autores antigos voltam-se para explicações sobrenaturais. O mais importante registo é o de Pausânias, um escritor e viajante grego do século II d. C. O seu *Guia para a Grécia* é ainda um útil companheiro, numa viagem de férias turística na Grécia actual, apesar de ter perto de 2000 anos.

Segundo Pausânias, Apolo falou aos cidadãos aterrorizados de Delfos através do oráculo, insistindo para que não tivessem medo, dizendo: «Eu protegerei os meus.» A situação imediatamente começou a melhorar. Chegaram notícias do exército de Achichorios, dizendo que tinha sido muito maltratado pelos vingativos Etólios, tendo-se retirando de Callium e perdido todo o seu saque. Tremores de terra e tempestades de neve fora de época provocaram quedas de rochas, que mataram muitos dos Celtas e os Gregos viram heróis há muito mortos a lutarem nas suas fileiras. Breno também foi seriamente ferido. Face a todos os maus presságios, à medida que se aproximavam do local que sabiam ser o mais sagrado para os Gregos, os Celtas parecem ter sentido um medo supersticioso e começaram a retirar, continuamente atacados pelos Gregos. Durante a noite, o estado de espírito alterou-se do medo para o pânico e, erradamente, acreditando que os Gregos haviam entrado no seu campo, os Celtas começaram a lutar entre eles. Os Gregos acreditaram que Apolo tornara os Celtas incapazes de compreenderem o que diziam entre si, embora talvez a confusão realmente tivesse sido levantada porque existiam contingentes não celtas no exército. Depois deste desastre, a retirada degenerou em debandada. Com a sua autoridade claramente arrasada pela escalada da derrota, Breno tomou a atitude decente e suicidou-se, assegurando deste modo um lugar honrado na vida depois da morte.

Alguns historiadores acreditam que os Gregos exageraram na extensão da sua vitória – afinal, comparavam-na às suas grandes vitórias sobre os Persas de Xerxes, em 480-479 a. C. – e que os Celtas tinham realmente conseguido saquear Delfos. Os Romanos certamente acreditaram que tinham recuperado tesouros originalmente saqueados de Delfos, quando pilharam um altar celta em Tolosa (Toulouse) em 106 a. C. – membros de uma tribo local, os Tectósagos, tinham participado na invasão da Grécia – mas além disto, não existem outras provas que suportem esta versão dos acontecimentos: afirmam que poucos celtas saíram da Grécia vivos, mas, na realidade, eles continuaram a ser uma força potente, apesar do desastre em Delfos.

Os sobreviventes da expedição de Breno fixaram-se finalmente na costa do mar Negro, na Trácia, na região da moderna Burgas (na Bulgária), onde fundaram o reino de Tylis. No tempo de Commotorios, o seu primeiro rei, Tylis tornou-se num reino de ladrões, vivendo de tributos chantageados de cidades gregas à volta do mar Negro, até que os Trácios os derrotaram em 212 a. C. Devido à sua curta existência, a presença celta na Trácia deixou poucos vestígios, apesar de restos de um carro terem sido encontrados numa sepultura aristocrática em Mezek na Bulgária. Não se sabe ao certo se pertenceu a um chefe celta ou trácio. Se foi a um chefe trácio, o carro pode ter sido um presente diplomático, ou um objecto de pilhagem tomado em batalha contra os Celtas. Um claro exemplo de interacção entre os Celtas e os Trácios é o famoso caldeirão Gundestrup, que foi encontrado num pântano de turfas dinamarquês. Este espectacular caldeirão de prata está decorado com imagens de deuses e guerreiros celtas, mas o trabalho é claramente trácio, produto de um artesão da Trácia para um senhor celta. Outro grupo sobrevivente da expedição de Breno voltou aos Balcãs, sob a liderança de Bathanatos, onde contribuiu para a formação de uma nova tribo celta, chamada os Escordiscos. Singidunum

– a moderna Belgrado – tornou-se o seu centro principal. Os Escordiscos alcançaram grande poder, ao fazerem incursões ocasionais à Macedónia e à Grécia e no século II a. C. repeliram os Cimbros e os Teutões, duas tribos germânicas migrantes, que continuaram a aniquilar várias legiões romanas, antes de finalmente serem derrotadas.

Alguns celtas permaneceram na Grécia voluntariamente, recrutados pelo exército de Antígono Gónatas, que ficara impressionado com a sua bravura. Embora o principal rival de Antígono, Pirro do Epiro (o vencedor da original vitória pirra), se gabe do número de mercenários celtas que tinha morto, estes devem ter merecido o seu pagamento, já que foi Antígono quem surgiu vitorioso da batalha. Também por esta altura – a data exacta é incerta – outro bando de celtas foi recrutado para o exército de Ptolomeu Filadelfo, o grego que reinava no Egipto. Estes mercenários cedo planearam uma rebelião, mas os seus planos foram escutados e chegaram ao seu senhor. Ptolomeu levou cerca de 4000 dos mercenários para uma ilha no Nilo. Face a uma ignóbil morte pela fome, muitos escolheram o suicídio. Surpreendentemente, os governantes egípcios continuaram a recrutar celtas durante pelo menos um século. Quando eram dispensados davam-lhes terras para se fixarem e se tornarem *cleruchs* («adormecidos», *i.e.*, reservistas), no entanto, podiam ser chamados de volta às armas em tempos de emergência, tal como aconteceu em 217 a. C., quando ajudaram a repelir uma invasão no Egipto. Um escudo bem preservado de um destes celtas *cleruchs* foi encontrado no deserto, no oásis de Faium, onde muitos se fixaram no século III a. C. Outro vestígio da presença celta no Egipto é uma inscrição, datada de cerca de 185 a. C., que comemora uma caça à raposa bem-sucedida, por um grupo que incluía celtas. Os filhos e netos destes mercenários continuaram a tradição familiar e também serviram nos exércitos egípcios: ainda havia soldados com nomes celtas na guarnição de Hermópolis no Médio Egipto, no final do século II a. C. As vidas destes celtas habitantes do deserto deve ter sido muito diferente da dos seus antepassados na Europa Central e, presumivelmente, acabaram por ser assimilados pela população local do Egipto.

A maior parte dos 20 000 Celtas que seguiram Leonorios e Lutorios até à Trácia, pertenciam a três tribos, os Tectósagos, Trocmos e Tolistobogos. Cerca de metade do grupo eram mulheres, crianças e pessoas idosas, sugerindo serem migrantes em busca de terra para colonizarem e que a razão pela qual romperam com Breno, era porque ele estava mais interessado em pilhar. Com o convite do rei Nicomedes da Bitínia (agora no

Noroeste da Turquia), Leonorios e Lutorios atravessaram a Trácia até à Anatólia em 278-277 a. C., primeiro pelo Bósforo e depois pelos Dardanelos. Nicomedes estava preparado para deixar que os Celtas se fixassem, em troca dos seus serviços numa guerra com o rei selêucida (sírio) Antíoco I, que já controlava a maior parte da Anatólia, mas que a desejava na sua totalidade. Nicomedes nunca teve de cumprir a sua promessa, uma vez que Antíoco derrotou os Celtas em 275-274 a. C. na chamada Batalha dos Elefantes, perto das ruínas da cidade de Sardes. Antíoco, pela sua vitória ganhou o cognome de «Soter» (salvador). Os Celtas, no entanto, eram inquebrantáveis e forjaram uma nova aliança com o rei Mitridates I do Ponto (na costa do mar Negro), que lhes garantia o direito de se fixarem a este na Frígia, no centro da Anatólia. A oferta de Mitridates continha algum cinismo, uma vez que a Frígia nesse tempo pertencia ao reino dos Selêucidas. No entanto, Antíoco não conseguiu desalojar os Celtas e, numa batalha contra eles acabou por ser morto, em 261 a. C.

A área da colónia na Anatólia tornou-se conhecida como Galácia, do nome grego dado aos Celtas. Os Gálatas não eram muito numerosos em comparação com a população nativa, que vieram a governar. No entanto, estes Celtas isolados resistiram à assimilação durante séculos. Mesmo mais tarde, no século IV d. C., São Jerónimo iria reparar que os Gálatas falavam a mesma língua que os Gauleses. Os Gálatas preservaram a forma de governo baseada nas suas três divisões tribais originais. Cada uma das três tribos estava dividida em quatro *septs* ou clãs, cada um deles liderado por um tetrarca (do grego, *tetra*, «quatro»; *arkhos*, «chefe»). Cada tetrarca era assistido por um juiz, um general e dois generais-adjuntos. Os cargos talvez tenham sido hereditários embora, mais tarde, algumas tribos gaulesas elegessem os seus funcionários. Os doze clãs enviaram um total de 300 «senadores» para um concílio anual, que se realizou num altar «nacional» chamado Drunemeton («arvoredo de carvalho»). Na Gália e na Grã-Bretanha os locais *nemeton* estão associados a druidismo, apesar de não existirem outras provas para a presença de druidas entre os Gálatas a não ser, talvez, que os juízes fossem druidas.

Foram encontrados relativamente poucos artefactos na Anatólia, provavelmente por não terem sido procurados. Um dos poucos sítios arqueológicos na Galácia, extensivamente escavado, foi Gordion, antiga capital do fabuloso rei Midas, da Frígia. Achados arqueológicos sugerem que Gordion foi ocupada pelos Gálatas, logo depois de 270 a. C. e tornou-se um próspero *oppidum* e centro de comércio (*emporium*), com construções monumentais e trabalhos de ofícios avançados. A ocupação de Gordion pelos Gálatas durou mais de um século, durante o qual foi duas vezes destruída a reconstruída, primeiro por atacantes desconhecidos no fim do século III a. C. e outra vez em 189 a. C., por um exército romano chefiado por Mânlio Vulso. A escassez de metal encontrado nas camadas da destruição, indica que os Romanos saquearam bastante a colónia antes de a incendiarem. Gordion foi finalmente abandonada a meio do século II a. C.

Apesar de terem sido encontrados poucos artefactos, as escavações mostraram que a principal cultura dos Gálatas se tornou rapidamente helenizada. Muitos deles podiam ler grego, que utilizavam para registar alguns dos seus bens. Também sabemos, de fontes literárias, que os Gálatas davam nomes gregos aos seus filhos. O uso romano do termo *Gallograeci* para descrever os Gálatas parece justificado. Em questões religiosas, no entanto, mantiveram práticas celtas. Foi achada uma escultura com dupla face «Jano», semelhante a muitas encontradas na Europa celta, bem como três fossas com restos humanos e de animais, vítimas de medonhos rituais de morte, envolvendo estrangulação, decapitação e desmembramento. Uma caveira humana mostrava sinais claros de que tinha sido exposta na ponta de uma estaca de madeira, uma prática bem documentada na Europa celta. Os escritores clássicos podiam não estar a exagerar, quando escreviam que muitas pessoas preferiam cometer o suicídio em vez de se tornarem prisioneiras dos Gálatas, com medo de serem vítimas de sacrifícios se não fossem resgatadas.

Durante quase cinquenta anos depois da colónia inicial, os Gálatas viveram alternadamente pilhando os seus vizinhos e trabalhando como mercenários para esses vizinhos. Para evitar discussão entre eles, os Gálatas acordaram em zonas exclusivas para incursões, para cada uma das três tribos. Os Trocmos saqueavam à volta dos Dardanelos, os Tolistobogos as cidades gregas ricas da costa jónica e os Tectósagos concentravam-se no interior da Anatólia. Criaram-se taxas especiais nas cidades gregas da costa, para resgatar prisioneiros que eram levados nestas incursões, sendo bem conhecido o destino dos não resgatados. O rei Êumenes I de Pérgamo foi um dos vários soberanos que manteve as suas terras livres de ataques dos Gálatas, dando dinheiro em troca de protecção. O seu sucessor, Átalo I (241-197 a. C.), que era mais firme, acabou com os pagamentos. Quando os Gálatas retaliaram com uma invasão, Átalo derrotou-os na batalha nas Fontes de Caicus em 240 a. C. Os Gálatas tentaram vingar-se aliando-se com o rei selêucida Antíoco II contra Pérgamo, mas

Átalo conseguiu outra vitória, sobre uma força dos Tolistobogos, perto do altar de Afrodite, não muito longe de Pérgamo. Em 232 a. C. os Gálatas fizeram a paz com Átalo, prometendo que paravam com os ataques a Pérgamo. O tratado de paz não chegou a pacificar completamente os Gálatas – que ainda atacaram Pérgamo outra vez depois da morte de Átalo, em 197 a. C. – mas a Anatólia Ocidental ficou muito mais segura daí por diante. Nas celebrações das suas vitórias, Átalo encomendou a construção de um monumento para a acrópole de Pérgamo. Este incluía muitas esculturas retratando guerreiros celtas, incluindo a famosa escultura do *Gaulês Agonizando*, podendo ver-se ainda uma cópia de mármore em Roma. A paz com Pérgamo não marcou completamente o fim das migrações celtas para leste. Em 218 a. C., Átalo recrutou outra tribo celta da Europa, chamada Aigosaiges, para lutar noutra guerra com os Selêucidas. Depois da guerra, Átalo fixou os Aigosaiges perto dos Dardanelos, mas estes rapidamente começaram a pilhar os seus vizinhos, chegando mesmo a sitiar Ílion – antiga Tróia. Estas depredações terminaram, finalmente, quando o rei Prúsias da Bitínia, em 217 a. C., os massacrou a todos, mesmo as mulheres e as crianças.

No final do século III a. C., o grande período das migrações celtas chegou ao fim e na Itália, pelo menos, os Celtas já haviam começado a retirar. Vizinhos poderosos impediam-nos de continuarem a avançar. Assim as migrações limitaram-se ao interior do mundo celta. A migração dos Helvécios em 59 a. C. já foi mencionada e por volta de 100 a. C. houve uma migração dos Belgas para a Grã-Bretanha. Provavelmente houve outras migrações não documentadas da Gália para a Grã-Bretanha, já que duas tribos britânicas, os Atrébates e os Parísios, têm nomes continentais.

A expansão celta foi certamente impressionante. No início do século III a. C. eram provavelmente o mais espalhado dos povos europeus. A maior parte do seu território fora ganha à custa de povos, que estavam ao nível do desenvolvimento social dos próprios Celtas. Este facto deve ter tornado relativamente fácil, para os povos conquistados, a assimilação da cultura e identidade celtas. Apesar de as incursões das civilizações clássicas do Mediterrâneo no mundo serem, por razões óbvias, as mais bem documentadas, os Celtas não lhes ficaram atrás. As civilizações mediterrânicas provaram ser na generalidade superiormente militarizadas. Embora pudessem atacar, pilhar e aterrorizar, os seus ganhos territoriais limitaram-se a uma faixa do território etrusco entre o rio Pó e os montes Apeninos, que os próprios Etruscos não mantiveram por muito tempo, e a parte central da Anatólia que se tornou conhecida como Galácia. A Galácia era sem dúvida uma colónia de sucesso, sobrevivendo como entidade independente por mais de 250 anos. No entanto, existiam factores especiais em jogo na Anatólia que tornavam a sobrevivência da Galácia mais fácil. Durante a existência da Galácia, a Anatólia foi o teatro de competição entre duas grandes potências e os Celtas eram sempre bem-vindos como aliados, devido à sua terrível reputação. Isto também travou a assimilação dos Gálatas pela população nativa, porque possibilitou à elite a manutenção do seu estatuto dentro da tradição celta, através de ataques e pilhagens. No entanto, a eventual assimilação da Galácia pelo mundo mediterrânico era, provavelmente, inevitável. A cultura celta pode ter sido atractiva para outros povos bárbaros, mas nunca iria ganhar muitos partidários no mundo mais sofisticado do Mediterrâneo. Era sempre mais provável que os Gálatas fossem assimilados pela civilização mediterrânica do que o contrário.

3

O Mundo de La Tène

> [Os Celtas] *viviam em aldeias não muradas, sem construções permanentes. Dormiam em camas de palha ou folhas, alimentavam-se de carne e ocupavam-se exclusivamente com a guerra e a agricultura. […] A propriedade de cada homem consistia em ouro e gado, já que estas eram as únicas coisas que podiam facilmente levar consigo quando se moviam de um lugar para outro, mudando as suas residências quando lhes apetecia. Tinham a amizade em grande consideração, porque o homem que tivesse o maior número de dependentes ou companheiros era visto como o mais formidável e poderoso membro da tribo.*
>
> POLÍBIO, *Histórias* (*c.* 150 a. C.)

A maior parte do que se sabe sobre os costumes e crenças dos Celtas antigos, devemo-la aos escritores clássicos gregos e romanos. Estes apresentam uma consistente imagem estereotipada dos Celtas, retratando-os como um povo supersticioso e selvagem; economicamente atrasados, guerreiros e briguentos, emocionais, arrogantes e vaidosos, que gostavam de beber, de festas e de canções. Este estereótipo não tinha a intenção de favorecer os Celtas. Os escritores clássicos encontraram realmente coisas admiráveis nos Celtas, especialmente a sua coragem, mas, quase sem excepção, achavam-nos culturalmente uns bárbaros inferiores, que representavam uma ameaça de morte ao bem organizado, racional e urbanizado mundo mediterrânico. De modo notável, este estereótipo clássico perdurou, porém, graças à influência do movimento romântico, é agora visto como uma imagem positiva. O Celta tornou-se o selvagem nobre, incorrupto e imparável face à civilização decadente. Sob o impacto do moderno movimento ecologista e de crenças dos Novos Tempos, os Celtas tornaram-se na representação de todas essas virtudes que mais falta fazem à nossa sociedade materialista, em particular a espiritualidade e o respeito pela natureza. No expoente máximo da sua idealização, por exemplo, como se apresenta ao visitante do centro de *Celtica* em Machynlleth no País de Gales, os Celtas começaram a parecer-se com refugiados de Middle Earth, mais do que com pessoas reais. Existe também o outro lado da moeda. Porque as civilizações ocidentais tanto devem aos Gregos e Romanos antigos, tendemos a pensar neles como sendo muito mais modernos nas suas opiniões do que eram realmente. Na realidade, os Celtas antigos eram muito mais parecidos com os seus contemporâneos, os Romanos, os Gregos e também os Germanos, do que na generalidade é reconhecido.

ESTRUTURA SOCIAL

O mundo celta não era homogéneo e as suas estruturas sociais dependiam, até certo ponto, do meio ambiente e dos recursos disponíveis. Nas terras menos férteis ao longo da franja atlântica da Grã-Bretanha e da Irlanda, por exemplo, formas de organização social menos hierárquicas e em menor escala mantiveram-se por mais tempo, que nas terras de cultivo mais ricas do Sul da Grã-Bretanha e na Europa continental. A principal forma de organização social no mundo celta, no início do período de La Tène, eram os clãs, um tipo de sociedade hierárquica que sobreviveu na Irlanda e nas Terras Altas da Escócia, até depois da Idade Média. Os clãs eram sociedades hierárquicas onde a posição e estatuto muitas vezes dependiam da linhagem e da herança. Em antigas sociedades celtas, os chefes usualmente descendiam de uma linhagem superior da comunidade, isto é, a linhagem que se acreditava ser a que descendia directamente do fundador da comunidade. A maior parte dos clãs parece ter tido uma base tribal. Na Gália tribal, os territórios subdividiam-se em *pagi* («distritos»), que eram governados por famílias ou clãs subalternos. Abaixo do chefe, a classe mais importante na sociedade celta era a aristocracia guerreira. Os banquetes e a guerra eram as actividades mais importantes para o chefe e seus guerreiros. O banquete tornava-se uma oportunidade para o chefe mostrar a sua riqueza, comprazer-se com uma generosa hospitalidade e distribuir presentes de joalharia, armas ou gado. Esta atitude de grandeza não era desinteressada: tinha a intenção de atrair seguidores e manter a lealdade dos já existentes. Aqueles que aceitavam a hospitalidade do chefe e os seus presentes, ficavam também com a obrigação de dar algo em retorno. Os guerreiros cumpriam esta obrigação prestando serviço militar. Em relação aos guerreiros, a sua honrada posição no banquete e os presentes do chefe reforçavam o seu estatuto social dentro da tribo. O banquete era uma ocasião competitiva para os guerreiros conscientes do seu estatuto: gabar-se, comer e beber heroicamente e as lutas ocasionais sobre quem teve o melhor bocado de carne, não eram apenas a falta de educação, que os Gregos e Romanos pensavam ser o que se podia esperar de bárbaros. Abaixo dos guerreiros existia uma pequena classe de artífices especializados e bardos, cujas actividades reforçavam o estatuto da elite, quer pela produção de joalharia espectacular, armas e armaduras para eles usarem, quer cantando os seus feitos em banquetes e outras ocasiões públicas. Na Grã-Bretanha e na Gália existia também uma classe profissional chamada druidas, que tinha um elevado estatuto devido ao seu conhecimento em adivinhação, leis, tradições tribais, medicina e afins. A classe mais vasta da sociedade celta era o campesinato mas, tal como César observou, não tinha qualquer influência política na tribo. Embora tecnicamente fossem livres, a maioria dos camponeses dependia de algum modo da aristocracia. Este era o preço por pedirem o seu apoio depois de perdas de colheita ou outros desastres, o que nas sociedades camponesas pré-industriais era habitual acontecer a cada seis anos. Os Celtas também mantinham e comerciavam escravos, mas não à escala das civilizações mediterrânicas. As mulheres gozavam de maior estatuto que no mundo mediterrânico e na Grã-Bretanha havia mesmo mulheres governantes. Escritores gregos e romanos, cujas mulheres passavam a maior parte da vida confinadas às suas casas, pensavam que a relativa liberdade que os Celtas permitiam às suas mulheres era um sinal da sua barbárie. No entanto, a sociedade celta era dominada pelos homens e não existe uma evidência convincente da instituição matriarcal, nem uma linhagem matriarcal, como é muitas vezes afirmado por historiadoras feministas.

Tipicamente, a residência de um chefe de clã seria num forte sobre uma colina, que também servia como refúgio para a tribo e o seu castelo em tempos de guerra e, muitas vezes, como centro religioso. A forma mais simples de um forte, era apenas um fosso à frente de uma muralha de terra e uma paliçada em madeira, à volta do topo de uma colina. Era comum irem adicionando defesas extra ao longo do tempo – por exemplo, circuitos de plataformas e portas sofisticadas, que não podiam ser alcançadas, excepto sob um ataque cerrado em caso de defesa. As técnicas de construção variam desde o simples acumular de terra para protecção, ao *murus gallicus* (muralha gaulesa), uma técnica complexa de madeiras atadas. Em trincheiras de madeira atada, o trabalho de armação das madeiras era preenchido com terra ou entulho, face a face com uma parede vertical de pedra. Estas trincheiras eram mais difíceis de escalar do que as muralhas de terra em declive e eram muito resistentes a escavações e ataques, porém, podiam ser incendiadas. São conhecidos vários fortes na Escócia, onde o calor intenso dos incêndios vitrificou o trabalho em pedra que os rodeava. Estudos de colónias de Hampshire Downs, no Sul de Inglaterra da Idade do Ferro, mostraram como o forte de Danebury era a «capital» de um território que incluía várias aldeias dependentes. Os fortes não foram construídos em toda a Europa celta. No Norte e Ocidente da Escócia havia centenas de pequenos fortes redondos em pedra chamados *duns* e torres em pedra com o nome de *brochs*. A proliferação destas fortificações, em tamanho familiar, é sinal de que a sociedade que prevaleceu nestas regiões era muito descentralizada, sem quaisquer unidades de larga escala política capazes de imporem a paz sobre uma grande área.

Os chefes de clãs sobreviveram na Irlanda até ao século XVI d. C. e nas Terras Altas da Escócia até ao século XVIII, mas na maior parte da Europa celta nos últimos séculos antes de Cristo, começaram a transformar-se em reinos e repúblicas tribais. O comércio com o mundo mediterrânico pode ter estimulado este processo de formação, mas as causas principais eram internas: o crescimento da população e o aumento da prosperidade, com base numa agricultura eficiente. O processo de centralização pode ser visto pela mudança dos padrões de povoamento. Em South Downs, na Inglaterra, à medida que o poder começou a concentrar-se em menos centros importantes, dos 24 fortes ocupados cerca de 500 anos a. C., restavam apenas oito, 100 anos a. C. As defesas desses fortes que ainda se utilizavam tornaram-se mais pesadamente fortificadas, reflectindo o aumento da condição social. Nesta altura, os fortes tinham sido abandonados na maior parte da Europa celta, em troca por locais mais convenientes e maiores, chamados *oppida*. Os *oppida* tinham as mesmas funções que os fortes, mas eram também centros para comércio de longa distância, recolha de impostos e de produção de colheitas. Apesar de os *oppida* serem construídos muitas vezes em terrenos mais baixos, a conveniência do local para a defesa era ainda tida como muito importante. O *oppidum* de Kelheim na Alemanha, por exemplo, foi construído na confluência de dois rios, possibilitando defesas naturais em dois lados. Os *oppida* tinham usualmente muralhas bem construídas e algumas vezes defesas adicionais como, por exemplo, os trabalhos alongados e estreitos em terra, que protegiam a aproximação ao *oppidum* de Colchester em Essex. A maioria dos *oppida* tem um carácter semiurbano, mas alguns eram povoações totalmente funcionais, com populações densamente compactas, como o *oppidum* celtibero em Numância, que foi projectado com uma grelha de ruas ordenada. Esta prova de planeamento urbano é um sinal da existência de uma autoridade forte e centralizada.

As instituições destes estados celtas também eram similares e podem ter sido copiadas das civilizações do Mediterrâneo. Os Éduos gauleses eram governados por magistrados eleitos chamados *vergobrets* e tinham uma constituição que impedia que uma família qualquer alcançasse o monopólio sobre essa instituição. Os Nérvios belgas eram governados por um rei e um «senador» consultivo escolhido entre os 300 aristocratas principais da tribo. Os primeiros estados celtas baseavam-se na tribo e nos grupos de parentesco, em vez de no controlo de um território em particular. Por isso, um estado celta podia, se necessário, mudar de local, tal como os Helvécios fizeram por duas vezes no século I a. C. A vida política nos estados celtas não era muito diferente da vida da República romana. Tal como romanos ambiciosos, como César e Pompeu, conspiraram para ultrapassar magistrados eleitos e senadores para alcançarem o poder absoluto, também o fizeram aristocratas ambiciosos, como Orgétorix dos Helvécios e Vercingétorix dos Arvernos. O sistema de clientela pelo qual os chefes celtas e aristocratas mantinham e protegiam os seus dependentes, em retorno de apoio militar ou político, não andava muito longe do que era praticado pelos aristocratas romanos, sob a República.

O processo da formação do estado levou à adopção da alfabetização, utilizando uma variedade de escritas de outras proveniências. A linguagem celta inicial a ser escrita foi o lepôncio, falado no Nordeste de Itália nos séculos V e VI a. C. São conhecidas cerca de 40 inscrições nesta língua, usando todas o alfabeto etrusco. Os Celtiberos adoptaram a versão da escrita ibérica (também ela baseada na escrita fenícia), no século III a. C. Os Gauleses usaram, quer o alfabeto grego, quer o latino e na Grã-Bretanha o alfabeto latino foi usado no século I d. C. Os Celtas antes das conquistas romanas, ainda não se encontravam completamente alfabetizados, pelo que a maior parte da cultura se transmitia oralmente. A escrita era usada principalmente para memoriais e dedicatórias, mas na véspera da conquista já se utilizava cada vez mais na administração para censos tribais e trabalhos afins. Depois de César ter derrotado os Helvécios em 58 a. C., encontrou documentos nos seus campos, escritos em caracteres gregos, com o nome de todos os membros da tribo que podiam manejar armas e listas de homens idosos, mulheres e crianças. Considerando que o total, incluindo aliados, era de 368 000, esta era uma considerável proeza de trabalho administrativo. No entanto, a eloquência dos Celtas, uma das características que os escritores gregos e romanos achavam ser das que mais os distinguia, continuava a ser necessária, sendo a retórica, a arte do discurso e da persuasão, o principal meio de ganhar influência nos concílios tribais. Esta era uma habilidade que os Gregos e Romanos admiravam nos Celtas, porque a retórica era também para eles uma técnica importante.

Outro sinal do aumento da sofisticação política e económica dos Celtas foi a adopção do sistema monetário. No século II a. C., os Celtas na Europa Central e na Gália começaram a utilizar e a emitir moedas em ouro e prata. As moedas baseavam-se, usualmente, em protótipos gregos e romanos e eram muitas vezes de grande qualidade, com legendas em caracteres gregos ou em latim e gravuras dos governantes que as tinham emitido. Portanto, os governantes celtas estavam conscientes, tal como os governantes mediterrânicos, do valor da propaganda nas moedas. No início, estas moedas eram provavelmente mais usadas pelos chefes para premiar os seus seguidores, mas aquando da conquista da Gália pelos Romanos, estava a começar a desenvolver-se uma verdadeira economia em numerário. A moeda era também largamente usada no Sudeste da Grã-Bretanha, um século antes da conquista romana.

ECONOMIA

A economia da Europa celta baseava-se na agricultura de subsistência, que ocupava provavelmente mais de 90 por cento da população. Era o excedente da produção agrícola dos camponeses, entregue como impostos ou rendas, que no fundo suportava o chefe, a sua elite guerreira e os artífices que trabalhavam para eles. A natureza exacta do tipo de agricultura variava de acordo com o meio ambiente. No Noroeste húmido, a criação de gado era principal fonte de riqueza; os cereais eram mais importantes no Sul da Grã-Bretanha, no Norte da Gália e na Espanha; no Sul da Gália, predominava uma economia de agricultura mediterrânica, baseada nos cereais, oliveiras e vinhas. Não é para admirar, então, que o Sul da Gália tenha sido uma das primeiras áreas celtas a ser completamente assimilada pelo sistema romano, enquanto outras áreas mais dependentes da criação de gado, como o Norte da Grã-Bretanha e Irlanda, nunca tenham sido conquistadas. As ovelhas eram criadas em todo o mundo celta pela sua lã e leite e os porcos pela sua carne. A criação de cavalos destinava-se principalmente à guerra, sendo o gado a mais importante força animal. Os animais dos Celtas utilizados na agricultura eram substancialmente mais pequenos que os seus actuais descendentes. Variedades de trigo, cevada e aveia, feijão, ervilha e lentilha cultivavam-se em larga escala. O cultivo do linho tinha como finalidade a produção de panos. A paisagem da Europa celta era a de uma agricultura muito mais intensiva do que geralmente se possa calcular. No final da Idade do Ferro, os Celtas usavam arados com partes em ferro e relhas que conseguiam trabalhar os solos mais duros de modo eficiente, sendo provável que a densidade das populações rurais e as suas distribuições, não fossem muito diferentes das do campo da Europa moderna. Havia poucas áreas que fossem genuinamente selvagens e incultas. A maior parte das florestas primitivas que cobriram a Europa depois da Idade do Gelo, tinham sido cortadas ainda antes dos Celtas e as florestas que sobreviveram eram intensivamente administradas, a fim de assegurar a manutenção do abastecimento de madeira para construção, postos para cercas e combustível. A maior parte das famílias de camponeses celtas eram auto-suficientes em relação a todas as necessidades diárias, como comida, roupas e cerâmica. O principal estímulo para comerciar vinha da elite celta, devido às suas necessidades para evidenciar o seu estatuto através da ostentação de materiais ricos, como jóias e boas armas e pelo consumo visível de luxos exóticos, especialmente o vinho do Mediterrâneo. O comércio não era, pois, motivado por considerações económicas modernas; a sua função era essencialmente social. A escala de importações do mundo mediterrâneo era tal que, na Gália, na Europa Central e no Sudeste da Grã-Bretanha, a elite celta já tinha adoptado um estilo de vida muito romanizado, mesmo antes de terem sido conquistados. Isto era algo de que mesmo os observadores romanos, normalmente cépticos, se apercebiam. Não se sabe o que os Celtas utilizavam para pagar estas importações, porém, o mais provável é que fossem essencialmente produtos agrícolas, como cereais, peles e carne salgada.

Em termos tecnológicos, os Celtas de La Tène não tinham as técnicas de construção dos Romanos, mas noutros aspectos não podem ser considerados atrasados. Eram bons construtores de barcos e o seu eficiente método de construção, «primeiro a estrutura», foi adoptado pelos Romanos. Outras inovações celtas que os Romanos adoptaram, incluía correntes de ferro, barris e aros de ferro para as rodas das carroças. Os Romanos ainda copiaram, dos Celtas da Europa Central, o modelo do elmo dos seus legionários. O que eles nunca desenvolveram foi a capacidade industrial que os Romanos tinham, que lhes permitia a produção em massa de armas e armaduras. Enquanto os Romanos podiam equipar todos os soldados com um elmo e um colete de ferro ou casaco de malha com correntes, estes permaneciam luxos demasiado caros entre os Celtas que estavam fora do alcance da maioria, excepto de uma minoria de guerreiros.

CASAS E CONDIÇÕES DE VIDA

Ricos ou pobres, os Celtas viviam em casas simples, construídas com quaisquer materiais naturais, rapidamente acessíveis no meio ambiente local. Na maior parte das áreas isto queria dizer madeira, vime e argila, mas em Espanha e em zonas das terras altas da Grã-Bretanha, usava-se pedra sem argamassa. As casas celtas usualmente dividiam-se em dois tipos principais. Na maior parte da Europa celta, as casas tinham um plano mais ou menos rectangular, mas na Grã-Bretanha, Irlanda e Noroeste da Espanha eram em geral circulares. Na Itália celta as casas eram difíceis de reconhecer, porque os Gauleses cisalpinos parecem ter adoptado rapidamente as técnicas de construção dos povos nativos. Desconhecem-se construções monumentais, à escala das construções comuns do mundo mediterrâneo antes da conquista dos Romanos, contudo o tamanho de uma casa era provavelmente um bom indicador da riqueza e condição social do seu dono, sendo os edifícios maiores, as casas ou salas para banquetes da aristocracia. A preservação das casas celtas é naturalmente melhor nas áreas onde houve um uso extensivo da pedra. Em algumas regiões construíam-se casas de madeira sobre fundações em pedra, que poderiam protegê-las da humidade e torná-las mais duradouras, mas na maior parte das áreas a madeira era simplesmente colocada directamente no solo. Era normal as casas construídas deste modo durarem apenas 20 anos, antes de necessitarem ser reconstruídas, portanto, todos os vestígios das suas estruturas há muito que caíram. Contudo, os arqueólogos podem recuperar os projectos de casas em madeira, traçando os desenhos dos buracos dos postes deixados no solo. Muito depois de as madeiras que estiveram nesses buracos terem apodrecido, permanecem identificáveis para os arqueólogos, porque o solo com que preencheram esses buracos é em regra diferente na cor e textura, do que à volta que não foi modificado. Devido ao extensivo desbaste das florestas, durante a Idade do Ferro na Europa, a madeira começou a ser utilizada de modo económico. Independentemente da planta, a maioria das casas construía-se com armações em madeira, mas partes das paredes que não tinham madeira eram preenchidas com armações de varas revestidas de lama, ou seja, treliças de ramos finos seladas com argila para torná-las à prova de água. Para os telhados utilizava-se o colmo. Os interiores das casas celtas eram escuros e com fumo – não havia janelas ou buracos para sair o fumo, porque causavam correntes de ar e deixavam a chuva entrar – porém, encontravam-se bem isoladas e à prova de água. Os Celtas não deviam sentir frio à volta das suas lareiras nas noites de Inverno. A permanente área de fumo sob o telhado era bem utilizada – sendo seca, deficiente em oxigénio e sem insectos, era ideal para pendurar e conservar a carne. Não existem muitas provas do uso de mobília, porém, relatos escritos dizem-nos que os Celtas sentavam-se em peles e comiam em mesas baixas. Apesar de as casas mais largas da aristocracia poderem ter até quatro quartos, a maioria tinha apenas um quarto, pelo que existia pouca privacidade para os seus ocupantes. As casas de leme em pedra, que foram construídas no Norte da Escócia, tinham alcovas que se ligavam à área de estar central (na planta parecem-se com uma roda radiada, daí o nome). Algumas destas divisões podem ter sido usadas como quartos de dormir, outras para armazenamento. Tal como a residência familiar, o típico trabalho de uma quinta também tinha várias dependências, tais como estábulos para o gado, armazéns e oficinas.

Os escritores gregos e romanos chamaram muitas vezes a atenção para a impressionante aparência dos Celtas, descrevendo-os como muito altos, de pele clara e louros ou ruivos. Isto é sem dúvida uma descrição estereotipada, já que achados de esqueletos de sepulturas celtas não sugerem que fossem, no geral, fisicamente distintos de outros europeus. Os Celtas, aparentemente, tinham grande orgulho no modo como se vestiam e se arranjavam, mas as modas variavam de região para região. O aspecto dos Gauleses é mais bem documentado, não só por escritores e esculturas gregas e romanas, como o famoso *Gaulês Agonizando* de Pérgamo, mas também de moedas celtas e raras esculturas de cabeças em pedra. Os homens gauleses vestiam túnicas de mangas compridas com cintos à cintura e calças longas e largas; as mulheres usavam vestidos longos. As capas, usadas pelos dois sexos, eram decoradas com coloridos xadrezes e outros motivos. A maior parte da roupa era de lã ou linho e podia ser decorada com bordados e, para os ricos, com fios em ouro. A seda era um luxo que só os ricos poderiam adquirir. Ambos os sexos rapavam ou puxavam os pêlos do corpo – um trabalho doloroso – mas os homens usavam bigodes abundantes e algumas vezes barbas. Os homens em particular parecem ter prestado muita atenção ao seu cabelo, que lavavam com uma mistura de limão e água para esbranquiçá-lo e endurecê-lo de modo a poder ser moldado em pontas. Embora se esperasse que os homens comessem e bebessem exageradamente em banquetes, estes também vigiavam o seu peso, sendo consideradas as barrigas salientes como algo de muito pouco atractivo. Isto é pouco vulgar, porque nas sociedades pré-industriais uma ampla figura, geralmente, associava-se a um sinal de prosperidade (as pessoas pobres usualmente não podiam comer o suficiente para aumentar de peso). Ambos os sexos usavam muito da sua riqueza pessoal na forma de joalharia. Alguma desta era de natureza prática – muitos broches, por exemplo usavam-se como fechos para vestidos e capas – enquanto outras peças, como as braceletes, anéis e colares, tornaram-se puramente decorativas. O objecto de joalharia que é mais associado aos Celtas é o torque – um pesado colar de metal torcido. Vêem-se, com frequência, representações de deuses celtas usando torques, o que pode ter tido um significado simbólico ou religioso ou, então, sinais de posição social. A tatuagem ou pintura corporal não parece ter sido praticada pelos Gauleses, porém, era diferente da dos Bretões.

Para os Celtas antigos, a expectativa de vida parece ter sido comparável com a das sociedades pré-industriais. Apesar de se terem encontrado poucas sepulturas de crianças – as crianças podem ter sido tratadas de modo diferente dos adultos no que respeita à morte –, a mortalidade infantil era com certeza muito elevada. A maioria dos homens, se sobrevivia à idade adulta, é quase certo que morreria antes de chegar aos cinquenta anos, enquanto os riscos para a mulher associados ao parto eram tais, que esta teria muita sorte se atingisse os seus trinta anos. As tarefas domésticas exigiam pesados esforços físicos e repetitivos, como moer o trigo, o que queria dizer que quando chegassem aos trinta anos as mulheres sofriam de osteoartrite da espinha. Os cuidados de saúde eram, provavelmente, rudimentares, baseados na mistura de plantas medicinais e magia, mas alguns Celtas possuíam técnicas curativas, tendo sido ocasionalmente encontrados instrumentos cirúrgicos em sepulturas.

A RELIGIÃO CELTA

A imagem popular da religião pagã dos Celtas, fomentada pelos neodruidas e vários grupos pagãos dos Tempos Modernos, é uma imagem simples e um pouco estranha, de um modo de culto. Esta visão vem de uma grande confiança depositada no testemunho de César e de outros escritores clássicos, que desejavam retratar os Celtas como bárbaros irracionais e supersticiosos. Os Celtas tinham algumas práticas religiosas características, especialmente o seu culto da cabeça cortada, sendo pouco usual haver uma classe de padres profissionais, conhecida como os druidas, na Europa antiga. Contudo, em muitos aspectos, as crenças religiosas e as práticas dos Celtas eram semelhantes às dos Romanos, Gregos e Germanos contemporâneos. Eram todos politeístas, todos acreditavam na eficácia do sacrifício e da adivinhação, feitiços mágicos e bruxaria. Todos veneravam aspectos significantes da paisagem, como fontes e rios, tinham um medo mortal de fantasmas e acreditavam que não existia uma clara fronteira entre o natural e o sobrenatural. Tirando o sacrifício humano e o culto da cabeça cortada, não existia nada na religião celta que não fosse compatível com as crenças dos Romanos.

Apesar de serem politeístas, os Celtas não tinham um panteão de deuses ordenados, como os Gregos e os Romanos. São conhecidos os nomes de mais de 400 divindades, a vasta maioria das quais associada apenas a uma tribo em particular, ou como o romano *genius loci*, a um lugar em particular. A deusa Sequana, por exemplo, era adorada apenas no seu altar na nascente do rio Sena. Cada tribo tinha provavelmente o seu panteão, que coincidia, de algum modo, com os das tribos vizinhas, visto que alguns deuses eram mais conhecidos e largamente venerados. A deusa mãe, retratada com frequência como uma tripla entidade, era venerada quase universalmente. Um deus do submundo, Sukellus, brandindo um martelo, era adorado por quase toda a Gália, Suíça e Sul da Alemanha, enquanto o deus guerreiro Teutates era adorado na Grã-Bretanha, Gália e na região alpina. A veneração por um deus com cornos ou chifres, o senhor das feras, estava também muito espalhada: na Gália chamava-se Cernunos. Um dos cultos mais difundidos foi o do deus sol Lug, adorado na Ibéria, Irlanda e Gália, onde o seu maior centro de culto se situava em Lião (Lugdunum). Dada a sua reputação para discursos inteligentes, não é de admirar que os Celtas também venerassem o deus da eloquência chamado Ogmios. Estes deuses não tinham necessariamente os mesmos atributos em todos os locais onde eram venerados. Lug era um músico e um deus da guerra na Irlanda, sendo um deus do comércio e da tecnologia na Gália. Os Celtas não tinham conceito algum de Céu ou Inferno, ou do julgamento dos mortos. O Outro Mundo era concebido como sendo essencialmente subterrâneo e, aparentemente, acreditavam que a vida após a morte era similar a esta, por isso enterravam os seus mortos com oferendas apropriadas à sua classe e sexo. A prática de Hallstatt, de sepulturas com mamoas, foi abandonada pelos Celtas de La Tène, em favor do enterramento em cemitérios em sepulturas planas. Desde o século II a. C., a prática da cremação foi-se gradualmente espalhando pela maior parte do mundo celta, embora não a todas as zonas das Ilhas Britânicas. Os enterros celtas, no continente europeu, começaram a escassear após 150 a. C., indicando talvez outra mudança nos costumes funerários. Os mortos podem ter sido guardados por exposição ou outro qualquer método, que não deixou vestígios na terra.

Os deuses celtas tinham de ser apaziguados com sacrifícios, que podiam variar desde alimentos, a grandes quantidades de armas, jóias e sacrifícios humanos. Os sacrifícios eram usualmente enterrados no chão, um sinal da importância das divindades ctónicas (submundo) para os Celtas, ou depositados debaixo de água. Apesar de existirem algumas sugestões de que a prática estava em declínio no tempo da conquista romana, o sacrifício humano não era raro nem invulgar. Encontram-se gravados muitos métodos. As vítimas de Teutates afogavam-se numa tina de água, as do deus do trovão Taranis eram queimadas em efígies de vime ou decapitadas. Um aspecto do sacrifício humano celta é o das mortes exageradas, como a tripla morte (feridas na cabeça, estrangulamento e corte da garganta) infligida a Lindow Man, que foi morto e colocado num pântano de turfas em Cheshire, na Inglaterra, no século I d. C. Os Lusitanos sacrificavam as vítimas humanas com o propósito da adivinhação, de modo a que as suas entranhas pudessem ser examinadas, para encontrar sinais e presságios, mas os propósitos exactos da maioria dos sacrifícios humanos são apenas conjecturais. Existem santuários do fim da Idade do Ferro, em Ribemont-sur-Ancre e Gournay-sur-Aronde (França), no território dos guerreiros Belgas, que dão provas de que o sacrifício dos prisioneiros de guerra era comum. Em Gournay os ossos de cerca de mil pessoas foram queimados em ossuários com formas quadrangulares, com o topo aberto. Os ossos tinham sido primeiro esmagados para expor a medula, que os Gauleses tal como os Gregos, acreditavam ser onde morava a alma e da qual os deuses do submundo se alimentavam. Expunham-se milhares de armas e peças de armadura, tanto numa plataforma sobre a passagem para o santuário como nos postes à volta do seu perímetro. Quando o tempo e a decadência das partes de madeiras e couro finalmente as faziam cair para o chão, eram ritualmente destruídas pelos sacerdotes e atiradas para um fosso, uma prática comum em todo o mundo celta nos rituais de armas depositadas. No santuário em Ribemont, foram também encontradas provas de ossos humanos queimados, porém, o achado mais espectacular foi o depósito de 80 esqueletos decapitados misturados com armas, encontrado na parede exterior do santuário. É provável que os corpos decapitados e as armas tivesseam sido empilhados juntos, como um troféu comunal para celebrar a vitória na guerra. As cabeças desaparecidas, provavelmente, tinham sido oferecidas a Taranis, que era apreciador de cabeças decapitadas, ou foram mantidas por guerreiros individuais como troféus pessoais. Sabemos por fontes escritas que as cabeças de vítimas importantes podiam tornar-se preciosas relíquias de família, passando de uma geração para outra. Para as sensibilidades modernas, estas exposições de corpos desmembrados apodrecidos parecem no mínimo horríveis, mas para os Celtas, que as reconheciam e fomentavam, provavelmente davam-lhes sentimentos de segurança e de orgulho, sabendo que podiam intimidar os seus inimigos e ganhar o favor dos deuses.

A prática do sacrifício humano não coloca os Celtas muito longe dos seus contemporâneos, já que também era comum entre os Germanos. Os Gregos e os Romanos dos tempos clássicos, normalmente, não praticavam o sacrifício humano, mas mesmo estas práticas mais horríveis dos Celtas tinham alguns paralelos nas civilizações mediterrânicas. Não só era praticada a destruição ritual das armas por outros povos europeus, como os Germanos e os pagãos Viquingues, mas também, e de acordo com Plutarco, pelos Romanos. Um altar enterrado encontrado em Gournay, semelhante ao grego *escharon*, que era sagrado para os deuses do submundo, dá-nos provas de ligações entre a religião da Gália e os cultos gregos ctónicos. Na *Ilíada* de Homero, Aquiles sacrificou prisioneiros de Tróia na pira funerária do seu amigo e amante Pátroclo. Homero achou esta prática como primitiva e há muito abandonada. Os combates iniciais dos gladiadores (adoptados em Roma em 264 a. C. dos Etruscos), eram jogos funerários nos quais os escravos lutavam até à morte. Pensavam que o sangue fresco que caía no chão beneficiava as almas dos mortos. Mais tarde, alguns romanos eruditos, como Festo (século II d. C.), acreditavam que era um substituto menos cruel dos sacrifícios humanos, que anteriormente tinham sido praticados sobre as sepulturas dos mortos. E não terá sido a prática romana de execução de prisioneiros durante a celebração de um triunfo, realmente, uma forma de matança ritual?

Nenhum aspecto da religião celta atraiu mais a atenção que os druidas, os quais não eram apenas sacerdotes. Eles sujeitavam-se a uma aprendizagem exigente durante 20 anos, tendo que memorizar uma quantidade enorme de versos transmitidos oralmente (um plano de mnemónica), que compreendia religião tradicional, magia, medicina, leis, astronomia e história tribal. Tal como a prática de rituais religiosos e de adivinhações, os druidas também tinham responsabilidades educacionais e legais. O seu conhecimento dava-lhes influência política e estatuto, mas provavelmente a maioria já provinha da aristocracia, uma vez que nenhum camponês podia pagar o luxo de tal aprendizagem. Embora haja uma única referência que menciona druidas vestidos com mantos brancos, na verdade não há razão para acreditar que habitualmente se vestissem de modo diferente de qualquer outro membro da elite tribal. É igualmente incerto o alcance do druidismo, pois os druidas são apenas mencionados por escritores clássicos em ligação com os Bretões e os Gauleses. Os druidas praticavam cerimónias em bosques de carvalho sagrados, mas desde o século II a. C., os templos e locais fechados sagrados tornaram-se cada vez mais comuns na Gália, na Europa Central e no Sudeste da Grã-Bretanha. Tal parece indicar que o processo de formação do estado no mundo celta foi acompanhado por uma mudança para formas de adoração mais formais, comparáveis às do mundo grego e romano. No Sul da Gália, a arquitectura dos templos celtas mostra influências clássicas, porém, manteve aspectos celtas distintos, incluindo nichos com caveiras. Noutros locais apareceu uma forma indígena de um fosso rectangular fechado, contendo a construção de um santuário central e covas para sacrifícios. O templo em Gournay-sur-Aronde, acima mencionado, era deste tipo.

A GUERRA

Os escritores gregos e romanos gostam de retratar a inclinação dos Celtas pela guerra, como um sinal da sua irracionalidade e temperamento intempestivo. De facto, os Celtas gostavam da guerra pela razão perfeitamente racional de que este era o caminho mais seguro para o chefe ou guerreiro ambiciosos poderem aumentar o seu estatuto. O poder de um chefe de clã ou rei celta, dependia por completo da quantidade dos seus guerreiros, os quais esperavam ser recompensados pelos seus serviços com presentes de armas, jóias e gado e um lugar de honra no banquete. Os chefes tinham necessidade de fazer a guerra aos seus vizinhos, para alcançar reputação e bens, através da pilhagem, e para atrair e manter o bando de guerreiros. Para estes a guerra era, em alguns casos, a continuação da festa por outros meios. Um guerreiro queria ir para a guerra, não apenas pelas recompensas materiais, mas porque era a possibilidade de praticar actos heróicos que pudessem elevar-lhe a posição e levá-lo a sentar se mais próximo do chefe no banquete, para provar que havia algo mais do que bazófia na sua conversa. Como os guerreiros competiam quase tanto entre si como com os inimigos, os exércitos celtas não eram tão disciplinados, como a legião romana, ou o corpo de infantaria grega, ou mesmo a protecção murada dos Germanos. A espada longa de corte necessitava de espaço para ser manejada eficientemente e as batalhas eram precedidas muitas vezes por disputas individuais, a fim de permitirem aos guerreiros campeões que se exibissem. Os Romanos, em geral, reconheciam que a cavalaria celta era superior à deles, no entanto, a maioria dos Celtas combatia a pé, algumas vezes usando quadrigas como transporte de guerra. As quadrigas parecem ter caído em desuso no continente europeu depois do século III d. C., mas continuaram a ser utilizadas na Grã-Bretanha até à conquista romana. Os primeiros poemas épicos irlandeses relatam, com frequência, o uso de quadrigas na guerra, porém, tal não é sustentado por qualquer achado arqueológico. As quadrigas celtas eram construções leves de madeira e vime, com rodas radiadas calçadas com aros de ferro. Na famosa estátua em Victoria Embankment em Londres, «Boadicea» (Budica) é mostrado heroicamente a batalhar, numa quadriga com foices encaixadas nos cubos das rodas. Tristemente para os românticos, este é um produto da imaginação de um escultor do século XIX, não apoiado por qualquer prova histórica. Entre os Gregos e Romanos era habitual comentar o gosto celta da ida para a batalha completamente nus, apenas com um escudo para protecção. Provavelmente isto tinha um propósito ritual e não era praticado por todos os guerreiros. A caça às cabeças era outra prática ritual associada à guerra e dava também provas concretas do valor do guerreiro. A falta de disciplina militar levava a que fosse impossível a aplicação de tácticas sofisticadas. Antes da batalha gritava-se, exagerava-se muito e sopravam-se roucas trombetas de guerra, chamadas *carnyxes*, para intimidar o inimigo. Os guerreiros carregavam impetuosamente para a batalha, de um modo terrificante na sua precipitação e descuido, especialmente para opositores inexperientes, que muitas vezes fugiam. No entanto, se um inimigo confiante se mantivesse e repelisse o ataque, o exército celta podia rapidamente tornar-se numa confusão desordenada e ser dominado com facilidade. Os Romanos tinham a opinião formada de que os Celtas eram ferozes no primeiro ataque, mas facilmente desencorajados e propensos a irritações desesperadas, se provocados. Isto, com certeza, contrastava desfavoravelmente com a firmeza das legiões, mas era apenas o que se esperava dos bárbaros. Preconceitos romanos à parte, esta táctica realmente fez com que os Celtas ganhassem muitas batalhas, sendo a última em Falkirk, em 1746, quando um exército rebelde das Terras Altas da Escócia, armado com espadas, dominou um exército governamental muito maior, que tinha canhões e mosquetes. No entanto, contra um exército oponente bem armado e disciplinado, os Celtas usualmente lutavam com sérias desvantagens. O cerco na guerra não era uma especialidade sua e raramente eram capazes de capturar locais bem fortificados, a não ser de surpresa. Durante a conquista da Gália, César relatou que os Celtas estavam a começar a imitar as tácticas de guerra do cerco romano e utilizavam-nas com eficácia. Contudo, tal foi utilizado demasiado tarde para mudar o curso da guerra.

Tácticas à parte, o contraste entre as atitudes romanas e celtas em relação à guerra podem ser exageradas. Romanos ambiciosos como Júlio César, usaram a guerra exactamente do mesmo modo que qualquer guerreiro ou chefe celta, como um meio de enriquecer, ganhar prestígio, conseguir legionários seguidores leais e tomar o poder para si próprios. Nem os comandantes romanos eram imunes aos atractivos actos públicos de valentia pessoal. Em 361 a. C., o ditador Tito Mânlio lutou contra um enorme guerreiro gaulês, num único combate na ponte sobre o rio Ânio, enquanto os dois exércitos os observavam. Depois de despachar o gigante, Tito decapitou-lhe o cadáver (um acto celta) e tirou-lhe o torque que, embora ainda estivesse coberto de sangue, usou com orgulho no caminho de regresso às suas fileiras, que o aplaudiam. Um combate similar foi travado entre outro gigante gaulês e o tribuno Marco Valério em 348. As reputações dos dois homens nada sofreram por incorrerem neste típico comportamento bárbaro. Os soldados romanos normais, é certo, lutavam principalmente por pagamento, mas também eles algumas vezes se exibiam para os seus camaradas. No entanto, os actos heróicos individuais eram desencorajados, já que o sucesso dependia da coesão do grupo.

UM POVO PRONTO PARA SER CONQUISTADO

A imagem dos Celtas que sobressai no fim da Idade do Ferro, não é a de gente simples de um mundo diferente, mas a de um povo sofisticado, movendo-se rapidamente para o desenvolvimento de uma civilização urbana perfeita. Embora os escritores gregos e romanos, pelas suas próprias razões, enfatizassem as diferenças entre os Celtas e as civilizações mediterrânicas, na realidade não eram muito diferentes. Infelizmente para os Celtas, foi isso mesmo o que os condenou. O seu sistema individual militar, as estruturas políticas centralizadas, as hierarquias sociais bem estabelecidas e a prosperidade, tornaram a conquista e a assimilação dos Celtas não só atractiva, mas também uma proposta prática para os Romanos. Nem a religião celta nem os seus valores constituíam obstáculos. O Império Romano não se baseava apenas na força militar; não poderia ter durado tanto se assim fosse. A ocupação militar de longa duração seria economicamente insustentável. O sucesso de Roma como poder imperial deveu-se muito à habilidade para romanizar os povos e as suas legiões conquistadas. Apesar de nomearem governadores de província e alguns oficiais seniores, a maior parte dos governos no Império Romano eram governos locais e estes estavam nas mãos das próprias províncias. Roma conseguia confinar as aristocracias locais dos povos que conquistava, oferecendo-lhes um estatuto seguro e um confortável estilo de vida romanizado e, por seu turno, explorava o seu prestígio nas comunidades locais e nas ligações tradicionais de patrocínio e lealdade. Mesmo se os camponeses estivessem descontentes com o fardo pesado dos impostos romanos, não tinham líderes, nem capacidade para praticar algo mais sério que o banditismo. Para tal ser possível, as sociedades que os Romanos conquistaram tinham já um elevado grau de centralização – esta era a razão por que Roma tinha tanto sucesso no mundo mediterrânico. Foram estas as condições que definiram os limites da conquista para os Romanos. Os Romanos podiam ganhar batalhas contra povos, como os Caledónios do Norte da Grã-Bretanha e os Germanos, que ainda não tinham alcançado um nível alto de centralização, porém, como não conseguiam assimilá-los, não os conquistavam. O mesmo aconteceria com a Irlanda, se os Romanos tivessem tentado conquistá-la. Ironicamente, os Celtas estavam vulneráveis à conquista, não por serem demasiado primitivos, mas porque eram demasiado civilizados.

4

Os Celtas e a República Romana

Estes [Gauleses] *não são os inimigos latinos ou sabinos com quem podemos lidar, que se tornarão nossos aliados quando os tivermos derrotado na batalha. Investimos as nossas espadas contra feras selvagens cujo sangue devemos derramar, ou derramar o nosso próprio sangue.*

Cônsul M. Popílio Laenas (348 a. C.)
(TITO LÍVIO, *História de Roma*, VII.24)

Quando os Gauleses cisalpinos saquearam Roma, esta era apenas uma das dezenas de cidades-estado de Itália, enquanto os Celtas dominavam a maior parte da Europa Central e Ocidental. Parecia muito remota a possibilidade de Roma um dia poder conquistar na quase totalidade o mundo celta (sem falar do mundo mediterrânico), no entanto, no século I d. C., os únicos Celtas independentes seriam os da Irlanda e do Norte da Grã-Bretanha. Os Celtas não tinham desenvolvido uma civilização completamente alfabetizada na altura da sua conquista, portanto, não escreveram a sua versão dos acontecimentos. Como resultado, esta é uma história que só pode ser contada segundo o ponto de vista dos Romanos, com todas as limitações que isso implica, especialmente porque as percepções destes sobre os Celtas eram sempre falseadas pela memória do saque de 390 a. C. e o preconceito generalizado da civilização em relação aos bárbaros.

DIVIDIR E CONQUISTAR?

A conquista romana dos Celtas parece muito mais o trabalho de uma implacável vingança pelo saque de Roma. Porém, a expansão romana não tinha um plano mais centralizado que a expansão celta – era impelida principalmente por políticas internas e pela procura de fronteiras seguras –, podendo a hostilidade romana em relação aos Celtas ter sido exagerada. Embora os Romanos os vissem certamente como bárbaros inferiores e potencialmente perigosos, as suas relações com eles eram em geral mais pragmáticas do que a sua retórica podia levar a crer. Formaram alianças com muitos povos celtas, que acolheram bem a protecção dos Romanos contra vizinhos hostis, celtas ou não celtas. E os Romanos costumavam ser cumpridores dos seus acordos, tanto com os Celtas como com outros povos. Claro que as alianças com Roma tendiam mais numa direcção, que era a eventual inserção no Império Romano, mas se a influência, estatuto ou riqueza de uma elite tribal fosse assegurada, tal não era necessariamente mal recebido. Os Celtas apenas tinham um sentido de identidade comum muito fraco: a sua primeira lealdade era para com as suas tribos, ou mesmo as suas famílias. As tribos dividiam-se, com frequência, em facções baseadas em laços familiares e algumas vezes estas podiam pedir assistência aos Romanos contra os seus rivais. Tais divisões eram certamente exploradas pelos Romanos. As elites tribais agiam normalmente de acordo com os seus interesses. Isto não excluía a cooperação entre as tribos, mas nenhuma delas conseguia conceber que tinha um interesse comum em defender-se da noção abstracta da «independência celta», contra o imperialismo romano, porque esse interesse comum não existia. Porquê lutar contra os Romanos, apenas para continuar a pagar tributo à tribo celta dominante do vale ao lado? Por boas razões, Roma não era vista por todos os Celtas como o inimigo comum. Os historiadores modernos vêem usualmente esta falta de identidade e propósito comuns entre os Celtas, como o principal factor da sua conquista final pelos Romanos. Os próprios Romanos se aperceberam disto. Por exemplo, Tácito anotou o tempo que os Bretões levaram para aprenderem «que o perigo comum deve ser repelido pela união». A desunião permitiu aos Romanos dividir e conquistar.

Terá sido mesmo assim? Em vez de simplesmente saber porque é que os Romanos podiam conquistar os Celtas, valia a pena também saber porque levaram tanto tempo. A conquista romana dos Celtas durou 400 anos, não foi nenhuma guerra-relâmpago e nunca se chegou a completar. Durante o tempo que levaram a conquistar os povos celtas da Ibéria, isto é, os últimos dois séculos antes de Cristo, os Romanos conquistaram totalmente o Leste do Mediterrâneo, com as suas antigas e sofisticadas civilizações como as da Grécia e Egipto e reinos bem organizados, com exércitos permanentes e cidades fortemente fortificadas. Algumas vezes a resistência era feroz, mas as batalhas, frequentemente, tinham resultados decisivos e, uma vez submetida uma área ao domínio romano, as rebeliões tornavam-se raras e breves (excepto na Judeia). Pelo contrário, a Ibéria celta era ainda uma sociedade tribal descentralizada, embora estivesse no caminho da urbanização e formação do estado. As batalhas raramente eram decisivas, mas as rebeliões eram frequentes e sangrentas. No entanto, os Celtiberos nunca se chegaram a unir numa causa comum contra os Romanos. Porém, a resistência gaulesa a Roma entrou em colapso, um ano depois da sua união sob a liderança de Vercingétorix. Claramente, a desunião não pode ter sido a desvantagem que é tantas vezes presumida. Mais do que isto, pode a desunião, ou mais precisamente a descentralização que daí adveio, ser a razão pela qual os Celtas resistiram a Roma durante muito mais tempo e com muito mais sucesso que todos os outros, excepto os Germanos (outra sociedade descentralizada)?

A CONQUISTA DA GÁLIA CISALPINA

A conquista dos Celtas pelos Romanos começou com a quebra da paz, acordada com os Gauleses cisalpinos em 334 a. C. Dada a natureza da sociedade celta e as necessidades da sua elite guerreira, tal era quase inevitável, no entanto, estava em causa outro factor. No fim do século IV, era óbvio para todos que Roma se estava a tornar uma potência a ter em conta e isto começou a transformar antigos inimigos em amigos entre os outros povos da península Itálica. Em 299 a. C., os Etruscos juntaram-se aos Gauleses numa incursão pelo território romano e dois anos mais tarde uniram-se-lhes também os Samnitas. Em 295 a. C., os Romanos enfrentaram e derrotaram uma aliança ainda maior de Sénones, Etruscos Úmbrios e Samnitas, numa dura batalha em Sentinum na Úmbria, mas não antes de os Sénones terem liquidado uma legião romana em Clúsio (Chiusi). Tito Lívio descreve os Celtas triunfantes carregando cabeças cortadas, penduradas à volta dos pescoços dos seus cavalos, ou nas pontas de lanças e cantando canções de vitória. Outra vitória sobre um exército romano em Arretium (Arezzo), em 284 a. C., levou a que os Sénones se tornassem demasiado confiantes, imprudentes e provocantemente mataram os embaixadores enviados de Roma, que vinham negociar os termos da libertação de prisioneiros. Isto tornou inevitável o contra-ataque de Roma e desta vez foram os Sénones que foram derrotados e conquistados. Para prevenir rebeliões, foi criada uma coluna militar romana em Sena Gallica (Senigallia), em 283 a. C. Os seus vizinhos Bóios tentaram libertar os Sénones, mas também foram completamente derrotados, seguindo-se então às negociações uma paz duradoura.

A chave do êxito de Roma contra os Gauleses foi a mudança na sua organização militar e nas tácticas no campo de batalha. Na altura do saque de Roma, os Romanos lutaram segundo o estilo grego, com uma falange de homens de lanças com armaduras muito pesadas. Lutar numa falange era a antítese do modo de luta dos Celtas, visto que requeria muita disciplina e trabalho em equipa, em vez dos actos heróicos individuais. Mas a falange provou ser uma inflexível e perigosa formação, quando confrontada com tácticas mais irregulares empregadas pelos Celtas, sendo especialmente vulnerável a ataques de flanco. Os Romanos, portanto, abandonaram a falange e começaram a desenvolver tácticas mais flexíveis, baseadas em unidades mais pequenas de 60 homens de infantaria bem armados, chamados manípulos (literalmente «punhados»), apoiados por infantaria ligeira e cavalaria. Continuou a ênfase no trabalho de equipa e na disciplina. O exército estava organizado em legiões de 3000-4000 homens (originalmente legião significava apenas «leva de tropas» e aplicava-se a todo o exército romano). De grande importância, foi também a reposição da lança como a principal arma de arremesso. Ao contrário dos Romanos, cuja infantaria estava bem protegida com armaduras, a maioria dos Celtas lutava apenas com um escudo para protecção, o que os tornava muito vulneráveis a ataques com lanças. Um guerreiro celta podia, com sucesso, travar um atirador de arremesso com o seu escudo, mas se a lança se cravasse no escudo, este tornava-se pesado e difícil de manejar e teria de ser abandonado, deixando o guerreiro ainda mais vulnerável.

Os conflitos entre Gauleses e Romanos recomeçaram em 225 a. C. A decisão dos Romanos, em 232 a. C., de se apossar da terra dos Sénones conquistados e dividi-la entre os romanos pobres, deixou os Bóios alarmados. Aliados aos Ínsubres, Tauriscos e Gésatas («homens das lanças»: mercenários celtas das regiões alpinas), os Bóios invadiram território romano com um exército enorme, que mais tarde escritores romanos afirmaram que incluía 50 000 homens de infantaria e 20 000 cavaleiros e quadrigas. Mais de 50 anos tinham passado desde o último grande conflito entre os Gauleses cisalpinos e os Romanos. Durante esse tempo, Roma completou a conquista peninsular italiana e capturou a Sicília, a Sardenha e a Córsega a Cartago, na Primeira Guerra Púnica, tornando-se a maior potência do Mediterrâneo Ocidental. Mesmo sem os seus domínios italianos, Roma podia conseguir cerca de quatro vezes mais tropas que os Gauleses (em 225 a. C., Roma tinha 250 000 cidadãos qualificados para servir a infantaria e outros 23 000 para a cavalaria) e, porque o estado agora fornecia normalmente armas e armaduras, os soldados eram equipados com um nível muito mais elevado que o normal guerreiro celta. A invasão inicialmente correu bem para os Gauleses: derrotaram um exército romano em Fiesole, perto de Florença, e capturaram uma enorme quantidade de despojos, prisioneiros e gado. Apenas a três dias de marcha de Roma, os Gauleses souberam que um segundo exército romano se aproximava vindo do Sul, portanto, iniciaram uma retirada ordenada para norte, ao longo da costa mediterrânica. Sem os Gauleses saberem (e, a princípio, também sem o conhecimento do exército romano que os perseguia), outro exército romano, que se tinha rapidamente retirado da Sardenha, chegara a Pisa, a norte, cortando-lhes a linha de retirada. Em Télamon, perto da costa da Etrúria, 160 quilómetros a norte de Roma, o exército celta viu-se encurralado entre os dois exércitos romanos e foi aniquilado depois de uma dura batalha. Os lanceiros romanos executaram muitos dos gauleses parcamente protegidos de armaduras, quebrando-lhes rapidamente os seus ataques. As espadas romanas mais pequenas e mais manobráveis provaram também serem mais mortíferas nos combates corpo-a-corpo, do que as longas espadas de corte. Os Gésatas lutavam completamente nus, esperando intimidar os Romanos com o seu físico enorme e como consequência sofreram grandes baixas. As quadrigas gaulesas quase não participaram na batalha e não há mais nenhum relato sobre o seu uso no continente europeu depois de Télamon. Entre os mortos contava-se um rei celta e um cônsul romano, cuja cabeça foi levada como trofeu pelos Gauleses sobreviventes. Outro rei, Aneroestes, suicidou-se. Os Romanos imediatamente tomaram a iniciativa e começaram a completa sujeição e anexação da Gália Cisalpina. Os Gauleses eram vulneráveis a ataques romanos, porque muitos deles se tinham fixado em antigas cidades etruscas. A conquista levou apenas três anos e chegou ao fim com a captura de Mediolanum (Milão), a principal colónia dos Ínsubres, em 222 a. C. Até os Cenomanos, que tinham tomado parte na batalha de Télamon, foram conquistados. Os Romanos começaram a consolidar a sua conquista, fundando colónias militares em Piacenza e Cremona, mas estas mal tinham sido estabelecidas quando, em 218 a. C., começou, com Cartago, a Segunda Guerra Púnica.

Reconhecendo que Cartago podia não ganhar uma guerra longa de desgaste, o general que a liderava, Aníbal, decidiu invadir a Itália, na esperança de convencer os povos italianos a rebelarem-se contra Roma, privando-a assim de grande parte do seu poderio em potencial humano. Aníbal surpreendeu os Romanos fazendo marchar o seu exército por terra através de Espanha e atravessando os Alpes para descer o vale do rio Pó. O exército de Aníbal já incluía um grande contingente de Celtiberos e foi imediatamente recebido como um libertador pelos Bóios e os Ínsubres, que juntaram os seus exércitos. Aníbal foi um dos grandes comandantes de batalhas da história, no entanto, apesar do rol de vitórias espectaculares, culminando com a batalha de Canas em 216 a. C., na qual morreram mais de 30 000 soldados romanos, a grande quantidade de desertores com que contava, nunca se materializou. A maior parte de Itália, incluindo mesmo grande parte dos Gauleses, permaneceu leal a Roma. Depois de Canas, os Romanos sabiamente deixaram de tentar lutar contra Aníbal nos seus próprios termos e evitavam batalhas de organização estática. Usando tácticas de perseguição irregulares, os Romanos gradualmente conseguiram levar Aníbal a um estratégico beco sem saída no Sul de Itália, enquanto concentravam as suas forças na destruição do Império Cartaginês, cuja defesa estava nas mãos do menos hábil irmão de Aníbal, Asdrúbal. À medida que a guerra se arrastava sem nenhuma perspectiva de vitória à vista, os Gauleses começaram a desertar. Aníbal, de qualquer modo, tinha-os sempre achado como descartáveis – «gado para canhão». Cartago, finalmente, rendeu-se a Roma em 201 a. C. e os Romanos regressaram à tarefa de subjugar os Gauleses cisalpinos. A séria resistência ao domínio romano acabou com a rendição dos Bóios em 191 a. C., apesar de ter havido ainda uma última invasão vinda dos Alpes em 186 a. C., enviada de volta três anos mais tarde. Em poucas décadas, a maior parte da Gália Cisalpina a sul do Pó tinha sido dividida e entregue a colonos da península Itálica, mas a terra a norte do rio foi deixada nas mãos dos Gauleses. As tribos dos Alpes ainda deram algum trabalho durante o reinado do imperador Augusto (27 a. C. – d. C. 14) e muitos gauleses participaram na rebelião italiana dos escravos, liderada pelo gladiador trácio Espártaco, em 73 a. C. A tradição celta de guerra de um único combate, tornava os Gauleses capturados candidatos ideais para escolas de gladiadores, sendo gauleses os dois mais confiantes tenentes de Espártaco, Crixus e Oenomaus. A rebelião fez a Itália romana tremer no seu centro, mas muitos dos participantes não tinham outros objectivos além da pilhagem e da vingança: apesar da grande capacidade de Espártaco como general, a revolta foi esmagada em 71 a. C.

ESPANHA: A MAIS DURA CONQUISTA

A vitória de Roma sobre Cartago transformou-a numa superpotência sem rival no mundo mediterrânico. Entre os espólios de guerra encontrava-se a orla costeira mediterrânica de Espanha, que antes estivera sob o domínio de Cartago. Para recompensar as perdas na Primeira Guerra Púnica, em 230 a C., Cartago começou a construir um império territorial em Espanha. Os povos iberos das áreas da costa do Mediterrâneo estavam sob o domínio directo cartaginês: os Celtiberos do interior eram governados, indirectamente, através de alianças com importantes chefes de clãs e ocasionais expedições punitivas em grande escala. Os Celtiberos lutaram em ambos os lados na Segunda Guerra Púnica e ganharam a reputação de mudar de posição e de desertar. Isto apenas confirmou os preconceitos dos Romanos sobre a inconstância dos Celtas em geral, mas os Celtiberos enfrentaram realmente um dilema. Sentiam-se numa armadilha entre as duas grandes potências guerreiras: a neutralidade era impossível, mas nenhum lado tinha algo de positivo para oferecer em retorno do seu apoio – daí a sua indecisão. Depois de terem derrotado o último exército cartaginês em Espanha em Ilipa, em 206 a. C., os Romanos mantiveram o controlo da costa, desde Gades (Cádis) aos Pirenéus e uma área no interior, que se estendia entre 90 a 190 quilómetros. Esta área, que correspondia mais ou menos à área ocupada pelos Iberos, era a mais avançada social e economicamente na região de Espanha, tendo sido integrada nos sistemas de comércio do Mediterrâneo-Próximo Oriente durante quinhentos anos. Os Romanos dividiram esta área em duas províncias, porém, os Celtiberos retomaram a independência total. É muito duvidoso que os Romanos tivessem um plano mestre para toda a conquista de Espanha, mas os Celtiberos e os seus vizinhos, os Lusitanos, não o podiam saber. Suspeitas mútuas cedo levaram ao conflito entre os Romanos e os Celtas. O apoio dos Lusitanos a uma rebelião ibérica em 197 a. C., alimentou inevitavelmente o medo dos Romanos pelos bárbaros, enquanto os receios dos Celtas aumentavam devido à confiscação de minas de prata no seu território e a tentativa confusa em 195 a. C. para capturar Numância, o *oppidum* da tribo celta mais forte, os Arevacos. Daí em diante, a procura por fronteiras seguras atraiu os Romanos cada vez mais para o interior de Espanha, mas só em 16 a. C. é que a Península foi completamente subjugada, depois de quase 200 anos de frequentes e amargas batalhas. Só numa campanha, em 179-178 a. C., o general romano Tibério Graco gabou-se de ter destruído mais de 300 povoados celtiberos. Os Romanos também sofreram pesadas baixas, por exemplo, perderam 15 000 soldados apenas contra os Lusitanos, entre 155 e 153 a. C. e outros 12 000, entre 147 e 141 a. C. Em média, os Romanos tinham de manter 20 000-25 000 soldados estacionados em Espanha todos os anos. As guerras hispânicas foram, para os Romanos, um enorme sorvedoiro de homens e riqueza.

Depois da campanha de terra queimada de Tibério, a Espanha foi considerada suficientemente segura para a colonização romana começar, mas as necessidades arbitrárias dos Romanos levaram a um ressurgimento da resistência dos Lusitanos e dos Celtiberos, em 155-153 a. C. Apesar de os dois povos fazerem algumas tentativas para coordenar os seus esforços, continuavam a existir essencialmente duas rebeliões separadas e independentes. A resposta inicial dos Romanos foi vigorosa e cedo parecia que tinham a rebelião sob controlo. Os Celtiberos renderam-se em 151 a. C., depois de os Romanos lhes terem feito um cerco em Numância e no ano seguinte os Lusitanos também pediram a paz e concordaram com a proposta romana de os restabelecer em novas terras. Num acordado encontro com os Romanos, o primeiro grupo de colonos lusitanos foi desarmado, dividido em grupos mais pequenos e massacrado. O resultado, completamente previsível da traição dos Romanos, foi a imediata renovação das hostilidades dos Lusitanos. Em 147 a. C., Viriato – um pastor e por vezes um fora-da-lei, que ainda é um herói nacional em Portugal – emergiu como o líder dos Lusitanos. Os seus antecedentes faziam dele um natural lutador guerrilheiro e durante anos emboscou os exércitos que Roma enviava contra ele, chegando a ocupar brevemente a província romana da Hispânia Ulterior. Viriato duplicou os problemas dos Romanos, persuadindo os Celtiberos a renovar a sua resistência em 144 a. C. Em 141 a. C. Viriato obteve a sua maior vitória, quando rodeou um exército consular e o forçou a render-se, na condição de os seus homens não voltarem a lutar em Espanha. Logo que os Romanos se libertaram, renegaram o acordo e voltaram ao ataque. A vitória fez com que Viriato tivesse uma vontade demasiado grande, em confrontar os Romanos nos seus próprios termos e estes rapidamente conseguiram levá-lo à defensiva, ganhando-lhe sempre que se encontravam em batalha. Porém, a vitória realmente decisiva continuava a fugir aos Romanos: desde que Viriato se mantivesse ao largo, a resistência continuava. Os Romanos, desesperados por capturá-lo, acabaram, finalmente, por matar Viriato num acto de traição, subornando os seus servos, em 139 a. C. Duzentos pares de guerreiros lutaram num único combate, nos jogos do funeral em honra de Viriato mas, privados de uma liderança inspirada, a resistência lusitana acabou por entrar em colapso.

Os Celtiberos continuaram a resistir, forçando a rendição de outro exército romano em Numância, em 137 a. C. Uma vez mais, os Romanos negociaram com má-fé – um claro sinal da sua frustração com a sua úlcera em Espanha – e a guerra continuou. O infortunado comandante romano, que tinha negociado a rendição, foi despido, amarrado e entregue aos Celtiberos, que decentemente o soltaram. Em 134 a. C., Cipião Emiliano foi nomeado comandante dos exércitos romanos em Espanha. Competente mas cauteloso, Cipião era um mestre na arte do cerco – foi ele quem capturou e destruiu Cartago depois de a cercar durante três anos, na terceira e última Guerra Púnica, em 146 a. C. Com mais de 60 000 homens sob o seu comando, Cipião provavelmente gozava de uma clara superioridade numérica sobre os Celtiberos, mas o seu moral estava em baixo depois de anos de guerras sem resolução. Cipião decidiu usar da sua força e, depois de vários meses gastos em disciplinar o seu exército, decidiu cercar Numância, a «capital» dos Celtiberos. Numância tinha já resistido a vários cercos romanos, mas nenhum fora executado de modo tão determinado como este. Metodicamente, Cipião construiu à volta de Numância sete fortes e uma muralha com nove quilómetros de extensão, com torres de vigia e fossos defensivos na frente dessa muralha. Mesmo os rios locais foram obstruídos com engenhosas maquinetas rotativas, com vigas de madeira com espigões afiados. Cipião fez um trabalho de tal modo exaustivo, que ainda se podem observar vestígios dos seus cercos. Está claro que os Celtiberos concentraram todas as suas forças para defender Numância. Cipião não estava à espera da chegada de um exército de libertação, porque não construiu um muro externo para defender as suas posições de ataques na retaguarda. Devido aos seus sucessos anteriores, os Celtiberos estavam, provavelmente, muito confiantes de que iriam manter-se firmes. Esta confiança não era completamente deslocada: em geral, os cercos falhavam nos tempos antigos e medievais. No entanto, Cipião tinha investido, com inteligência, numa fortaleza antes das colheitas poderem entrar e, como resultado, o abastecimento em Numância cedo se tornou numa situação crítica. Isto forçou os Celtiberos à batalha, segundo os termos romanos, enquanto faziam tentativas desesperadas para irromper através das linhas de circunvalação. Previsivelmente, com a vantagem numérica e fortes posições de defesa, os Romanos repeliram todas as tentativas e a cidade rendeu-se depois de oito meses, no início de 133 a. C. Segundo alguns relatos, os Celtiberos recorreram ao canibalismo perto do fim e muitos preferiram matar-se a deixarem-se escravizar pelos Romanos.

A queda de Numância quebrou a parte mais difícil da resistência dos Celtiberos, mas as rebeliões continuaram por muitos anos. Muitas destas rebeliões eram descaradamente provocadas por governadores romanos, que procuravam alcançar a glória em vitórias militares para engrandecer as suas reputações e as perspectivas de carreira em Roma: Júlio César foi um desses cínicos oportunistas. Ao mesmo tempo que tentavam enfraquecer a resistência celta com campanhas militares, também a minavam com garantias de privilégios para os que provavam ser leais e cooperantes, sendo o maior a cidadania. Este processo começou cedo. O chefe celtibero Turro, que foi capturado durante a campanha de Tibério Graco em 178 a. C., tornou-se comandante do exército romano. A maioria dos Celtiberos e Lusitanos tinha, pelo menos, aceite o domínio romano, no início do século I a. C., ainda que não achassem que isso fosse uma bênção. Quando os Lusitanos se rebelaram outra vez em 80 a. C., fizeram-no para apoiar Sertório, um dissidente romano que oferecia não a independência, mas um governo romano reformado. Mesmo assim, foi preciso mais de um século de guerras para se chegar a este ponto.

Sertório fez bom uso dos conhecimentos de luta de guerrilha dos seus aliados lusitanos, mas a sua rebelião entrou em colapso quando foi morto em 73 a. C. A Espanha gozou uma década de paz relativa, até Júlio César ter sido nomeado governador em 61 a. C. César estava impaciente por alcançar a glória militar e imediatamente entrou em campanha contra os Lusitanos, que ainda não estavam sob um firme controlo romano, depois da rebelião de Sertório, antes de liderar uma expedição naval contra Brigantium (a actual La Coruña), capital dos Galecianos, em 61 a. C., mas apesar de lhe ter proporcionado um triunfo em Roma e ganho as funções de cônsul em 59 a. C., não alcançou nada de permanente. Os Galecianos e os seus vizinhos no Noroeste montanhoso e rico em minerais, as Astúrias e Cantábria, mantiveram-se teimosamente independentes. Não que isto preocupasse César: ele tinha um prémio maior em vista – os Gauleses.

GALÁCIA: O ESTADO-TAMPÃO

Ao mesmo tempo que consolidavam a sua posição em Espanha, os Romanos estavam também a expandir o seu poder para leste até ao mundo grego. O rei Filipe V da Macedónia tinha dado um apoio ineficaz a Cartago, na Segunda Guerra Púnica e, em 197 a. C., os Romanos começaram a puni-lo pela sua agressão não provocada. Depois de terem ganho uma vitória fácil sobre Filipe em Cinoscéfalas e forçado a libertação das cidades-estado, que estavam sob domínio da Macedónia desde o reinado de Filipe II, o pai de Alexandre, *o Grande*, os Romanos retiraram. Mas cedo voltaram, penetrando cada vez mais nas discórdias dos estados gregos, até que em 146 a. C. impuseram um domínio directo. O seu envolvimento no mundo grego levou ao contacto dos Romanos com os Gálatas. O governador selêucida, Antíoco III (r. 223-187 a. C.), outro rei grego, achava-se o novo Alexandre, *o Grande*. Antíoco ressentiu-se em relação à intervenção romana na Grécia, que via como estando muito bem sob a sua esfera de influência.

Em 191 a. C., Antíoco levou um exército à Grécia mas foi rapidamente afastado pelos Romanos. No ano seguinte, os Romanos invadiram a Anatólia e obtiveram uma vitória decisiva sobre Antíoco na batalha de Magnésia (Manisa, na Turquia Ocidental). O exército de Antíoco, que incluía novidades como a cavalaria couraçada, elefantes de guerra e quadrigas com segadeiras, bem como um grande contingente de mercenários gálatas, não impressionou muito as legiões romanas. Como resultado da sua participação na batalha de Magnésia, os Gálatas tornaram-se vítimas de uma expedição punitiva dos Romanos, em 189 a. C. Os Tolistobogos e os Trocmos foram derrotados juntos na batalha de Olimpo perto de Pessino. Os Romanos vitoriosos venderam para a escravatura 40 000 prisioneiros, incluindo mulheres e crianças. Ocuparam então o forte de Ancira (moderna Ancara), tendo antes derrotado os Tectósagos em Magaba, cerca de 50 quilómetros a noroeste. Os termos da paz dos Romanos incluíam a proibição dos raides dos Gálatas a ocidente da Anatólia. Após esta derrota, um chefe de clã dos Tolistobogos, Ortiagon, tentou unir os Gálatas numa monarquia de estilo grego, mas sem resultado.

As relações entre os Gálatas e os Romanos melhoraram depois de 189 a. C. Quando os Gálatas recomeçaram os seus raides a Pérgamo em 167 a. C., os Romanos intervieram para impedir a retaliação de Pérgamo e ajudar a negociar o tratado de paz dois anos mais tarde, fazendo com que os dois lados acreditassem que tinham ganho. Os Gálatas celebraram a paz sacrificando os prisioneiros de Pérgamo aos deuses, os outros celebraram com a escultura de um friso no seu altar a Zeus, expondo pilhas de armas celtas capturadas. Depois de 133 a. C., quando Pérgamo foi legado a Roma pelo seu último rei Átalo III, os Romanos começaram a ver a Galácia como um valioso tampão contra invasões do Leste e, satisfeitos, encorajaram ataques gálatas no Ponto e na Capadócia. Em 88 a. C., os Gálatas sofreram um terrível golpe quando a maioria dos tetrarcas, a sua aristocracia reinante, foi massacrada pelo rei Mitridates VI do Ponto. Mitridates era um ambicioso e despótico governante, que odiava Roma e os seus aliados celtas. Apanhando os Romanos de surpresa, ele capturou Pérgamo em 88 a. C. e massacrou a população romana residente. Isto talvez tornasse os Gálatas mais prudentes em aceitar o convite de Mitridates para conversações sobre a paz: todos menos um dos 60 chefes que compareceram foram traídos mortalmente, tendo sido quebradas todas as leis de diplomacia e hospitalidade. Muitos dos que não tinham ido, bem como as famílias dos que compareceram, foram também perseguidos e mortos. No total, apenas três tetrarcas sobreviveram. No final do ano seguinte, os Romanos tinham obrigado Mitridates a retirar para o Ponto e restauraram a independência da Galácia, mas esta nunca recuperou totalmente da perda da sua classe governante. Mitridates continuou a ser uma influência perturbadora na Anatólia até à sua derrota final, perante o general romano Pompeu, em 66 a. C. Os Gálatas permaneceram sempre aliados leais a Roma.

Em 64 a. C., Pompeu reorganizou o governo dos Gálatas, nomeando um rei (que no entanto continuava a ser chamado tetrarca) para governar sobre cada uma das três tribos. Através de técnicas de diplomacia matrimonial, o rei Deiotaro dos Tolistobogos cedo surgiu como o tetrarca dominante e tornou-se, para os Romanos, o único governante da Galácia. Deiotaro fora um dos três tetrarcas que sobrevivera ao terror de Mitridates. Quando a guerra civil começou entre César e Pompeu, em 49 a. C., Deiotaro apoiou lealmente o seu antigo patrono. Ele sobreviveu à derrota de Pompeu apenas porque tinha um bom advogado, Cícero, para discutir o seu caso no Senado. Mais tarde, Cícero queixou-se que Deiotaro se revelara muito avarento no que dizia respeito ao pagamento dos seus serviços. Deiotaro parecia ter uma certa habilidade para escolher o lado perdedor nas guerras civis romanas, porque mais tarde apoiou Bruto contra Marco António, no entanto, conseguiu sobreviver morrendo de velhice na cama. O último rei celta da Galácia foi o filho de Deiotaro, Deiotaro II, que sem sombra de dúvida, provou ser o seu filho, quando apoiou Marco António contra Octávio, o futuro imperador Augusto, na última guerra civil da República romana. Deiotaro II foi brevemente sucedido por um nativo da Anatólia, Amintas. Quando morreu em 25 a. C., a Galácia era uma anexação pacificada e tornou-se uma província romana. Nos anos que se seguiram ao ataque devastador de Mitridates, os Gálatas tinham-se tornado cada vez mais romanizados no seu modo de vida. Deiotaro I tinha mesmo introduzido práticas romanas de administração estatal e o modo de treino dos legionários para o seu exército. Estas medidas, juntamente com o desenvolvimento da centralização de uma única monarquia para as três tribos, levaram de modo fácil e indolor para todos à assimilação final dos Gálatas no sistema imperial de Roma. Estes mantiveram a sua identidade por muito tempo, sob o domínio romano. Mesmo mais tarde, no século IV d. C., São Jerónimo iria relatar que os Gálatas falavam a mesma língua que os Gauleses. Por quanto tempo continuaram não se sabe, mas deve ter desaparecido antes do século VIII, visto que o nome Galácia deixara de ser usado.

A AMEAÇA VINDA DO NORTE

A anexação da Espanha cartaginesa teve o efeito de focar a atenção de Roma mais perto da Gália. Os oficiais e soldados romanos frequentemente viajavam por terra, entre Itália e Espanha, seguindo a costa mediterrânica. O caminho estava pontuado por cidades gregas amistosas, como

Massília, Antípolis (Antibes) e Niceia (Nice), mas as estradas entre elas encontravam-se expostas a ataques dos Gauleses e dos Lígures (um povo de influência celta mas que não falava celta). Estes ataques não se limitavam ao simples banditismo – em 189 a. C., um governador romano foi morto enquanto viajava para Espanha, apesar de ir acompanhado por 7000 soldados – e eram uma ameaça tanto para as cidades gregas como para os Romanos. A necessidade de se protegerem, bem como aos seus aliados, levou os Romanos a um comprometimento cada vez maior na região. Finalmente, em 125 a. C., respondendo a um apelo de assistência a Massília, os Romanos conquistaram os Lígures e duas tribos gaulesas do vale do Ródano, os Salúvios e os Vocôncios. Esta intrusão dos Romanos na Gália levou os Arvernos (de Auvergne) e os Alóbrogos (entre o Ródano e o Isère) à guerra, mas num estilo tipicamente celta, a não coordenarem os seus esforços. Os Alóbrogos foram derrotados logo depois, porém, mantiveram a sua liberdade. De seguida, os Romanos foram para oeste, defendendo a sua rota para Espanha, a fim de completarem a conquista da linha da costa mediterrânica aos Gauleses, em 118 a. C. Os territórios conquistados tornaram-se a província da Gália Transalpina, ou simplesmente, Província Romana, donde Provença. De modo nenhum, os Gauleses se sentiram consternados por encontrar os Romanos acampados à sua porta. Os Éduos receberam-nos como aliados contra os seus tradicionais inimigos tribais e como parceiros de comércio, uma combinação que serviu bem a ambos, durante 70 anos.

Os Romanos mal tinham completado a sua conquista do Sul da Gália, quando receberam uma lembrança incómoda da ameaça do Norte. Alguns anos antes, duas tribos, os Cimbros e os Teutões, deixaram a sua terra natal na Jutlândia e iniciaram um trajecto tumultuoso sem objectivo, que os levou através de toda a Europa Central e Ocidental. O que foi dado saber aos Romanos, em primeiro lugar, foi que as tribos tinham passado pelos territórios dos Bóios na Boémia, no seu caminho para sudeste em direcção ao Danúbio Médio. Aí tinham sido derrotados pelos Escordiscos perto de Belgrado, antes de virarem para oeste até ao território dos Tauriscos, uma tribo celta do Leste dos Alpes, que eram aliados de Roma. Os Romanos enviaram um exército para os proteger, o qual foi pesadamente derrotado em Noreia, em 113 a. C.

O caminho para Itália estava agora aberto, mas as duas tribos inexplicavelmente viraram para nordeste, antes de reaparecerem na fronteira da Gália Transalpina em 110 a. C., numa aliança com duas tribos gaulesas, os Helvécios e os Tigurinos. Depois da vitória dos Germanos sobre outro exército romano, enviado para os afastar da fronteira em 109 a. C., juntaram-se outras duas tribos gaulesas, os Volscos e os Tectósagos da região à volta de Toulouse. Rapidamente os Romanos conquistaram os Volscos e os Tectósagos em 107-106 a. C., pilhando cem toneladas de ouro e prata do seu templo em Toulouse durante o processo, mas se pensavam que o pior tinha passado, estavam tristemente enganados. Em 105 a. C., os Cimbros e os Teutões causaram o pânico em Roma quando aniquilaram um terceiro exército romano em Aráusio (Orange), na Gália Transalpina. Uma vez mais o caminho para Itália estava aberto e uma vez mais os Germanos deixaram os Romanos em paz. Depois da batalha, as duas tribos separaram-se, os Teutões foram para norte até ao território belga, os Cimbros foram para oeste até à Espanha. O cônsul Mário utilizou este espaço de tempo para reorganizar as legiões romanas como um exército perfeitamente profissional. Foram introduzidas instrução e treino de armas, adaptadas das escolas de gladiadores. A subdivisão das legiões foi abandonada em favor de um maior grupo de 480 homens, subdivididos em seis unidades de 80 homens, chamados centuriões. Uma legião era constituída por 10 grupos, um dos quais tinha uma força dupla. O equipamento foi normalizado. Todos os soldados eram enviados com um escudo oblongo, um casaco em cota de malha, um elmo de ferro, dardos e um *gladius*, uma espada bem adaptada para a luta corpo-a -corpo. Os soldados tinham que carregar provisões de emergência, equipamentos para cozinhar e ferramentas para a construção de campos fortificados todas as noites que estavam em campanha. Apenas os cidadãos romanos podiam entrar para as legiões, mas para as unidades auxiliares, muitas vezes constituídas por tropas especializadas como arqueiros e cavalaria, eram recrutados homens de províncias de estados aliados. Estas reformas deram a Roma um dos mais eficazes instrumentos da expansão imperial conhecida na história. Quando os Cimbros e os Teutões voltaram outra vez ao território romano, foram derrotados e massacrados: os Teutões em Aix--en-Provence em 102 a. C., os Cimbros, tendo finalmente invadido Itália, em Vercellae, um ano mais tarde. Os Romanos soltaram um suspiro colectivo de alívio, mas não se esqueceram.

5

A Conquista da Gália por César

César foi informado que os Helvécios tinham a intenção de atravessar os territórios dos Séquanos e dos Éduos e depois entrar na região dos Sântones, que era perto dos Tolosates, uma tribo que vivia na Província Romana. Ele achou que seria muito perigoso para a Província permitir que este povo guerreiro, hostil a Roma, se estabelecesse tão próximo das suas ricas terras de cultivo de cereais, que não tinham defesas naturais.

JÚLIO CÉSAR, *De Bello Gallico* (58 a. C.)

As extraordinárias incursões dos Cimbros e dos Teutões levaram a uma revolução em relação às atitudes de Roma para com a Gália. A Gália Transalpina chegou a ser vista, não apenas como uma rota por terra segura para Espanha, mas também como uma zona-tampão essencial contra as invasões vindas do Norte. Quando novos desenvolvimentos, a meio do século I a. C., ameaçaram desestabilizar as tribos gaulesas independentes, a norte da Província Romana, foi fácil para Júlio César, recentemente nomeado governador da Gália Transalpina, persuadir o Senado de que era essencial uma intervenção militar para proteger Roma de ataques. A ameaça da desestabilização da Gália veio de duas fontes. Em 58 a. C., os Helvécios, a maior tribo alpina com mais de 300 000 habitantes, decidiu migrar atravessando a Gália e estabelecer-se na Aquitânia. Os Helvécios tinham recentemente recebido muitos refugiados dos Bóios, que sofreram uma derrota catastrófica às mãos dos Dácios, um ou dois anos antes. A pressão da população pode, portanto, ter levado à decisão dos Helvécios, porém, também se podem ter sentido vulneráveis onde estavam, comprimidos entre os Romanos a sul e as tribos germanas, cada vez mais fortes, a norte. Por volta da mesma altura em que os Helvécios estavam a planear a sua migração, os Éduos pediram apoio a Roma contra os seus vizinhos, os Arvernos e os Séquanos. Estes eram aliados do rei Ariovisto dos Suevos germânicos, que atravessaram o Reno em força. Os Suevos acharam que gostavam tanto da Gália, que se voltaram contra os Séquanos e começaram a ocupar-lhes as terras, levantando o espectro da repetição das invasões dos Cimbros e dos Teutões.

Estes distúrbios deram a César todas as desculpas de que necessitava para intervir na Gália: não ameaçavam apenas invadir a Gália Transalpina, mas também interromper o lucrativo comércio de Roma com os Gauleses. César lidou com os Helvécios e os Suevos rapidamente e com uma eficiência brutal, despachando-os de volta para as suas terras de origem depois de lhes infligir pesadas baixas. Mas isto não era o suficiente para César. A rápida ascensão de Roma, de cidade-estado a império, colocara o modo republicano de governar em crescente tensão, enquanto a profissionalização do exército transferira o poder real do Senado para um grupo pequeno de generais, com ambições políticas. Ninguém melhor que César entendia as realidades do poder das políticas romanas. Para alcançar a influência política que ambicionava, ele necessitava não apenas de ganhar algumas batalhas, mas de realizar conquistas. Estas iriam trazer não só a glória, que era útil para impressionar o povo romano, mas também a oportunidade de enriquecer com pilhagens, que poderia usar para comprar a lealdade dos seus soldados e para manter uma rede de alianças dentro da classe política romana. O brilhante, mas pouco imparcial relato das suas campanhas na Gália, fazia parte do seu programa de auto-engrandecimento político e tinha a intenção de ser lido em voz alta nos encontros dos seus apoiantes em Roma. A conquista da Gália, a mais rica e populosa parte do mundo celta, iria testar mesmo as consideráveis habilidades militares de César.

Depois de repelir os Helvécios e os Suevos e forçar os Séquanos e os Arvernos à submissão, César levou o seu exército para passar o Inverno perto de Vesônctio (Besançon), no território dos Séquanos, bem a norte da Província Romana (César regressava a Itália todos os Invernos durante a guerra, para gerir os seus interesses). Sabendo que as duras tribos belgas estavam a formar uma coligação para se lhe oporem, César marchou para norte com cerca de 40 000 legionários e 20 000 auxiliares, na maioria gauleses do território dos pró-romanos Remos, que ele utilizou como base para lançar uma invasão à Gália belga em Abril de 57 a. C. Derrotados após três duras batalhas, os Belgas renderam-se em Setembro. Reconhecendo a sua inferioridade no campo de batalha, os Gauleses tentaram então evitar lutar em campo aberto, preferindo o uso de tácticas de guerrilha. No ano seguinte (56 a. C.), César fez uma campanha contra as tribos armóricas no Noroeste marítimo. Na primeira batalha naval registada nas águas do Norte, uma frota de galés rápidas romanas fabricada à pressa, derrotou os mais largos barcos à vela dos Vénetos, provavelmente em Quiberon Bay, cortando os seus cordames com foices atadas às pontas das varas. César pode ter tido objectivos comerciais, bem como militares, na conquista dos Armóricos. Os Vénetos e os seus vizinhos mais a norte, os Coriosólitos, controlavam a rota mais importante entre a Gália e a Grã-Bretanha. Uma força auxiliar fez uma campanha com sucesso na Aquitânia, apesar de forte oposição. Na última campanha do ano, César regressou à Bélgica e acabou com a rebelião dos Menápios e dos Mórinos. Estes foram difíceis de capturar nos pântanos e brejos da sua costa e as lutas arrastaram-se pelo Inverno.

AS EXPEDIÇÕES À GRÃ-BRETANHA

Apesar de tudo, César deve ter achado que se tinha quebrado a resistência gaulesa, porque começou a preparar a invasão à Grã-Bretanha. Mas as coisas não correram conforme o planeado. Primeiro, foi forçado a atrasar a invasão devido a outra incursão de tribos germânicas, que tinham atravessado o Reno e se fixaram na área da actual Maastricht. Depois de chacinar os desafortunados colonos, César deu uma breve mostra de força entre as tribos germânicas a leste do Reno, para desencorajar mais incursões. Finalmente, em Agosto de 55 a. C., atravessou o Canal com duas legiões e desembarcou perto de Dover, perante uma forte resistência.

Estava-se no fim da época de campanhas e ele tinha subestimado as dificuldades de navegação no Canal e a provável força da resposta dos Bretões: resumindo, César teve sorte por a sua expedição não se ter tornado num desastre. Depois de três semanas de pesadas lutas retirou, sendo apenas atacado pelos Mórinos no seu regresso.

As tropas de César passaram o Inverno de 55-54 a. C. em treino intensivo para uma outra expedição. Desta vez, embarcou cinco legiões e 2000 homens de cavalaria em 600 navios de transporte e 28 de guerra. A força era tão imponente que os Bretões não se atreveram a combater o desembarque de César em Kent, esperando ao invés que as tropas se deslocassem para o interior. Os Bretões tinham eleito como seu líder, Cassivellaunus, que pode ter sido rei dos Catuvellaunos. Os Bretões lutaram bem sob a sua liderança, explorando habilmente os seus conhecimentos do território e a sua grande mobilidade, mas ainda assim não foram capazes de derrotar os Romanos na batalha em campo aberto. Depois de forçar a travessia do Tamisa, César entrou no território de Cassivellaunus e saqueou a sua principal fortaleza, que se situava provavelmente em Verulamium (actual St. Albans). Pouco depois, os Trinobantes de Essex encontraram-se com César e colocaram-se sob a protecção romana. Estes não gostavam de Cassivellaunus, que tinha morto o seu rei e levado o herdeiro do seu trono, Mandubracius, para o exílio. Estes dois contratempos persuadiram Cassivellaunus a pedir um tratado de paz, com grande alívio para o Romano quando tal aconteceu. A época de campanha estava a terminar e César encontrava-se nesse momento muito longe dos seus barcos. O ataque dos Cantiaci à base onde estava a sua frota tinha sido derrotado pelos seus guardas, mas o perigo de lhe ser cortado o caminho era bem real. Portanto, os termos de César não foram muito severos. Cassvellaunus tinha de fornecer reféns, pagar tributo e deixar que Mandubracius retornasse do exílio e assumisse a realeza dos Trinobantes. Achados arqueológicos mostram que o *oppidum* dos Trinobantes em Camulodunum (Colchester) tornou-se, subsequentemente, um entreposto importante para produtos romanos, sendo evidente que teriam sido recompensados com vantagens comerciais. Mais tarde, a maioria dos produtos romanos entrou na Grã-Bretanha, via Armórica, por Hengistbury Head, no Dorset. Os objectivos reais de César e o que efectivamente alcançou nestas campanhas tem sido muito debatido – César era tão hábil em artimanhas quanto qualquer político moderno e, se tinha a intenção de conquistar a Grã-Bretanha, como alguns acreditavam, não iria tornar público o seu insucesso – porém, os seus apoiantes em Roma devem ter ficado impressionados, porque a Grã-Bretanha era vista como estando muito além das fronteiras do mundo conhecido. Em qualquer caso, a influência de Roma no Sul da Grã-Bretanha, através do comércio e de contactos diplomáticos, aumentou fortemente depois destas expedições, embora isso pudesse ter acontecido de qualquer modo, uma vez completada a conquista da Gália.

OS GAULESES CONTRA-ATACAM

Se César partira para a Grã-Bretanha acreditando que a Gália estava pacificada, no seu regresso logo abandonou essa ideia. A Gália sofrera uma seca durante o Verão de 54 a. C. e as colheitas tinham sido tão pobres, que César teve de dispersar as suas legiões por toda a extensão do Norte da Gália no Inverno, de modo a minimizar os problemas de aprovisionamento. César assegurou-se de que as legiões não estavam a mais de 150 quilómetros de distância entre si, mas o perigo era óbvio e decidiu atrasar a sua partida para Itália. Uma legião recentemente formada e cinco grupos adicionais de outra legião (cerca de 7500 soldados no total), ficaram aquartelados com os Eburões na Gália belga. Os Eburões eram considerados amigáveis – afinal, César impedira que os vizinhos Atuatuques os obrigassem a pagar-lhes tributos – porém, havia alguma indignação perante a perspectiva de alimentar vários milhares de soldados romanos durante o Inverno. Quando os Eburões se rebelaram, o exército romano, isolado e surpreendido, foi eliminado na quase totalidade, numa emboscada bem planeada pelo seu líder Ambiorige. Muitos dos romanos mortos eram de origem celta, visto que a legião destruída fora formada na Gália Cisalpina. O exército de César também incluía milhares de Gauleses – a maior parte deles pertencentes à cavalaria – e, embora alguns indivíduos expiassem os Romanos para os seus companheiros gauleses, a vasta maioria provou ser leal ao seu comandante.

A vitória de Ambiorige mostrou que os Romanos não eram invencíveis e os Atuatuques, os Nérvios, os Menápios e os Tréveros (famosos pela sua cavalaria), depressa se juntaram à rebelião. Por sorte, para os Romanos, outras tribos belgas, incluindo os poderosos Remos, permaneceram leais e membros individuais das tribos rebeldes também apoiaram activamente os Romanos, como o nobre Vertico dos Nérvios, que possibilitou a passagem de mensagens através das linhas inimigas. César cancelou os seus planos de regressar a Itália e virou o campo de batalha contra os rebeldes, mesmo antes de terminar o Inverno. Existia pouca resistência organizada, à medida que César ia devastando sistematicamente o interior da Gália belga. O território dos Eburões foi deixado para um tratamento especialmente duro, no fim do Verão de 53 a. C. Enfrentando uma poderosa força romana, Ambiorige ordenou aos seus seguidores que se dispersassem e muitos, incluindo o próprio, fugiram à captura. César confiava que os fugitivos, mais tarde ou mais cedo, morreriam de fome porque tinha destruído as colheitas, mas a resistência belga ressurgiu no ano seguinte e continuou até ao fim da guerra.

Quando a Gália belga parecia estar pacificada, rebentou uma grande rebelião no centro da Gália. Esta região, a mais avançada social e economicamente, ainda não tinha sofrido lutas e nela havia inúmeros mercadores romanos que efectuavam os seus negócios normalmente. A revolta começou com os Carnutos, provavelmente como resultado de agitações dos druidas. Durante o Inverno de 54-53 a. C., os Carnutos e os Sénones não compareceram a um conselho gaulês convocado por César. Este acreditava, provavelmente com razão, que estavam a conspirar contra ele e, com uma oportuna demonstração de força, evitou que as duas tribos se juntassem à rebelião. No Outono de 53 a.C., depois do fim da campanha contra os Belgas, César prendeu e executou Acco, um chefe dos Sénones que era suspeito de ser o cabecilha da conspiração. Satisfeito com a resolução do caso, César seguiu para Itália a fim de passar o Inverno.

VERCINGÉTORIX: O ARQUITECTO DA DERROTA

A acção de César foi muito pouco acertada. A execução de um membro da classe da nobreza gaulesa chocou-a e tornou-a receosa da sua própria segurança. Quem se seguiria? As legiões dispersaram-se em campos de Inverno pelo Norte e César estava retido com intrigas políticas em Roma. Uma revolta na Gália Central podia cortar as legiões do seu comandante e deixá-las paralisadas. Os Carnutos rebelaram-se primeiro, em Cenabum (Orleães), onde massacraram os mercadores romanos. Um nobre arverno chamado Vercingétorix rapidamente seguiu o exemplo dado pelos Carnutos. Vercingétorix aproveitou o grito de liberdade dos Gauleses, porém, tinha outros motivos. Os Arvernos eram governados por magistrados eleitos e tinham recentemente morto o pai de Vercingétorix,

Celtillus, por este tentar colocar-se a si próprio como rei. Grande parte da elite tribal opôs-se à rebelião – os Arvernos tinham-se há muito tornado aliados dos Romanos – mas Vercingétorix depressa formou um grande exército, dominou o *oppidum* tribal de Gergóvia (Gergovie, perto de Clermont-Ferrand) e foi proclamado rei. O sucesso na guerra iria cimentar o seu poder. Apesar de não ser um dos mais carismáticos líderes da história celta, Vercingétorix conseguiu reunir a mais vasta coligação que os Romanos alguma vez tinham enfrentado. Os Sénones, os Parísios, os Turões, os Pictavos, os Lémovices, os Cadurcos, os Aulercos, os Andecavos e muitas outras tribos da Gália Central juntaram-se à rebelião; outras tribos, como os Bitúriges, foram coagidas a uma relutante participação. Os Gauleses estavam – quase todos – unidos contra Roma, mas tudo iria correr muito mal. Vercingétorix ordenou que os Cadurcos invadissem a Gália Transalpina no fim de 53 a. C. Esperava que isso retivesse César no Sul e lhe desse tempo para a destruição das legiões isoladas no Norte, mas falhou completamente por não contar com a rapidez da reacção de César. Depois de levar os invasores à retirada da Província Romana, César fez o que os Gauleses achavam ser impossível e marchou com um exército sobre Cévennes, coberta de neve, em Janeiro de 52 a. C., directamente para o centro do território arverno. Fazendo com que Vercingétorix ficasse retido no Sul, César partiu devastando o território dos Arvernos, deixando-o para Bruto, o seu futuro assassino e, com um pequeno destacamento de cavalaria, precipitou-se para as regiões do Norte, para se juntar às suas legiões. César tinha audaciosamente iludido o seu oponente.

A guerra tornara-se agora num jogo violento e impiedoso. Durante a Primavera, César tentou incitar os Gauleses à batalha em campo aberto, com cercos aos seus *oppida* e massacrando ou escravizando os seus habitantes quando estes eram derrotados. A população da Gália Central era particularmente vulnerável a esta estratégia, por ser a zona mais urbanizada da região. Vercingétorix resistiu à provocação e respondeu com o desesperado plano de acção de queima das terras. A intenção era forçar os Romanos a retirarem-se por falta de provisões mas, pela natureza da sua estratégia, também infligiu grandes sofrimentos aos camponeses gauleses. César continuava sem conseguir atrair os Gauleses à batalha em campo aberto, quando fez um cerco à capital de Vercingétorix em Gergóvia, no fim da Primavera. Nesta altura, recebeu notícias de um grave contratempo: apoiantes de Vercingétorix tinham convencido os Éduos a juntarem-se à rebelião. A sua aliança com estes dava a César comunicações seguras até ao território romano e, ainda pior, deixara reservas de alimentos e reféns ao cuidado deles. De acordo com César, um pequeno grupo entre a elite reinante dos Éduos foi subornada para apoiar a rebelião: de seguida, persuadiram os seus companheiros de tribo espalhando notícias falsas, nas quais César havia executado dois éduos nobres e ordenado o massacre à cavalaria édua, que servia o exército romano. O entusiasmo dos Éduos pela rebelião depressa arrefeceu depois de um concílio gaulês se ter recusado a assumir o comando e, ao invés, confirmou a posição de Vercingétorix, mas como já tinham roubado e morto ou expulso os cidadãos romanos que viviam entre eles, não podia haver retorno. Os Belovacos, uma tribo belga que tinha a reputação de produzir os melhores guerreiros da Gália, juntara-se então à rebelião, sendo feito um enorme esforço diplomático para persuadir as restantes tribos neutrais a aderirem. A deserção dos seus aliados mais fortes levou César a tentar um rápido ataque intempestivo a Gergóvia, mas o assalto foi derrotado com a perda de mais de 700 legionários. A posição de César era agora insustentável, pelo que decidiu retirar todas as suas forças da Gália.

Cheirando a vitória, Vercingétorix juntou uma vasta força de 80 000 homens de infantaria e 15 000 de cavalaria. Este número ultrapassava em larga escala o exército de César, que apenas tinha uma força de 55 000 soldados. Vercingétorix convenceu os seus seguidores de que não poderiam permitir que o exército romano escapasse. Se o fizessem, argumentava, os Romanos iriam inevitavelmente regressar com reforços e apesar de todos os seus sacrifícios, teriam apenas umas tréguas temporárias. Se o seu exército caísse numa armadilha e fosse derrotado, os Romanos não mais se atreveriam a invadir de novo e a Gália seria livre para sempre. Vercingétorix podia estar certo – apesar de haver outros factores em jogo, a grande vitória germânica na floresta de Teutoburgo em 9 d. C., na qual três legiões foram aniquiladas numa emboscada bem planeada, poderia efectivamente terminar com as tentativas dos Romanos em conquistar a Germânia – mas procurar a batalha em campo aberto era uma estratégia de alto risco e neste caso não foi a correcta.

César seguia para sul através da Borgonha, para o vale do Ródano e da segurança na Gália Transalpina. Vercingétorix colocou o seu exército atravessado na linha de marcha de César, nas colinas acima do pequeno rio Vingeanne (um afluente do rio Sena), mas a batalha que poderia ter sido das mais decisivas da história europeia, foi curiosamente liderada com fraca vontade. Deixando a sua infantaria a manter a linha do rio,

Vercingétorix dividiu a cavalaria em três esquadrões e atacou a coluna romana enquanto esta ainda estava em marcha. Apesar de estar sob grande pressão, César formou um quadrado de infantaria numa defesa inexpugnável, enquanto a sua cavalaria, que tinha sido fortemente reforçada por cavaleiros germânicos, levou finalmente à retirada da cavalaria gaulesa do campo de batalha, com pesadas baixas. A infantaria gaulesa nunca se chegou a juntar à batalha – estavam estacionados muito longe para apoiar o ataque da cavalaria e, quando esta fugiu, eles seguiram-lhe o exemplo. A cavalaria era a única arma na qual os Gauleses em geral se superiorizavam aos Romanos, sendo a sua derrota um golpe muito grande para o moral dos soldados. César, que parecia ter estado perto da derrota nessa manhã, ao anoitecer, mais uma vez, tomou a iniciativa.

DESASTRE EM ALÉSIA

Vercingétorix e mais alguns 80 000 guerreiros procuraram refúgio no *oppidum* mais perto, em Alésia, no território dos Mandúbios. Foi um desastroso erro táctico. César chegou no dia seguinte e imediatamente começou a cercar Alésia com duas linhas de taludes de protecção e defesa, a interna para impedir os habitantes de se escaparem, a externa para impedir a entrada de quaisquer reforços ou abastecimentos. Cada linha tinha aproximadamente 22 quilómetros de extensão e estava protegida com torres de vigia, fossos, *chevaux de frises* e *lilia* (variedade de arpão de ponta separável), o equivalente a campos de minas para os Romanos – covas com um pé de profundidade que continham uma estaca de madeira afiada e endurecida pelo fogo. Os legionários romanos levaram efectivamente mais tempo a escavar do que a batalhar. Vercingétorix tinha provisões para apenas um mês, por isso os Gauleses fizeram uma tentativa desesperada para quebrar o cerco. Apesar de o concílio gaulês ter recusado o pedido de Vercingétorix para uma chamada universal a todos os guerreiros, quarenta e quatro tribos diferentes de todas as regiões da Gália formaram entre si um exército de libertação, que se dizia ter perto de um quarto de milhão de homens. Foi um feito impressionante, no entanto, ainda havia algumas tribos que se mantiveram à parte, entre elas os poderosos Remos e os Língones, pelo que levaram semanas a juntar uma tão grande força.

Na altura em que o exército de libertação chegou a Alésia, a situação dos habitantes estava a ficar desesperada. Vercingétorix tentou fazer com que as suas provisões durassem mais tempo, mandando sair as mulheres e as crianças, mas César recusou-se a deixá-las passar pelas suas linhas. Por três vezes o exército de libertação tentou quebrar as defesas de César e das três vezes foi repelido, após uma luta desesperada com pesadas baixas dos dois lados. Depois do terceiro assalto, o exército de libertação, com o moral despedaçado, quebrou e dispersou-se. Vendo que toda a esperança estava perdida, Vercingétorix decidiu render-se para poupar ao seu povo mais sofrimentos. Os Éduos e os Arvernos, entre os cativos, foram enviados para os seus territórios – César queria reconstruir boas relações com estas tribos poderosas o mais rapidamente possível – mas os restantes foram enviados para o mercado de escravos. Vercingétorix foi levado para Roma, para ser executado seis anos mais tarde, quando César tardiamente celebrou o seu triunfo. É difícil não sentir simpatia por Vercingétorix: a Gália foi minuciosamente pacificada nessa altura e a sua morte não serviu mais nenhum propósito a não ser o do cruel entretenimento do povo de Roma. Apesar da sua figura heróica, é preciso dizer que a liderança de Vercingétorix foi um desastre para os Gauleses. A concentração de tanto esforço militar na Gália e Alésia, permitiu a César a oportunidade conveniente de combater nos seus termos e de destruí-lo. Se o concílio gaulês tivesse concordado chamar todos os povos, as perdas teriam sido ainda maiores.

Ainda assim, a queda de Alésia não fez com que a guerra acabasse. O tratamento brando que César deu aos Arvernos e aos Éduos resultou: ambas as tribos regressaram à sua aliança com Roma e os seus vizinhos, os Bitúriges, foram logo a seguir, mas houve ainda mais um ano de campanha, antes que os últimos focos da resistência gaulesa fossem extintos. Os Gauleses decidiram retomar a estratégia das rebeliões oportunistas, levadas a cabo por tribos individuais, de modo a obrigar César a deslocar-se rapidamente de uma ponta da Gália à outra. Porém, as baixas do ano anterior e o enorme revés económico da política de terra queimada de Vercingétorix, haviam destruído a vontade de resistir. Ocasionalmente, César era brutal – quando Uxellodunum (Puy d'Issou), o último grande centro da resistência gaulesa, caiu, foram cortadas as mãos a todos os que tinham tomado parte na sua defesa –, mas muitas vezes era conciliador, ganhando poder com as elites tribais, através de presentes e lisonjas e por não impor novos fardos aos Gauleses exaustos. César deixou a Gália tão pacificada, que quando Roma entrou em colapso na guerra civil, em 49 a. C., não surgiram novas rebeliões. O preço pago pelos Gauleses pela sua resistência foi elevado. Com uma população de cerca de sete milhões, é provável que tivesse morrido um milhão e que outro tanto tivesse sido entregue a mercados de escravos.

A conquista da Gália por César provavelmente não foi inevitável – está claro que ele subestimou muito o espírito de luta dos Gauleses e depois da sua falha em Gergóvia, sentiu a derrota muito próxima –, mas desde o início trouxe-lhe vantagens importantes. Nenhum líder gaulês conseguia rivalizar com as qualidades de César como general, particularmente a sua habilidade de tomar a iniciativa nas circunstâncias mais perigosas. Os Gauleses em geral estavam em vantagem numérica e certamente não tinham falta de coragem, porém, a maioria lutava sem armadura, sem treino nem disciplina, ao contrário dos legionários romanos. De homem para homem, os legionários romanos ganhavam de modo consistente aos Gauleses. Estes podiam ganhar batalhas quando enganavam e faziam emboscadas, mas em batalhas fixas tinham uma desvantagem sem esperanças. Esta superioridade de Roma não seria necessariamente o factor decisivo, se os Gauleses não tivessem dado a César tantas oportunidades para a exercer. Mesmo os enormes exércitos que Vercingétorix conseguiu reunir estavam condenados. A pura coragem e um grande número de homens raramente conseguem ter vantagem no campo de batalha, face a uma superioridade tecnológica ou de organização (e os Romanos tinham as duas), a menos que os comandantes inimigos fossem incompetentes ou imprudentes. Quanto maior fosse o exército que os Gauleses trouxessem para o campo de batalha, mais difícil se tornava controlar a luta e mais pesadas eram as baixas. Em vez de seguirem Vercingétorix, se os Gauleses tivessem escolhido seguir o exemplo de Ambiorige, que dispersou as suas forças e sobreviveu, a sua resistência podia facilmente ter sido prolongada além do termo de serviço de César (que expirava em 50 a. C.). Muitos romanos viam a ascensão de César com apreensão e teriam ficado satisfeitos em vê-lo derrotado na Gália, como outros iriam ver o seu aliado político Crasso derrotado (e morto), na vã tentativa de conquistar a Pártia, em 53 a. C. Não há provas de que os Romanos tinham pensado conquistar a Gália, antes de César entrar em cena, e quem fosse escolhido para lhe suceder podia ter tido falta de habilidade e determinação, para continuar uma guerra que não tinha um fim à vista, mesmo que a guerra civil não tivesse começado.

OS ÚLTIMOS DIAS DA INDEPENDÊNCIA CELTA

Com a conquista da Gália completa, apenas duas áreas da Europa continental permaneceram com os Celtas, o Noroeste de Espanha e o centro do território de Hallstatt na Europa Central. As guerras civis (49-45, 44--30 a. C.), que anunciaram o colapso da República romana, deram uma pausa a estas tribos que permaneciam independentes. Octávio, que saiu vitorioso das guerras civis, não tentou fazer renascer a República, mas governou como imperador com o nome de Augusto. Augusto começou a consolidar as fronteiras do Império Romano em linhas mais defensáveis. Isto requeria um avanço na Europa Central a norte do Danúbio, enquanto a fronteira em Espanha podia ser completamente eliminada. Em 26 a. C., Augusto liderou pessoalmente uma campanha contra os Cântabros, os Asturianos e os Galecianos. O terreno montanhoso provou ser árduo para o exército romano, porém, no prazo de um ano Augusto declarou que a guerra acabara. Tal como muitas vezes acontecia com os Romanos em Espanha, Augusto clamou vitória demasiado cedo. As revoltas rebentaram em 24, 22 e 19 a. C. A última rebelião foi brutalmente esmagada pelo genro de Augusto, Agripa, mas só depois deste ter restaurado o moral e a disciplina num exército que ganhara medo aos Cântabros. Ainda assim houve outra rebelião em 16 a. C. e só em 13 a. C., depois de Augusto ter pessoalmente reorganizado o seu governo provincial, é que a Espanha ficou realmente pacificada. Como consequência, esta tornou-se uma das províncias romanas mais pacíficas, apenas com uma legião de base, comparada com a Grã-Bretanha que tinha três.

Os Celtas da Europa Central não tinham que lidar apenas com os Romanos – estavam também sob pressão dos Germanos e dos Dácios. Os Dácios começaram a invadir os Celtas provavelmente quando iniciaram a sua expansão sob a liderança do rei Rubobostes, da sua terra natal na Valáquia até à Transilvânia, cerca de 170 a. C. A Dácia tinha-se tornado um grande reino, ocupando a maior parte da moderna Roménia, quando o seu rei Burebista iniciou agressivamente a expansão para oeste até ao território dos Bóios, dos Tauriscos e dos Escordiscos, em 60-59 a. C. O próprio Burebista acreditava que estava a reconquistar o território da Dácia, perdido para os Celtas durante as suas migrações três séculos antes. Os ataques dos Dácios contra os Bóios eram de um sucesso devastador, levando-os para além do que é agora conhecido como a Eslovénia e Norte da Hungria e provavelmente também a Morávia, deixando apenas a

Boémia. O historiador grego Estrabão, descreveu esta região como o «deserto dos Bóios». Os sobreviventes, que eram mais de 30 000, fugiram atravessando o Danúbio até ao reino do Nórico, uma coligação de tribos celtas, que controlava a maior parte do Leste dos Alpes e sitiou o *oppidum* em Noreia (Neumarkt, Áustria). Repelidos, andaram pelos Alpes e encontraram o território acolhedor dos Helvécios. Os Bóios, consequentemente, apoiaram os Helvécios quando estes tentaram migrar através da Gália em 58 a. C. e, sem pensar, deram o pretexto a César para a sua conquista da Gália. Ao contrário dos Helvécios, César permitiu que os Bóios se fixassem na Gália. Por esta altura já tinham perdido grande parte da vontade de lutar e pouco participaram na guerra da Gália, permanecendo leais a César até 52, quando, provavelmente devido a coacções por parte dos seus vizinhos mais fortes, enviaram um pequeno contingente para se aliar ao exército de libertação gaulês, no cerco de Alésia.

À parte da incursão de Ariovisto através do Reno, a expansão germânica em território celta não está documentada. A destruição e abandono do *oppidum* de Závist, perto de Praga, cerca de 25 a. C., marca provavelmente a conquista germânica aos Bóios que restavam. Por volta de 16-8 a. C., todos os antigos territórios celtas a norte do Danúbio estavam sob o controlo dos Germanos ou dos Dácios. Nesta altura, os Celtas, entre os Alpes, os Balcãs e a margem sul do Danúbio, tinham também sucumbido ao poder dos Romanos. Os Vindélicos e os Récios da Baviera haviam sido conquistados em 15 a. C. e o reino do Nórico foi pouco depois anexado pacificamente. O Nórico era um aliado de Roma desde 186 a. C. e a elite do reino adoptara já um estilo de vida bastante romanizado, através da influência de uma colónia de mercadores romanos em Virunum (Zollfeld), a capital real. Os Romanos conquistaram as últimas tribos celtas independentes da Europa continental, na Panónia e na Ilíria (aproximadamente a Hungria Ocidental e a Sérvia), em três anos, entre 12 e 9 a. C. Houve pouca resistência: talvez estes Celtas achassem que a perspectiva de serem dominados pelos Romanos, com os quais tinham muito em comum, fosse um mal menor face à dominação dos bárbaros germanos.

6

Os Limites do Império: A Conquista Romana da Grã-Bretanha

O nosso conhecimento actual sobre os limites da Grã-Bretanha baseiam-se não em rumores e relatos, mas na ocupação militar: nós descobrimos e dominámos a Grã-Bretanha.

AGRÍCOLA, general romano (83/4 d. C.)

Embora Augusto tivesse, notavelmente, aconselhado os seus sucessores contra mais conquistas, o Império Romano continuou a crescer por mais um século depois da sua morte, em 14 d. C. O mais importante dos novos territórios foi a Grã-Bretanha (ou pelo menos a maior parte dela, porque a conquista romana nunca foi completada). A conquista da Grã-Bretanha é normalmente vista no contexto da necessidade, do novo e de algum modo teórico, imperador Cláudio (r. 41-54), por uma vitória militar que assegurasse a sua credibilidade no exército, mas também é claro que existiam interesses na Grã-Bretanha a favor de uma intervenção romana. Depois da invasão de César, o processo de formação de estados acelerou no Sudeste da Grã-Bretanha, começando a surgir reinos tribais, os mais poderosos dos quais foram os dos Trinobantes, Catuvellaunos e Atrébates. O *oppidum* semiurbano começou a substituir as fortalezas nas colinas como principais centros tribais. O aumento da exportação de vinho, a adopção do estilo romano de cunhagem de moedas e o uso do alfabeto romano, são provas de uma romanização constante da elite britânica no Sudeste. Alguns reis britânicos, como Tincommius de Atrébates e o rei Dumnovellaunos, que governavam as terras em Essex e Kent, chegaram mesmo a visitar Roma. O historiador romano Dio descreveu a Grã-Bretanha como sendo virtualmente romana, mesmo antes da conquista. Portanto, no início do século I d. C., o Sudeste da Grã-Bretanha parecia-se muito com a Gália no tempo da conquista de César.

A hostilidade entre os Trinobantes e os Catuvellaunos, que César explorara, continuou até os dois povos serem unificados (*c*. 20 d. C.) por Cunobelinus, que assim se tornou o governador dominante do Sudeste. Cunobelinus pertencia aos Catuvellaunos, mas fez a sua capital no próspero *oppidum* dos Trinobantes em Camulodunum, que tinha importantes ligações ao Império Romano. Por volta da mesma altura, os Atrébates ficaram sob o domínio de Verica. Cunobelinus morreu cerca de 40 d. C. e os seus sucessores, os seus dois filhos Caratacus e Togodumnus, adoptaram uma posição mais agressiva e anti-romana (um terceiro filho, Adminius, foi exilado devido às suas persectivas pró-romanas). Possivelmente eram encorajados pelos druidas, que estavam alarmados por os Romanos terem recentemente suprimido os druidas da Gália. Em 41 ou 42 d. C., Caratacus e Togodumnus atacaram os Atrébates e obrigaram Verica ao exílio no Império Romano. Os Romanos observavam a rebelião de Caratacus e Togodumnus com preocupação e Verica, provavelmente, não precisou de se esforçar muito para persuadir Cláudio a invadir a Grã-Bretanha para restaurar o seu trono.

Além disso, Cláudio estaria bem consciente de que o avanço social e económico do Sudeste era a solução ideal para a conquista e assimilação do Império Romano. O que não se sabe é se Cláudio tinha apenas a intenção de conquistar o Sudeste, ou se estaria a planear conquistar toda a Grã-Bretanha? Os ricos recursos minerais de Gales e do Sudoeste e Norte de Inglaterra, tornariam certamente também estas duas áreas apetecíveis para conquistar, apesar do seu relativo atraso, mas a norte do istmo de Tyne-Solway não existia nada por que valesse a pena lutar. A economia era baseada na pastorícia e as tribos locais tinham sociedades ainda muito descentralizadas, cujas elites não estavam sequer romanizadas. Portanto, havia poucas perspectivas desta área ser facilmente assimilada ou proveitosa para o Império, sendo pouco provável que a sua conquista tivesse sido planeada desde o início.

Cláudio lançou a sua invasão no início da Primavera de 43 d. C. Ao todo embarcaram quatro legiões sob o comando de Aulus Plautius. A Grã-Bretanha ainda não tinha perdido a sua aura de mistério desde os dias de César e os legionários quase se amotinaram quando souberam o seu destino. A força principal desembarcou em Kent, em Rutupiae (Richborough, na altura um bom porto natural, agora a alguns quilómetros no interior), onde os Romanos erigiram um arco enorme comemorativo, tendo apenas sobrevivido as suas fundações. As outras forças desembarcaram na costa sul perto de Chichester Harbour. Este local situava-se no coração do território de Verica, onde os Romanos esperavam ter um bom acolhimento e uma base segura. Provavelmente existiu um terceiro desembarque numa localidade não identificada. Os Bretões não enfrentaram os desembarques dos Romanos, mas esperaram até que avançassem para o interior. Os Bretões tomaram uma posição num rio mais importante, usualmente identificado como o Medway, mas foram derrotados em dois penosos dias de batalha e perseguidos pelos Romanos até ao Tamisa. Com uma posição segura, Cláudio juntou-se ao exército e levou-o além do Tamisa para capturar Camulodunum, onde entrou triunfante às costas de um elefante. Togodumnus morreu na batalha e Caratacus fugiu. Ele ainda iria causar muitos problemas aos Romanos.

Cláudio recompensou os governantes britânicos seus simpatizantes, com reinos que estavam sob a sua protecção. Verica provavelmente já tinha morrido nesta altura, porque não existe nenhum registo do seu regresso à Grã-Bretanha e os seus territórios foram dados a Cogidubnos (um provável parente de Verica?), que também recebeu a cidadania romana. É possível que o palácio romano em Fishbourne, perto de Chichester, fizesse parte da recompensa pela sua cooperação. O rei Prasutagus dos Icenos da actual Norfolk e a rainha Cartimandua dos Brigantes do Norte de Inglaterra, também se tornaram governantes sob protecção dos Romanos. Camulodunum tornou-se a primeira capital da Grã-Bretanha romana. Cláudio conseguiu a vitória simbólica que pretendia e retirou-se quase de imediato, provavelmente não muito mais tarde que Junho de 43 d. C. A tarefa de conquistar a Grã-Bretanha e de a organizar como uma província romana foi deixada a cargo de Plautius.

No início, a conquista prosseguiu calmamente. Quando chegou o termo de serviço de Plautius em 47 d. C., toda a Grã-Bretanha a sudeste da linha que vai mais ou menos de Exeter a Lincoln, estava sob o controlo dos Romanos. Só os Durotriges da moderna Dorset haviam colocado séria resistência e muitas das suas numerosas fortalezas tiveram de ser tomadas de assalto. Uma delas foi o Castelo de Maiden, onde os restos de muitos bretões que o defenderam foram descobertos num cemitério cavado à pressa: um deles ainda tinha a flecha de uma balista cravada na sua espinha. A proeza de Plautius foi impressionante, mas a área que conquistou era precisamente a mais vulnerável à intervenção romana. As tribos do interior, menos centralizadas, iriam provar serem mais difíceis de subjugar.

Depois de ter dominado uma pequena rebelião dos Icenos e dos Trinobantes, Ostorius Scapula, o sucessor de Plautius como governador da Grã-Bretanha, imediatamente retomou o avanço para oeste e para norte. A principal resistência vinha de duas tribos da moderna Gales, os Silures e os Ordovices, que tinham adoptado o fugitivo Caratacus como seu líder. Enquanto os Bretões mantiveram as tácticas de guerrilha, os Romanos tiveram pouco sucesso. Foi apenas quando Caratacus, de modo insensato, tomou uma posição contra os Romanos num local bem fortificado, numas colinas próximo do rio Severn (possivelmente o forte de Llanymynech Hill perto de Welshpool, que foi destruído por esta altura), que a luta se virou a seu favor. Os Bretões provaram não serem adversários à altura dos Romanos nas batalhas em campo aberto: tal como muitas outras vezes quando os Celtas lutaram contra os Romanos, foi a falta de armaduras que provou ser decisiva. A mulher de Caratacus, a filha e o irmão foram capturados; Caratacus fugiu para os Brigantes, mas Cartimandua prontamente o entregou aos Romanos. Foi levado para Roma em 51 d. C., para ser mostrado ao povo num desfile triunfal. Porém, o porte nobre e o discurso de Caratacus ganharam a simpatia de Cláudio, que tinha um fraco pelos Celtas e saiu-se melhor que Vercingétorix. Cláudio perdoou-o e permitiu que vivesse o resto dos seus dias em Roma com algum conforto.

Sem a liderança de Caratacus, os Bretões retomaram as suas tácticas de guerrilha mais eficientes, fazendo emboscadas, perseguindo grupos de saqueadores e chegando a derrotar uma legião. Os Silures conseguiram aliar outras tribos à luta de modo inteligente, distribuindo entre elas saques e romanos capturados. A resistência só endureceu quando Ostorius, exasperado, declarou que os Silures tinham de ser completamente aniquilados, ou levados para fora da sua terra natal. Ostorius estava a perder o domínio da situação, provavelmente devido à sua fraca saúde, quando morreu em 52 d. C. O seu sucessor logo se viu confrontado, não apenas com a tenaz resistência dos Silures, mas também com a crise nos reinos protectorados dos Brigantes. As acções pró-romanas de Cartimandua ressentiram-se devido a uma forte facção liderada por Venutius, o seu marido afastado (dizia-se que ela o trocara pelo seu fogoso jovem, portador de armadura) e foi feita uma tentativa para a derrubar. Ela só manteve o seu trono graças à intervenção de uma legião romana. Venutius era um comandante eficaz – os Romanos avaliaram-no como o segundo depois de Caratacus entre os Bretões – e demorou alguns anos até que a sua rebelião fosse completamente extinta.

Gradualmente, os Romanos foram esgotando os Silures e os Ordovices. Por volta de 60 d. C., o último centro de resistência séria situava-se na ilha de Anglesey. Os soldados romanos tiveram de lutar durante todo o desembarque, sendo os seus opositores compostos não apenas por uma hoste de guerreiros bretões, mas também por druidas e sacerdotisas que tinham um ar selvagem, desgrenhadas e brandiam tochas, gritando maldições e feitiços contra eles. Os soldados romanos, que eram tão supersticiosos como os Celtas, ficaram momentaneamente paralisados pelo terror e pelo espectáculo. Mas como eram profissionais disciplinados, cedo recuperaram a sua firmeza colectiva. Os Bretões tiveram de lutar e muitos druidas e sacerdotisas foram chacinados. Alguns foram queimados com as suas próprias tochas. Anglesey pode ter sido um importante centro de druidismo, visto que os Romanos fizeram questão em destruir todos os pequenos bosques sagrados que havia na ilha.

Antes de os Romanos conseguirem consolidar a sua vitória em Gales, rebentou entre os Icenos uma séria revolta. Prasutagus havia falecido recentemente e desejava que o seu reino se associasse entre o imperador e as suas duas filhas. No entanto, os Romanos decidiram-se pela completa anexação do reino, levando Boadiceia, a viúva de Prasutagus, à revolta aberta. Dizia-se que os Romanos tinham punido Boadiceia e violado as suas filhas, o que não se sabe se é verdade. O que certamente é verdade é que o representante romano, Catus Decianus, tratou os Icenos como um povo conquistado. A rebelião espalhou-se depressa até aos Trinobantes mas, felizmente para os Romanos, tanto Cogidubnus como Cartimandua permaneceram leais. A ira dos Bretões focou-se em Camulodunum, que era vista como o símbolo da sua sujeição. O templo do Divino Cláudio ressentia-se especialmente, devido aos altos custos da sua construção e manutenção. A cidade não tinha qualquer tipo de fortificação e apenas uma guarnição – a maior parte das forças romanas estavam longe, em Gales, com o governador Suetonius Paulinus – pelo que a sua população de mercadores e de veteranos reformados estava praticamente sem defesa. Apesar do aviso prévio do ataque britânico, nada foi feito para evacuar a população não combatente, enquanto uma «quinta-coluna» de bretões, que vivia na cidade, mas que era simpatizante dos rebeldes, fez o seu melhor para espalhar o pânico e a confusão. A cidade, que facilmente caiu perante os rebeldes, foi saqueada. A guarnição manteve-se num templo meio construído, durante dois dias, até que foi devastada pelos Bretões. Entretanto, a legião que marchava para libertar a cidade foi destroçada, sofrendo a sua infantaria pesadas baixas. Os relatos contemporâneos não exageraram a fúria dos Bretões. Escavações arqueológicas mostraram que a cidade foi deliberada e metodicamente destruída, pedra por pedra, na tentativa de remover todos os vestígios do domínio romano. Outras cidades saqueadas foram Verulamium e Londinium (Londres). Paulinus, correndo à frente das suas legiões, conseguiu chegar antes dos rebeldes a Londinium, na altura uma colónia não oficial de mercadores romanos, mas achou-a indefensável e abandonou-a à sua sorte. A maioria da população fugiu, enquanto que os que ficaram foram chacinados imediatamente ou sacrificados à deusa da guerra Andrasta em rituais macabros, envolvendo mutilações de sexos. Em Verulamium as vítimas não eram romanos mas bretões, os Catuvellaunos pró-romanos. Escavações arqueológicas mostraram que, tal como em Camulodunum, as duas cidades foram totalmente queimadas. No total estima-se que, entre os Romanos e os seus aliados Bretões, tenha havido 70 000 baixas (um número provavelmente bem exagerado), mas Decianus, a causa de todo este problema, não se encontrava entre eles: tinha fugido para a Gália.

Parecia que os rebeldes não tinham quaisquer objectivos estratégicos. Como muitas vezes acontece na guerra com os Celtas, o seu maior interesse era a pilhagem. Este facto deu crucialmente a Paulinus tempo para juntar uma força mista de cerca de 10 000 legionários e auxiliares (soldados regulares que não eram cidadãos romanos), antes que Boadiceia pudesse reunir forças que impelissem os Romanos de vez para fora da Grã-Bretanha. Era uma força mais pequena do que a que Paulinus desejava, já que muitas unidades não podiam, ou não se atreviam, a sair dos seus fortes. O exército que Boadiceia reuniu para confrontar Paulinus era enorme – o historiador romano Dio relata o improvável número de 230 000 homens – e estava tão confiante na vitória, que os guerreiros chegaram a levar as suas mulheres e crianças com eles, em carros, para ver a batalha. Boadiceia correu à volta desta vasta e desordeira multidão numa quadriga, encorajando os seus guerreiros com apelos vibrantes. O local da batalha é desconhecido. As tropas de Paulinus tinham talvez marchado de sudeste pela estrada de Watling, a principal estrada romana entre Londinium e a moderna fronteira de Gales, portanto, parece provável que tivesse sido nalgum local perto desta estrada a este dos Midlands. Os planos de batalha dos Bretões parecem ter-se resumido simplesmente a dominar por completo os Romanos apenas com o seu pesado contingente, mas Paulinus ocupara uma posição de defesa excelente, num desfiladeiro natural que apenas podia ser atacado facilmente de frente. Os bosques na retaguarda tornavam difícil aos Bretões o uso do seu número superior para flanquear e envolver o exército romano. Os Romanos quebraram com facilidade o ataque inicial dos Bretões com os seus lançadores de dardos – poucos bretões tinham armadura corporal – e passaram à ofensiva. A infantaria romana adoptou a formação em cunha, flanqueada pela cavalaria e carregou sobre os Bretões, forçando-os para fora do campo. As carroças que estes deixaram em semicírculo na retaguarda, como uma espécie de grande tribuna para os espectadores, tinham-se tornado agora numa armadilha, obstruindo-lhes a fuga. Os Romanos quebraram fileiras e caíram sobre a população que estava em pânico, massacrando indiscriminadamente homens, mulheres, crianças e bestas de carga. A chacina continuou durante horas. Um relato estimava que os Bretões sofreram 80 000 baixas, os Romanos apenas 400.

A batalha quebrou o centro da rebelião. Boadiceia, que escapou, não sobreviveu por muito tempo, morrendo de doença de acordo com um relato, cometendo suicídio de acordo com outro. O último seria o comportamento mais apropriado para um líder celta derrotado. Os Romanos discordavam agora entre si, sobre como deviam prosseguir a sua vitória. Paulinus iniciou uma campanha de queima de terras para punir os rebeldes, mas o novo procurador Julius Classicianus argumentou a favor de uma política mais conciliadora, para encorajar a aristocracia nativa a desenvolver uma lealdade positiva em relação ao Império. Julius pertencia a uma família aristocrata gaulesa, portanto, é provável que tivesse um melhor entendimento que Paulinus sobre o que era necessário. Depois de uma inquirição imperial, Julius ganhou o debate e Paulinus foi retirado do seu posto e substituído. Daí em diante, Roma governou os Bretões com uma mão mais leve. Camulodunum foi tardiamente contemplada com um circuito de muralhas defensivas, partes do qual ainda se mantêm, mas nunca recuperou o seu estatuto original. A administração romana foi levada para Londinium, que era mais acessível por mar que Camulodunum: Julius Classicianus morreu aí. Incrivelmente a sua lápide sobreviveu e encontra-se agora no Museu Britânico.

Em Junho de 68 d. C., o imperador Nero foi afastado de Roma e suicidou-se. Como não havia nenhum sucessor óbvio, teve início a guerra civil. Três imperadores sucederam-se rapidamente até que Vespasiano, um veterano da invasão de Cláudio à Grã-Bretanha, ganhou um forte poder nas últimas semanas de 69 d. C. e estabeleceu uma nova dinastia. Embora não houvesse quaisquer revoltas oportunistas na área directamente sob governação romana – a política de conciliação resultou – havia sérios problemas no reino protectorado dos Brigantes. Encorajado pelo caos político no Império, Venutius tinha outra hipótese de expulsar a sua odiosa ex-mulher Cartimandua, e desta vez conseguiu. A queda de Cartimandua foi um sério golpe para os Romanos. O reino dos Brigantes cobria toda a Grã-Bretanha, desde Mersey e o Norte de Humber até ao istmo de Tyne-Solway e, provavelmente, mesmo além de Southern Uplands, na moderna Escócia. A lealdade de Cartimandua implicava que não existia nenhuma fronteira hostil para os Romanos defenderem na Grã-Bretanha, uma vez conquistados os Silures e os Ordovices, existindo até uma zona-tampão entre o Sul romanizado e as tribos não conquistadas do Norte. A rebelião de Venutius alterou a situação de modo permanente e forçou os Romanos, provavelmente pela primeira vez, a contemplar a hipótese de conquistar toda a Grã-Bretanha.

Tudo o que os Romanos poderiam fazer no início era salvar Cartimandua e escoltá-la para um local seguro. Venutius foi deixado a controlar os Brigantes e livre para provocar problemas com outras tribos bretãs e levá-las a revoltarem-se contra Roma. No entanto, Roma depressa recuperou da guerra civil e em 71 d. C. tinha possibilidades de se concentrar na tarefa de submeter Venutius. Primeiro, os Romanos estabeleceram o controlo sobre as terras ricas de cultivo do vale de York, construindo uma fortaleza para legionários em Eburacum (York). Foram construídas estradas e fortes ao longo dos dois lados dos montes Peninos e através de cada grande passagem entre eles, até que os Romanos pudessem gozar de completa liberdade de movimentos e Venutius nenhuma. Provavelmente,

Venutius tomou a sua última posição no *oppidum* de Stanwick, em North Yorkshire, que foi destruído e abandonado por volta dessa altura. Stanwick tinha sido um modesto forte de pouco mais de seis hectares, aquando da invasão de Cláudio. Grandes quantidades de bens importados sugerem que deve ter sido a capital de Cartimandua. Cerca de 50-70 d. C., foram construídas novas muralhas defensivas em Stanwick, que envolviam mais de 50 hectares e na altura da sua destruição estava em construção um novo circuito de muralhas defensivas maciças, que envolviam perto de 300 hectares. Até ao fim de 73, o poder dos Brigantes foi quebrado e os Romanos controlaram toda a Grã-Bretanha a sul do istmo de Tyne-Solway, a futura linha da Muralha de Adriano. Não se sabe o que aconteceu a Venutius – simplesmente desapareceu. A vitória sobre Venutius permitiu aos Romanos regressar à tarefa inacabada de pacificar os Silures e os Ordovices. Esta tarefa foi completada em 78 por Agrícola, nomeado na altura governador da Grã-Bretanha. Graças à biografia escrita pelo seu genro Tácito, sabemos mais sobre Agrícola que sobre qualquer outro governador da Grã-Bretanha. Tácito retrata-o como o governador ideal, um bom soldado que lutou para alargar o Império, mas também um administrador humanitário, que encorajava o desenvolvimento das províncias. De facto, como recentes descobertas arqueológicas o demonstram, Tácito exagerou um pouco os feitos do seu sogro, por razões de prestígio familiar.

Com a supressão final dos Silures e dos Ordovices, o principal problema que os Romanos enfrentavam na Grã-Bretanha era a estabilização da fronteira do Norte, agora que Cartimandua já lá não estava para a proteger. Como a Grã-Bretanha é uma ilha, a solução lógica era a conquista total, de modo a não existir uma fronteira interna para defender. Seguindo a biografia de Tácito, há muito se pensava que o avanço dos Romanos a norte do istmo de Tyne-Solway tinha sido iniciado por Agrícola no início dos anos 80. No entanto, escavações recentes de uma cadeia de torres de vigia romanas na serrania de Gask a sul de Perth, provaram que os Romanos se tinham mudado de facto para norte e estabelecido uma fronteira bem no interior da Escócia, imediatamente depois da derrota dos Brigantes em 73. Esta fronteira, que foi marcada por uma estrada e uma cadeia de fortes e torres de vigia, ia do sudoeste do rio Tay perto de Perth, até Dunblane, perto de Stirling no rio Forth e, provavelmente, servia para separar os Venicones de Fife (uma área agrícola rica), dos Caledónios das Terras Altas. A área entre esta fronteira e o istmo de Tyne-Solway não deve ter sido completamente subjugada, porque Agrícola levou aí dois ou três anos de campanhas antes de estar livre para tentar a conquista das Terras Altas. A costa leste já estava segura: os Votadini de Lothian tinham-se tornado protectorados de Roma e os Venicones prosperavam ao abastecer de cereais a guarnição na fronteira de Gask. As operações de Agrícola estavam concentradas nas montanhas selvagens de Galloway no Oeste. A pacificação dessa área não só protegia as comunicações dos Romanos a norte como eliminava potenciais aliados dos Brigantes numa futura rebelião: era também um percurso essencial para a invasão da Irlanda. Embora os Romanos estivessem muito bem informados sobre a Irlanda, principalmente através de relatos de mercadores e ocasionais exilados – Agrícola tinha um chefe de clã irlandês no seu séquito que esperava viesse a ser-lhe útil um dia – nunca tentaram conquistá-la. Foi célebre a frase de Agrícola, dizendo acreditar que a Irlanda podia ser conquistada com uma legião e alguns auxiliares, mas estava certamente a ser ridiculamente optimista e a sua reputação não estaria tão alta hoje, se tivesse tentado. Os Irlandeses teriam provado que seriam tão difíceis de subjugar como os Caledónios das Terras Altas da Escócia e exactamente pelas mesmas razões: a falta de uma política de centralização.

O ataque a uma guarnição isolada a norte de Forth, possivelmente uma das que estavam na serrania de Gask, convenceu Agrícola que completar a conquista do Norte da Grã-Bretanha era mais importante que invadir a Irlanda. Agrícola levou o ano de 82 a fazer campanhas na região da fronteira de Gask; o forte dos legionários em Carpow, no rio Tay a este de Perth, pode ter sido a sua base. No ano seguinte (83), marchou com o seu exército para norte para a costa este da Escócia, um território que ainda não tinha visto um exército romano. Foram ali identificados mais de uma dezena de campos do exército de Agrícola: o que se situa mais a norte fica em Cawdor e é possível que tenha avançado até Inverness, 15 quilómetros a oeste. Embora não tenha sido encontrado qualquer traço de um campo romano em Inverness (os vestígios de trabalhos temporários na terra teriam sido apagados há muito por construções ulteriores), a sua posição estratégica na entrada do Great Glen, que bissecta o Norte da Escócia teria sido um objectivo óbvio e um trampolim ideal para futuras campanhas no Norte das Terras Altas. Durante estas campanhas, Agrícola usou a sua frota para lançar raides antes de avançar, pelo que alguns barcos navegaram até às ilhas Shetland.

Algures na sua marcha a norte de Tay, Agrícola encontrou e derrotou um exército confederado das tribos das Terras Altas da Caledónia, na batalha de Mons Graupius (foi esta batalha que deu o nome aos montes Grampianos, e não o contrário). A localização plausível para Mons Graupius é Bennachie, em Aberdeenshire. Embora não fosse uma montanha grande, Bennachie tem uma posição proeminente na orla das Terras Altas e é facilmente reconhecida à distância devido aos seus distintos picos de granito. Foi descoberto em Durno um campo de exército romano, datado da campanha de Agrícola, apenas a alguns quilómetros a norte da montanha. No entanto, a narrativa de Tácito é muito vaga, sendo possível que o campo de batalha fosse muito mais para norte. Os Caledónios tinham-se unido num último esforço para travar a conquista romana da Grã-Bretanha e o seu líder, Calgacus, dizia-lhes antes da batalha que, graças à frota romana, nem mesmo o mar lhes podia oferecer um caminho de retirada. Com uma força de cerca de 30 000 homens, o exército caledónio era provavelmente um pouco maior que o romano, mas nunca se duvidou do resultado da batalha. Os Caledónios lutaram com uma grande determinação e, mesmo depois de terem sido empurrados para fora do campo de batalha, reagrupavam-se constantemente para tentar emboscar as forças romanas que os perseguiam. Só ao anoitecer acabou a luta, tendo sido mortos nessa altura cerca de 10 000 caledónios. As perdas romanas eram de apenas 360. Uma vez mais, um grande e unido exército celta tinha encontrado os Romanos em batalha e sido duramente derrotado.

Tácito aponta Mons Graupius como uma batalha decisiva: na realidade foi tudo menos decisiva. Dois terços do exército caledónio escaparam e durante a noite tinham-se simplesmente dissipado na paisagem. No dia seguinte, as patrulhas romanas não encontraram ninguém. Os Romanos nem podiam queimar as quintas desertas, porque os Caledónios já o tinham feito. Esta era uma estratégia muito mais efectiva que tentar lutar contra a bem oleada máquina de guerra romana nos seus próprios termos: como podiam os Romanos derrotar um inimigo que não conseguiam encontrar? Agrícola passou o Inverno nas Terras Altas, provavelmente em Speyside, mas no ano seguinte foi outra vez chamado a Roma pelo imperador Domiciano e nunca mais regressou à Grã-Bretanha. O seu sucessor, cuja identidade não se sabe ao certo, recuou a sua posição da maior parte das conquistas do Norte e estabeleceu um sistema de fronteiras ao longo da «Linha das Terras Altas», que vai em direcção a nordeste, do sopé de Loch Lomond a Stonehaven, a sul de Aberdeen. Foram construídos fortes nas entradas dos vales estreitos maiores, negando assim a liberdade de movimentos às tribos das Terras Altas. Este sistema tinha certamente a intenção de ser um trampolim para a pacificação dos Caledónios, mas isso nunca iria acontecer. Face a maiores problemas noutros locais, o imperador Domiciano começou a retirar tropas da Grã-Bretanha e o objectivo da conquista total foi abandonado. Apesar de ter deixado a Grã-Bretanha com uma fronteira interna para defender e de existirem receios de que as tribos independentes que restavam pudessem levar os Bretões conquistados à rebelião, outros acontecimentos iriam provar que essa foi uma sábia decisão. Mesmo que as Terras Altas pudessem ter sido conquistadas e pacificadas, o que não era certo, os custos seriam muito mais avultados que as potenciais recompensas de juntar ao Império esta região selvagem, remota e economicamente subdesenvolvida.

O mais tardar em 88, os Romanos começaram a recuar gradualmente da fronteira das Terras Altas. Esse recuo foi um processo deliberado e planeado, não uma retirada em pânico, porque os fortes da fronteira foram desmantelados peça a peça e estripados de tudo o que pudesse ser útil aos nativos. É provável que o insucesso em pacificar as tribos, que se encontravam imediatamente atrás da fronteira, tivesse sido um factor importante nesta decisão, tal como a pressão dos Caledónios. Em 105, os Romanos tinham-se retirado do istmo de Tyne-Solway. No início a fronteira estava marcada por uma cadeia de fortes, que se estendiam ao longo da estrada militar conhecida como Stanegate, depois, em 119, o imperador Adriano ordenou a construção da sua famosa muralha de 110 quilómetros, de costa a costa «para separar os Romanos dos bárbaros». A muralha foi construída cerca de cinco quilómetros a norte de Stanegate para tirar vantagem de umas escarpas abruptas de duras rochas vulcânicas que possibilitavam um largo campo de visão a norte. A Muralha de Adriano ainda hoje é impressionante, mesmo quando em parte alguma se mantém mais de metade da sua altura original (6 metros e muito menos na maior parte dos locais) – a impressão criada nos Bretões só pode ser imaginada. Muito provavelmente estavam mais que temerosos por esta demonstração de organização e técnica de construção romanas. A construção da Muralha de Adriano não estabilizou imediatamente a fronteira – foi temporariamente empurrada para norte, para o istmo de Forth-Clyde, por volta de 142 e 163 e o imperador Severo fez campanhas ainda mais para o interior das Terras Altas, no início do século III – mas foi um símbolo poderoso, se não intencionado, do insucesso dos Romanos em completar a conquista da Grã-Bretanha.

7

Os Celtas no Mundo Romano

[Cláudio] *decidiu, sabe, ver o mundo todo de toga, Gregos, Gauleses, Hispânicos, Bretões e todos os outros.*

SÉNECA, *Apocolocyntosis* (*c.* 54 d. C.)

Os Romanos tiveram muito sucesso na assimilação dos povos conquistados, em torná-los em provinciais leais e, eventualmente, cidadãos romanos, cujo potencial humano era uma contribuição para ainda mais conquistas. Assim, os descendentes dos Gauleses cisalpinos ajudaram Roma a conquistar a Gália, participando os Gauleses mais tarde na conquista da Grã-Bretanha pelos Romanos. A assimilação não era alcançada atacando deliberadamente as culturas locais, línguas e identidades: o Império Romano era na realidade o mais bem-sucedido nas sociedades pluriculturais alguma vez criado. Este sucesso baseava-se na tolerância religiosa, que removia os mais sérios obstáculos à assimilação. É verdade que se esperava que todos os cidadãos fizessem, algumas vezes, ofertas de sacrifícios aos deuses de estado oficiais, mas este era um acto político, uma declaração de lealdade para com o Império. Os Romanos não ligavam se quem fazia os sacrifícios acreditava realmente na existência de Júpiter, Marte, e afins. Os Romanos tentaram acabar com os sacrifícios humanos e tiveram dificuldade em levar a sério alguns deuses animais do Egipto, mas as únicas religiões que alguma vez foram perseguidas eram monoteístas, como o judaísmo e o cristianismo. A insistência dos cristãos e dos judeus em que apenas eles tinham o monopólio da verdade religiosa e a sua recusa em fazer sacrifícios aos deuses do estado, justificavam completamente a sua perseguição, uma vez que a sua intolerância ameaçava a coesão do Império. Não é de surpreender que o Império se tivesse tornado um estado muito mais totalitário, depois do triunfo do cristianismo no século IV. A religião, talvez ainda mais que a língua, teve um papel de tal modo importante na identidade cultural do mundo antigo, que a tolerância do Império permitiu que as identidades locais dos seus súbditos continuassem a florescer, fossem eles Gauleses, Bretões, Gregos, Egípcios, e assim por diante. Isto continuou a passar-se mesmo depois do imperador Caracala ter alargado a cidadania romana a todos os habitantes livres do Império, em 212.

Para os camponeses, a grande maioria dos súbditos do Império, a governação romana pouco mudou: continuaram a falar as suas línguas nativas e a adorar os seus deuses tradicionais, continuaram a cultivar a terra do modo que sempre fizeram, viveram nas mesmas casas onde sempre viveram e também eram explorados pelos ricos do mesmo modo de sempre. Onde o Império realmente começou a minar as identidades locais foi no topo. Apesar de toda a sua tolerância, os Romanos tinham uma confiança inabalável de que o seu modo de vida era o melhor e encorajavam os seus súbditos a copiarem-no, mas com um sucesso relativo. No Leste helenizado, os Romanos conquistaram uma civilização que era mais antiga e sofisticada que a sua. Os Romanos pouco podiam ensinar aos Gregos e tinham a mente aberta o suficiente para se aperceberem que havia muito a aprender com eles. Roma não era um modelo de sofisticação para os Gregos, e as tentativas de popularizar entretenimentos, como os combates de gladiadores, não tiveram muito sucesso. A situação no Oeste celta era muito diferente, antes de serem realmente conquistados, a elite social já adoptara, em vários graus, elementos de um estilo de vida romanizado. Convertidos a uma aristocracia provincial, a antiga classe dirigente celta foi, gradualmente, adoptando os aspectos mais importantes da cultura romana, enquanto o seu papel no governo local os encorajava a aprender latim e a adorar deuses do estado. Isto tornou-se finalmente mais fácil, devido ao costume romano de ligar os seus deuses aos deuses locais, por exemplo, no mundo celta, o rei do trovão Taranis com Júpiter e o deus da guerra Teutates com Marte. Este processo de confluência era o que Tácito chamava *interpretatio Romana*. Outra influência na romanização foi o exército. O serviço nas legiões era apenas aberto aos cidadãos romanos, mas as pessoas das províncias podiam juntar-se aos auxiliares. Embora o pagamento fosse inferior e o período de serviço mais longo, a recompensa de licenciar-se como cidadão romano tornava o serviço atractivo. Isto passava-se especialmente no Oeste celta, onde o serviço militar era um honrado substituto à antiga tradição do guerreiro. A vida militar era completamente romana. A língua do exército era o latim. Todos os fortes tinham a sua sala de banhos e altar para os cultos do estado. Depois de 25 anos de serviço os recrutas estavam totalmente romanizados, mas a corrente não seguia num só sentido, visto que o culto da deusa celta Épona foi largamente difundido pelo exército através de homens da cavalaria, atraídos pelo seu papel como protectora de cavalos.

Está confirmado pelas práticas funerárias, que eram os Celtas quem controlava o ritmo da sua romanização. Quatro sepulturas em Goeblingen-Nospelt, no Luxemburgo, datando de 50 a 15 a. C., mostram não só a continuidade com as tradições de La Tène, mas também uma mudança gradual. As primeiras duas sepulturas (50-30 a. C.) eram uma típica cremação dos enterros da elite de La Tène, com equipamentos de cavalos e armas e apenas um objecto romano entre eles, uma ânfora. A terceira sepultura, um pouco menos tardia (30-20 a. C.), continha objectos similares de armas e equipamentos de cavalos, mas tinha também cerâmica importada de Itália e um serviço para vinho, juntamente com cerâmica local que incorporava motivos decorativos nativos e romanos. A sepultura mais recente (25-15 a. C.) continha uma espada longa de corte celta e equipamento de cavalos, mostrando que o morto ainda se identificava com a tradição da aristocracia guerreira nativa, mas em todos os outros aspectos a cultura principal representada nos bens da sepultura estava totalmente romanizada. Um serviço para vinho e um de jantar mostram que, além dos aspectos principais da cultura romana, também tinham adoptado a maneira romana de estar à mesa. As sepulturas de três mulheres celtas aristocratas de Heimstetten, perto de Munique, datadas de 30-60 d. C., mostram um quadro similar de aceitação do novo e da retenção de identidades culturais tradicionais. Em algumas áreas do Leste da Gália, manteve-se o hábito de colocar armas em sepulturas masculinas até ao século III; em outras áreas adoptaram práticas de enterros romanizadas na quase totalidade, antes do fim do século I d. C., nas quais existem poucas distinções entre sepulturas masculinas e femininas. Claramente as diferentes comunidades levaram a romanização ao seu próprio ritmo.

A GÁLIA CISALPINA E A ESPANHA

A primeira área celta a ser completamente assimilada pelo sistema romano, foi também a primeira a ser conquistada, a Gália Cisalpina. A situação aqui não era típica do Império Romano como um todo, por causa da eliminação de muita da população celta para libertar caminho aos colonos romanos e latinos, nas décadas após a guerra com Aníbal. Noutros locais do Império Romano, não existiu um êxodo tão grande de colonos romanos de Itália para as províncias conquistadas. Mesmo os soldados veteranos licenciados, que se fixaram nas colónias que foram fundadas especialmente para eles nas províncias (por exemplo, Colonia Agrippina, a moderna Colónia), na maioria nem eram romanos nem sequer italianos, mas recrutas de outras províncias. Não obstante a extensão das terras confiscadas, os Romanos não foram bem-sucedidos na remoção de toda a população gaulesa. Cultos celtas, como o da Matronae (a tripla deusa mãe), continuou em tempos imperiais, como também os nomes pessoais celtas como Boduac. A língua celta continuou a ser falada no século I d. C. e mesmo no século II alguns italianos do Norte ainda falavam com um sotaque «gaulês». Mas nesta altura aqueles que restavam dos Gauleses cisalpinos tinham há muito aceite a governação romana, uma vez que a toda a população livre da região tinha sido garantida a cidadania, no início de 49 a. C. O Norte de Itália desenvolveu uma forte tradição literária e política no início dos tempos imperiais e alguns dos grandes poetas latinos, incluindo Horácio e Catulo, podem ter sido de descendência celta.

As áreas costeiras da Espanha, que tinham há muito sido influenciadas pelos Gregos, Fenícios e Cartagineses, foram muito rápida e completamente romanizadas. Embora politicamente leal ao Império, o interior celta era superficialmente romanizado, enquanto as tribos do Noroeste montanhoso, os Galecianos, os Cântabros e os Asturianos permaneceram muito pouco influenciados pela civilização romana. A romanização era mais óbvia na religião. Através do Império deu-se uma rápida confluência de cultos nativos e romanos. O deus mais importante, sem nome, dos Celtiberos, foi identificado como Júpiter, por exemplo, a deusa Ataecina do submundo com Prosérpina e o deus nativo da guerra Tarbucelis com Marte. As imagens religiosas romanizaram-se, mas muitas vezes eram pobres disfarces de deuses nativos. As imagens de Vénus e Diana eram provavelmente de deusas mães nativas. A adoração a vários espíritos da natureza, como a fêmea xanas das Astúrias, que eram usualmente retratados numa versão romanizada como ninfas e faunos, continuou por séculos e sobreviveu no folclore local até aos nossos dias. Todos os templos e altares, fossem de divindades nativas ou romanas, foram construídos nos estilos clássicos. As crenças religiosas foram menos romanizadas na Galiza. Na maior parte da Espanha imperial, as divindades romanas ultrapassaram em número as divindades nativas. No Noroeste, contudo, os números eram praticamente iguais. Os mistérios orientais dos cultos Ísis, Cíbele e Mitra espalharam-se por Espanha e no século III o cristianismo tornou-se importante. Os cultos celtas entraram em declínio à medida que o cristianismo foi crescendo, no século IV, e a mais recente inscrição conhecida que menciona um deus celta, foi feita em Santander em 399, sendo dedicada a um desconhecido Erudinus.

As identidades celtas tribais sobreviveram no Noroeste de Espanha, mesmo no século V, quando os Vasconços, os Galecianos, os Asturianos e os Cântabros resistiram todos à invasão dos Visigodos e dos Suevos, ao passo que nas áreas mais romanizadas não houve resistência. Durante o período de domínio romano, também persistiram grupos aparentados de clãs (chamados *gentes* pelos Romanos). No Noroeste, o padrão das povoações pré-romanas manteve-se inalterável. Os Romanos viam as cidades como um sinónimo de civilização, mas no Noroeste de Espanha as suas tentativas de urbanização falharam e os *castros* celtas (fortes em colinas), permaneceram ocupados até final do período romano e continuaram. O castro de Mohias, perto de Oviedo, foi continuamente ocupado desde a Idade do Ferro até ao século VI, ou possivelmente mesmo ao século IX. Nenhuma construção pública de estilo romano, como os teatros, é conhecida nesta área. As cabanas com pedras redondas continuaram a ser construídas, mesmo dentro do que poderiam ser cidades. Os símbolos celtas, como os discos solares, eram usados nas estelas funerárias (lajes em pedra na vertical, com gravuras ou inscrições) e os estilos decorativos pré-romanos ressurgiram no final da época dos Romanos, mostrando um consciente revivalismo da identificação com o passado celta. Os torques ainda eram feitos no período imperial e o tipo de dardo celtibero continuou a ser usado, mesmo no século XIII. A maioria dos nomes pessoais no Noroeste continuaram a ser celtas durante todo o domínio romano. Não se sabe ao certo quanto tempo sobreviveram as línguas celtas depois da conquista romana. A língua hispano-celta estava certamente ainda em uso normal no século I d. C. e, como o português moderno e o galego contêm muitas palavras de formação celta, deve ter sobrevivido até ao fim dos tempos romanos, quando o latim começou a despontar como precursor das modernas línguas românicas. Está claro que não foi a conquista romana que matou a Espanha celta, mas o cristianismo e as subsequentes invasões germânicas e árabes.

A GÁLIA

A Gália tornou-se a província celta do Império mais romanizada e os próprios Gauleses tinham o direito de se proclamar como sendo os verdadeiros herdeiros da cultura romana no Ocidente. Os Gauleses nunca perderam a sua identidade distinta, mas no fim do domínio romano tinham deixado, de algum modo significativo, de ser Celtas. A parte mais romanizada da Gália foi a província do Sul, a Gália Transalpina, que passou a chamar-se Narbonense depois de César ter conquistado o resto da Gália. Devido aos seus longos contactos com os Gregos de Massília e da sua economia já mediterrânica, os Gauleses desta região deixaram de ser tribais e passaram a ser quase inteiramente romanizados na cultura e na língua. A natureza conscienciosa da romanização nesta região, deu à Provença uma identidade distinta cultural e linguística, que permaneceu durante a Idade Média e levou a que a sua absorção pelo reino de França fosse um caso algumas vezes sangrento. Se a Narbonense era a Gália civilizada, o Norte da Gália foi visto durante muito tempo como uma região bárbara, muitas vezes alcunhada de Gallia Comata, «Gália dos Cabelos Compridos».

A assimilação da Gallia Comata no sistema romano começou em 27 a. C., quando estava dividida em três províncias, Gallia Belgica, Gallia Lugdunensis e Gallia Aquitania, conhecidas colectivamente como Tres Gallia, as Três Gálias. Os Gauleses ficaram com poucas forças para lutar, depois de César, mas um pequeno número de rebeliões, no século I d. C., alimentou as ansiedades e preconceitos dos Romanos, criando assim uma barreira à sua completa assimilação. A mais séria destas rebeliões foi liderada pelo chefe batávio, Julius Civilis em 69 d. C., numa tentativa de criar um «Império dos Gauleses» independente. Civilis na realidade era um germano romanizado e a maioria dos seus apoiantes eram germanos dos dois lados da fronteira romana: ele teve muito pouco apoio dos próprios Gauleses. As províncias da Gália estavam divididas em distritos administrativos chamados *civitates*, tendo-lhes sido introduzidos magistrados eleitos e outras instituições romanas de governo civil. A aristocracia nativa foi encorajada a procurar cargos públicos, com a oferta da cidadania romana como recompensa, que trazia muitos privilégios legais. A Gália romana era governada por Gauleses. As *civitates* estavam localizadas nos territórios tribais da Idade do Ferro e as suas capitais eram usualmente antigos *oppida* tribais. Se o local do *oppidum* fosse inadequado, porque estava confinado por exemplo a uma colina, então os Romanos fundavam uma nova cidade num local próximo. As *civitas* capitais sobrevivem hoje como modernas cidades, e um sinal da durabilidade das identidades tribais sob o domínio romano é que os seus nomes modernos derivam de nomes tribais em vez de nomes que os Romanos lhes deram. Temos, portanto, Paris (Lutetia romana), que era a principal *civitas* dos Parísios, enquanto Reims (Durocortorum romana), era a capital dos Remos. Para encorajar a adopção do estilo de vida romano, eram dadas às *civitas* capitais as usuais comodidades da civilização romana, como os banhos, os aquedutos, as estradas empedradas, os teatros, os anfiteatros e os templos de estilo clássico.

Um marco simbólico na romanização da Gália foi a decisão do imperador Cláudio (r. 41-54) em permitir que membros da aristocracia se tornassem senadores, facilitando a sua identificação com a classe governante do Império. O privilégio foi primeiro alargado aos aliados de longa data, os Éduos. Na prática, poucos gauleses eram realmente direccionados para o Senado, uma vez que as famílias romanas guardavam o seu estatuto de modo egoísta. A aristocracia tornou-se primeiro bilingue em gaulês e latim, mas o latim acabou por dominar completamente. O final da Gália romana, produziu muitas figuras literárias importantes, incluindo os poetas Sidónio Apolinário, Ausónio e (São) Paulino de Nola, escrevendo todos em latim. Na Narbonense, tão cedo como no século I d. C., mesmo entre as classes mais baixas o gaulês estava a perder lugar para o latim. O gaulês desapareceu das inscrições públicas no resto da Gália por volta da mesma altura (sugerindo a difusão da literacia em latim); no entanto continuou a ser a primeira língua da maioria, no século IV. Cerca do meado do século V, o latim vernáculo, o antecedente do francês, foi começando a dominar, mas em Auvergne e Armórica (Bretanha francesa) e talvez em algumas outras áreas, o povo ainda falava *Celtice* ou *Gallice*. Os cultos do estado romano, muitas vezes assimilados com divindades locais, espalharam-se através da Gália, mas os cultos tradicionais celtas continuaram a florescer. Santuários da Idade do Ferro, como os de Ribemont-sur-Ancre e Gournay, continuaram a ser usados e construídos durante o período romano e existem algumas evidências de cultos de sacrifícios humanos e de cabeças que sobreviveram, apesar das proibições oficiais. Os templos celtas tradicionais e os santuários continuaram a ser construídos, embora agora usassem pedra, tijolo e betão, à maneira romana. A maioria era de construção simples, consistindo num altar central rodeado por um claustro, mas ocasionalmente alcançavam proporções maciças, como o chamado Templo de Jano, em Autun.

A Gália sofreu uma terrível devastação durante a conquista de César, porém, a estabilização da fronteira romana no Reno, no início do século I d. C., tornou-se a chave para a sua recuperação. A presença permanente de sete legiões e de dezenas de regimentos auxiliares na fronteira, foi um grande estímulo para a agricultura e a indústria na Gália. A produção intensiva de cereais transformou a paisagem do Norte da Gália e os proprietários rurais gauleses construíram confortáveis *villas* com os seus rendimentos. A procura de cereais levou ainda a aventurarem-se na agricultura mecanizada, com a invenção de uma eficaz segadeira mecânica. No século II, a Gália tinha provavelmente ultrapassado a Itália em riqueza. A sua prosperidade foi abalada no século III. A leste do Reno, podiam já ver-se os primeiros sinais de política de centralização entre as tribos germânicas no final do século II. Pequenas tribos estavam a formar confederações e a adoptar novas identidades. O nome de uma destas, os Alemanni, queria simplesmente dizer «todos os homens». Outra importante confederação foi a dos Francos. Como as tribos da Idade do Ferro, as confederações germânicas eram dominadas por elites e chefes guerreiros, para quem a riqueza do Império Romano era uma tentação irresistível. As fronteiras aguentaram, apesar da contínua pressão germânica, mas o custo económico foi tão grande, que no século III o Império entrou em colapso e na anarquia política. Dos 26 imperadores que governaram entre 235 e 284, todos, excepto um, morreram violentamente (o único que morreu no seu leito também não teve muita sorte – apanhou a peste). Enquanto os rivais ao trono lutavam entre si, as defesas das fronteiras eram negligenciadas, permitindo que as tribos germânicas as quebrassem repetidamente e fizessem incursões até muito ao interior da Gália e, algumas vezes, chegassem mesmo a Espanha e a Itália.

Os Gauleses responderam ao colapso da autoridade central estabelecendo o seu próprio «Império Gaulês» independente, sob a governação do general Póstumo em 260. Póstumo ganhou popularidade concentrando-se na restauração da fronteira do Reno, em vez de tentar ganhar poder em Roma, sendo a sua autoridade também aceite em Espanha, na Grã-Bretanha e na Récia (agora o Sul da Alemanha e da Suíça). Pela primeira e única vez, quase todo o mundo celta era independente e unido sob um único governante. Embora esta não fosse uma revolta «nacionalista», mas antes uma exigência de melhor governação imperial, contribuiu para um nítido aumento de autoconfiança na Gália. Quando Póstumo foi assassinado, em 268, a Espanha voltou à sua aliança com Roma. O sucessor de Póstumo, Vitorino, perdeu a Récia e a maior parte da Narbonense para Cláudio II, cerca de 269, sendo o resto do Império Gaulês recapturado por Roma depois da derrota de Tétrico, o seu último imperador, em 274. A importância da Gália foi maior no século IV, quando Trier se tornou uma das capitais do Império. As exigências de defesa da fronteira do Reno levavam a que muitos imperadores passassem mais tempo na Gália, do que na Itália. Roma raramente via um imperador. Os aristocratas gauleses sentiam-se orgulhosos da sua contribuição para o Império e também do modo como fizeram sua a cultura clássica. Porém, ainda se orgulhavam de ser Gauleses, ainda mais quando um gaulês, Avito, se tornou imperador em 455. Este entusiasmo pelo Império não era partilhado pelos camponeses gauleses, uma vez que era principalmente sobre eles que recaía o alto custo de defender o Império. Os elevados impostos foram progressivamente empobrecendo os camponeses e muitos fugiam das terras para se juntarem a bandos de camponeses salteadores chamados *bagaudae*.

No decorrer do século V, os Romanos perderam gradualmente o controlo da Gália para os Visigodos germânicos, os Borgonheses e os Francos. Os Francos provaram ser os mais fortes e ganharam o controlo de toda a Gália, em 534. Houve muito pouca resistência popular: os altos impostos tinham minado a lealdade dos súbditos do Império. A transição do poder romano para o franco não foi de todo pacífica – os Francos tinham que lutar contra exércitos romanos, visigodos e borgonheses –, mas a Gália não foi deixada em ruínas e cinzas, ou invadida por colonos germânicos. Apenas a Renânia e o que é agora conhecido como a Bélgica e o Nordeste da França, tiveram muitas povoações de camponeses germânicos. No resto do território os Francos formaram uma elite política e militar, mas eram uma pequena minoria que vivia entre a população gaulesa nativa. Mesmo a aristocracia galo-romana sobreviveu. Sim, sussurraram sobre os hábitos bárbaros dos seus novos governantes, como o uso de manteiga rançosa como óleo para o cabelo, mas chegaram a aceitar a nova ordem e conseguiram manter a maioria dos seus estados e a influência política, abastecendo o Reino Franco com a maioria dos seus administradores e bispos letrados. A terra natal dos Francos ficava no Baixo Reno e o longo contacto com o Império tinha-lhes transmitido um respeito saudável pela civilização romana. Embora fossem ainda pagãos quando invadiram a Gália, os Francos cedo se converteram ao cristianismo, removendo assim qualquer obstáculo à assimilação com os Gauleses. Os Francos acabaram por se identificar com a civilização superior romano-cristã dos seus súbditos, adoptando finalmente também a sua língua. Por sua vez, os Gauleses vieram a identificar-se com a política dos seus conquistadores e adoptaram a identidade franca. Desta frutuosa fusão de Romanos, Celtas e Germanos, começou-se a desenvolver gradualmente a moderna identidade francesa. Mesmo não se considerando Celtas, os Franceses sempre consideraram o passado gaulês como sendo uma parte importante da sua identidade e celebram-na hoje não apenas na cultura letrada, mas também na cultura popular, como é exemplificado na banda desenhada de Astérix.

A GRÃ-BRETANHA

A Grã-Bretanha permaneceu a menos romanizada das províncias celtas do Império, embora provasse ser infundado o medo que inicialmente os Romanos sentiam, de que a Irlanda e o Norte não conquistado pudessem vir a ser perturbadores exemplos de liberdade. Os Bretões acabaram por ver os Caledónios e os Irlandeses como bárbaros e inimigos. Não que houvesse alguma razão para supor que os achassem seus amigos. A parte da Grã-Bretanha sob controlo romano tornou-se a província da Britânia, governada por um governador sediado em Londres. Cerca do ano 100, a maioria da província tinha sido subdividida em *civitates*, baseada nos territórios tribais da Idade do Ferro, como sucedeu também em muitos casos na Gália. O poder romano aumentou o ritmo de urbanização. As colónias (*coloniae*) dos cidadãos romanos, a maior parte soldados veteranos licenciados, foram fundadas em Chelmsford (Caesaromagus), St. Albans (Verulamium), Gloucester (Glevum), Lincoln (Lindum) e York (Eburacum), para agirem como agentes da romanização. Alguns dos *oppida* tribais do fim da Idade do Ferro, como Silchester (Calleva), foram adoptados como *civitas* capitais. Noutros casos, foram fundadas novas cidades para substituir antigos fortes. Deste modo, Dorchester (Durnovaria), a principal *civitas* dos Durotriges, substituiu o forte do Castelo de Maiden que se encontrava próximo. Na zona das terras baixas economicamente avançada, a aristocracia nativa foi rapidamente acomodada dentro da hierarquia da administração da província e das *civitas* e tomaram a tarefa de construir templos e outros edifícios públicos. Os seus estilos de vida, a aparência e o vestuário, mesmo os seus nomes, tornaram-se romanizados. Tácito escreveu, com algum sarcasmo, que os Bretões se escravizaram pelos banhos e banquetes e com orgulho descrevia este comportamento de macaquear as maneiras dos Romanos, como *humanitas* («civilização»). Nem todos os Romanos eram tão superiores. No que diz respeito ao poeta romano Marcial, a sua amiga bretã Cláudia Rufina exemplificava positivamente a *humanitas* – de modo bastante lisonjeiro. Foi introduzida a escultura clássica, os frescos e os mosaicos, embora fossem muitas vezes adaptados ao gosto local. Um exemplo espectacular é o da muito pouco clássica cabeça da Medusa, esculpida no templo de Sulis-Minerva em Bath. Apesar disso, o estilo insular da cultura de La Tène permaneceu popular em relação às jóias pessoais, especialmente no Norte. Tal como na Gália, os Romanos tentaram ultrapassar os nativos introduzindo comodidades da vida urbana, como os banhos quentes e os anfiteatros. No Sudeste, a aristocracia reorganizou as suas terras transformando-as em grandes propriedades agrícolas e construindo *villas* para si próprios, mas no Oeste e no Norte a agricultura e as técnicas de construção permaneceram inalteradas com a conquista romana. Mesmo no Sudeste, os pequenos agricultores continuaram fora da economia monetária do Império no século III. Grande parte de Gales e do Norte de Inglaterra encontrava-se economicamente muito subdesenvolvida, para ser incorporada no padrão normal da administração civil. Estas áreas, com riquezas minerais e estrategicamente importantes, permaneceram sob governo militar directo, durante a ocupação romana. As identidades tribais continuaram fortes nestas regiões durante o período de poder romano, mas parece que foram declinando em importância no Sudeste.

Embora tivessem sido introduzidos cultos imperiais na Grã-Bretanha, o paganismo celta permaneceu forte. Muitas vezes, como foi comum durante o Império Romano, cultos nativos foram assimilados pelos cultos romanos, tal como aconteceu no templo de Sulis-Minerva em Bath, onde a deusa celta Sulis foi equiparada à deusa romana da sabedoria, Minerva. O paganismo celta ainda se mostrava forte no fim do século IV, quando foi construído em Lydney, em Gloucestershire, um templo ao deus da agricultura local, Nodens. Apesar das proibições oficiais, o sacrifício humano e o culto da cabeça continuaram a ser praticados em público, quase até ao fim do domínio romano. Um exemplo, que data cerca do ano 200, é a caveira de um rapaz adolescente, que foi descarnada e colocada num poste, num templo em St. Albans, antes de ser enterrado numa cova ritual. O rapaz fora espancado até à morte. Impressionantes mosaicos cristãos numa *villa* do século IV, em Hinton St. Mary, mostram que o cristianismo começara a ganhar convertidos nas classes mais altas no início do século IV, mas o seu progresso foi lento, antes de o imperador Teodósio ter oficialmente banido todos os cultos pagãos em 391. As conversões dos Bretões ao cristianismo daí em diante, devem ter tido lugar num curto período de tempo. Os escritos de São Patrício e de Constâncio de Lião, que narraram a visita de São Germano, bispo de Auxerre, à Grã-Bretanha em 429, não denunciam com certeza, qualquer evidência da sobrevivência do paganismo. Nem foram encontrados outros símbolos além dos do cristianismo, nas inscrições comemorativas no século V.

A Grã-Bretanha não produziu uma grande literatura que se compare com a de Sidónio ou Ausónio, embora São Patrício fosse romano-bretão. Também o era o teólogo Pelágio (m. *c.* 418), que rejeitou o ensinamento cristão ortodoxo, no qual a salvação da humanidade dependia da graça divina, pregando ao invés que o homem tinha livre-arbítrio para escolher entre o bem e o mal e, por isso, era responsável pela sua salvação. Foi declarado herético em 417. Existiam poetas bretões que podiam escrever elegantes versos em latim, mas apenas alguns dísticos sobreviveram em pedras tumulares e mosaicos. O único de que se conhece o nome – Silvius Bonus viveu até ao fim do século IV, sendo escarnecido pelo poeta gaulês Ausónio, que disse que ele não podia ser um bom poeta, porque nenhum bretão podia ser um bom poeta (o desdém dos «Franceses» pela cultura «britânica» começou cedo). Cenas da *Eneida* e imagens de deuses romanos e mitos gregos, em mosaicos e serviços de mesa, mostram que a elite britânica estava familiarizada com os autores clássicos, incluindo Homero, Virgílio e Ovídio e que queriam mostrar esse conhecimento aos visitantes. Um jaspe sanguíneo com o entalhe de um retrato de Sócrates, encontrado em Gloucestershire, indica que alguns bretões instruídos tinham interesse pela filosofia clássica. A elite rapidamente aprendeu a falar e a escrever em latim, mas foram sempre bilingues. A maioria manteve a língua celta. Mesmo os ricos, como Quintus Natalius Natalinus, o proprietário da *villa* em Thruxton em Hampshire, ainda tinha nomes celtas no século IV. O latim era principalmente uma língua administrativa e de cultura, não se desenvolvendo nenhuma versão vernácula da língua britânica, como aconteceu na Gália e na Espanha. A língua britónica utilizou cerca de 800 palavras do latim, mas permaneceu britónico.

A Grã-Bretanha sobreviveu aos anos de crise do Império, no século III, relativamente ilesa, não só em relação à invasão bárbara como à guerra civil, embora fosse independente da autoridade central de Roma como parte do Império Gaulês e, outra vez, sob o poder dos usurpadores Carausius e Allectus, que governaram um «Império Britânico» de curta duração, entre 286 e 296. O século IV tem, com boa razão, sido descrito como a «Idade do Ouro» da Grã-Bretanha romana. O mar não tornava a Grã-Bretanha completamente insular dos problemas sofridos pela Gália – raides dos piratas Saxões, Pictos e Irlandeses, requeriam uma atenção considerável e contínua às defesas costeiras – mas comparativamente a província estava relativamente segura. A insegurança no continente europeu chegou mesmo a beneficiar a economia britânica. A fronteira do Reno estava sob constante pressão das tribos germânicas e o abastecimento dos bens necessários ao exército romano estimularam a agricultura na Grã-Bretanha. *Villas* luxuosas surgiam em todas as áreas de cultivo de cereais importantes, como *Cotswolds*. A relativa imunidade da Grã-Bretanha à invasão acabou com a «conspiração bárbara» de 367. A província romana foi atacada por uma aliança formidável de Escotos (da Irlanda), Attacotti (de origem desconhecida) e Pictos (do Norte da Grã-Bretanha), que atacaram do Norte e do Oeste e Francos e Saxões, que atacaram a costa do Canal. A guarnição não recebeu nenhum aviso do ataque, porque os agentes colocados para supervisionar as tribos do Norte tinham sido subornados. As cidades da Grã-Bretanha, nesta altura quase todas muralhadas, parecem ter-se mantido, mas os bandos de pilhagem invadiram o interior e o comandante das defesas costeiras foi morto. Os invasores foram afastados em 368, depois de terem chegado reforços da Gália, mas a sensação de insegurança que se infiltrou manteve-se e a estrutura da Grã-Bretanha romana começou a desmoronar-se. Incursões de bárbaros, ou mesmo o medo delas, atacou mais fundo o interior. Algumas *villas* e quintas dão provas de fins violentos, mas a maioria foi simplesmente abandonada ou deixada em ruínas: muito poucas sobreviveram no século V. As cidades nunca floresceram na Grã-Bretanha do mesmo modo que na Gália e também entraram em declínio, uma vez que perderam as suas funções administrativas devido à instabilidade política.

Embora a Grã-Bretanha do século IV fosse politicamente leal ao Império, a província ganhou a reputação de gerar usurpadores, a maioria dos quais generais ambiciosos. A tendência foi iniciada por Constantino, *o Grande*, que foi proclamado imperador em York em 306 (claro que Constantino ganhou e por isso não é usualmente considerado um usurpador – esse estatuto é reservado aos perdedores).

Mais tarde, usurpadores como Magnus Maximus (o Maxen Wledig da lenda galesa), que se rebelou em 383, retirou as tropas para lutar em guerras civis no continente europeu, enfraquecendo a guarnição e deixando a província exposta aos raides bárbaros. A última casa da moeda na Grã-Bretanha fechou em 388 e, como os abastecimentos vindos do continente eram intermitentes, as moedas começaram gradualmente a sair de circulação. Em 407, outro usurpador, Constantino III, liderou outro exército da Grã-Bretanha para a Gália, em perseguição das suas ambições políticas. Por esta altura parece que os Bretões tinham chegado ao seu limite; o Império já não lhes servia e, em 410, expulsaram a administração de Constantino e organizaram as suas próprias defesas contra os bárbaros. A Grã-Bretanha tornou-se então na única província a deixar o Império por sua própria vontade. Pelágio tinha muitos seguidores na Grã-Bretanha e a sua doutrina de auto-ajuda espiritual pode ter influenciado os Bretões, quando estes decidiram separar-se de Roma.

8

A Formação do País de Gales

Quando os Romanos partiram, os Pictos e os Escotos [...] ocuparam todo o Norte e as mais distantes partes da Grã-Bretanha até à muralha. Aqui estava uma guarnição britânica muito desanimada, estacionada nas fortificações, que ia definhando num terror absoluto noite e dia, enquanto do outro lado da muralha, o inimigo os atacava constantemente com armas em forma de gancho, arrastando cobardemente os defensores para baixo da muralha e atirando-os para o chão.

BEDA, *História Eclesiástica*, I.12 (731)

O colapso da província romana da Britânia deixou os Bretões mal preparados para a independência e pouco equipados para se defenderem contra as depredações dos seus vizinhos selvagens celtas, os Pictos do Norte da Grã-Bretanha e os Escotos da Irlanda. Os Bretões, desmoralizados e aterrados, convidaram os Saxões, piratas pagãos da costa da Germânia do mar do Norte, para virem defendê-los, em troca de terras para colonizarem. Os Saxões cedo derrotaram os Pictos e os Escotos mas, vendo quão fracos e cobardes eram os Bretões, chamaram reforços e começaram a conquistar o país. Os Anglos e os Jutos da Dinamarca juntaram-se aos Saxões, para também tomarem parte na acção e, se não fossem mortos, os infelizes Bretões ou fugiam para longe, ou eram levados a procurar um refúgio desconfortável no Oeste montanhoso, uma vez que os vencedores se preparavam para lançar as fundações da Inglaterra. Esta ainda é a imagem popular do destino dos Bretões após o fim do domínio romano. Atribui a fundação de um mito heróico aos Ingleses e legitima a cultura da vítima, ternamente alimentando o moderno nacionalismo celta. De facto, esta imagem de colapso moral foi criada mais tarde por escritores eclesiásticos, para servir os seus propósitos ditatoriais. A decisão dos Bretões em cortar com Roma – foram os únicos que abandonaram o Império por sua escolha – não sugere que tivessem falta de confiança em si próprios. Eles foram, na realidade, os mais bem-sucedidos de todos os habitantes do antigo Império Romano a resistir às invasões germânicas.

A responsabilidade da criação do mito dos Bretões desamparados baseia-se grandemente em Gildas, um monge britânico, que viveu em meados do século VI. Gildas foi o autor de um dos poucos trabalhos literários que sobreviveram a este período, *De excidio Britanniae* («Nas Ruínas da Britânia»), uma lamentação deprimida, em relação ao destino condenado da situação da Grã-Bretanha e dos Bretões. *De excidio* é essencialmente um sermão extenso, no qual Gildas argumenta que os vários problemas que os Bretões experimentaram desde o fim do domínio romano, tinham sido infligidos por um Deus justo, por causa do seu comportamento malvado. Gildas recebera uma boa educação clássica e conhecia a Bíblia e os trabalhos dos primeiros cristãos teológicos, como Jerónimo e Salviano, que tinham interpretado o declínio do Império Romano numa perspectiva muito similar. De facto, tal permaneceu uma abordagem modelar cristã em relação à história, durante a Idade Média. Deus permitiu que coisas más acontecessem ao seu povo, porque este era pecador. As depredações dos Hunos, dos Godos e dos Vândalos, tal como as dos Anglos, dos Saxões, dos Pictos e dos Escotos, para não mencionar as pestes e a fome, eram todas receptivas a explicações nestes termos. O único modo certo de fazer com que tantas coisas horríveis acontecessem, era o caminho para a reforma moral. Devido à natureza moralista deste trabalho, Gildas tinha interesse em descrever um quadro o mais lúgubre possível do estado da Grã-Bretanha, imediatamente após o domínio romano. Não é de surpreender que os historiadores ingleses, do Venerável Beda (m. 735) em diante, aceitassem o testemunho de Gildas sem críticas (não que tivessem alguém com quem pudessem fazer comparações). Como monge, Beda partilhou a visão sombria do mundo de Gildas. Como anglo, Beda não simpatizava com os Bretões que eram, de qualquer modo, membros da Igreja cismática celta e por isso, obviamente, menos honrados que os Anglos e os Saxões, que nesta altura já se tinham convertido ao catolicismo ortodoxo e aceite a autoridade do papa.

OS BRETÕES INDEPENDENTES

A seguir ao fim do domínio romano, o poder recaiu nas elites locais romano-britânicas, que eram responsáveis pela governação local sob o domínio romano. No início, muitos Bretões aristocráticos mantiveram os títulos das suas magistraturas romanas – o pai de São Patrício era um decurião (membro de conselho da cidade) e, em 429, Verulamium (St. Albans) foi governado por um homem que reivindicava o poder de um tribuno –, sendo provável que tivessem tentado preservar o estilo administrativo romano. Afinal, este foi o único exemplo de governação que conheceram. Com o passar dos tempos, a desorganização política e económica tornou insustentável e desnecessário este tipo de governação e os aristocratas locais decidiram tornarem-se reis e *tyranni* («tiranos»). Em alguns casos, estes reinos situavam-se em cidades romanas: Gloucester, Cirencester e Bath, tinham todas os seus reis no século VI. No Ocidente e no Norte menos romanizados, eram as antigas identidades tribais da Idade do Ferro que formavam a base dos reinos emergentes. O reino cúmbrio de Rheged foi formado pelos Novantae ou pelos Carvetii, o reino Galês do Norte, Gwynedd, pelos Ordovices, e em Devon e na Cornualha o reino de Dumnonia, pelos Dumnónios. Era expectável que os esforços para manter uma administração romanizada fossem mais fortes no Sudeste mais rico, porém, esta foi a primeira área a ser invadida pelos Anglo-Saxões, por isso pouco se sabe sobre as suas estruturas políticas. Também não se sabe ao certo que esforços foram feitos para preservar o grau de unidade, face às ameaças externas que os Bretões enfrentavam, mas houve alguns governantes, como o «grande tirano» Vortigern («suserano») e Ambrosius Aurelianus, cuja liderança era largamente reconhecida pelos Bretões. Foi, de facto, o clero, em vez do poder secular, que preservou o mais importante aspecto da influência romana sobre os Bretões – o latim e a religião cristã – assegurando que, não importa quão fragmentada estava políticamente, a Grã-Bretanha continuava culturalmente a fazer parte do final do mundo romano, depois de 410. A chamada Igreja celta desenvolveu-se apenas no fim do século V, depois dos pagãos Anglo-Saxões terem conquistado o Sudeste da Grã-Bretanha. A comunicação entre a Igreja britânica e Roma tornou-se mais difícil, permitindo o desenvolvimento de diferenças doutrinais, nomeadamente o cálculo da data da Páscoa.

O quadro mais objectivo sobre o que se estava a passar na Grã-Bretanha, no século seguinte ao fim do domínio romano, vem da arqueologia. A insegurança que se infiltrou e a desorganização económica tinham já levado ao declínio da vida urbana e ao abandono da maior parte das *villas* no fim do século V. No entanto, pelo menos durante algum tempo, os Bretões tentaram manter as infra-estruturas do estilo de vida romano. Por exemplo, o complexo de banhos em Bath foi mantido até cerca de 470. Em Verulamium o fórum continuou a ser utilizado e as canalizações de água e novos mosaicos no chão foram colocados em casas de posição social elevada, até cerca de 475. Wroxeter, no Shropshire, aderiu completamente à tendência e sofreu um grande desenvolvimento a meio do século V, quando foram construídas novas lojas e uma larga mansão em madeira – possivelmente a residência de um rei local. Carlisle também viu novas construções no início do século V, incluindo uma grande casa em madeira que pode ter sido um local de assembleia para o reino local de Rheged. Podem existir mais destas grandes casas à espera de serem descobertas noutras cidades romanas, que mantiveram uma importância simbólica como centros de poder, muito depois de terem deixado de funcionar como verdadeiros centros urbanos. O edifício do quartel-general da fortaleza da legião, em York, foi mantido durante séculos, provavelmente como quartel-general dos Britânicos e mais tarde dos Anglos, reis de Deira. Alguns fortes romanos, como Birdoswald na Muralha de Adriano, transformaram-se em *villas*, ocupadas sem dúvida pelos descendentes das guarnições originais, mas, talvez surpreendentemente em vista de tão bem construídas paredes de pedra, não eram locais atractivos para os Bretões se fixarem.

Embora a vida urbana pareça de algum modo ter continuado no início do século VI em Carlisle e Wroxeter, nesta altura já muitas cidades da Britânia romana tinham sido abandonadas, suplantadas pelos fortes nas colinas. Alguns, como South Cadbury, em Somerset, eram fortes reocupados da Idade do Ferro, mas a maioria tinha novas fundações. Estes fortes pós-romanos eram muito mais pequenos que os seus antecessores da

Idade do Ferro e tinham a clara intenção de acomodar o chefe de clã local, ou o rei e a sua elite de guerreiros e servos, em vez de toda a população tribal. Os seus construtores exibiram uma marcada preferência por fortalezas naturais – colinas rochosas pequenas e íngremes – como em Dinas Emrys no coração de Snowdonia e o despenhadeiro de pedra calcária de Dinas Powys, perto de Cardiff. Deste modo, a antiga província romana começou a parecer-se com a área não romanizada a norte da Muralha, ou mesmo com a Irlanda.

Estes centros de poder podem ter sido limitados e abandonados, mas certamente não eram isolados. Do Castelo de Dore na Cornualha a Dunadd em Argyll, bem a norte da área romanizada, notam-se vestígios de contactos comerciais, na forma de ânforas de vinho e outros produtos, que chegavam tão longe como ao Leste mediterrânico. A difusão do cristianismo tornou a obtenção do vinho importante, não só para a religião, como por razões sociais, devido ao seu uso na celebração da eucaristia (ou «missa»). Locais arqueológicos dos primórdios monásticos, como Tintagel na Cornualha, partilham a mesma extensa distribuição comercial de ligações que os centros de poder da elite. Agora que as antigas cidades portuárias romanas foram abandonadas, os produtos eram entregues em locais informais nas praias em estuários protegidos, como o sítio recentemente escavado nas dunas de areia em Bantham, no Sul de Devon, que continha grandes quantidades de cerâmica do Egeu, Anatólia, Síria e Norte de África. As negociações entre os mercadores e a elite local eram tratadas como um grande evento social, acompanhado de festins com gado, ovelhas, porcos, veados e outros mamíferos e aves de caça, que eram assados em enormes fogueiras ao ar livre.

É claro que os novos Bretões independentes acreditavam que a maior ameaça ao seu estilo de vida vinha dos seus vizinhos celtas, não romanos e ainda pagãos, os Pictos e os Escotos/Irlandeses, em vez dos Saxões. Os Pictos eram ferozes assaltantes, mas os Escotos eram ainda mais perigosos, porque também vinham como conquistadores e colonos. Tradições históricas e inscrições comemorativas em pedra, com o alfabeto ogamo irlandês, provam a existência de povoações irlandesas em Devon e na Cornualha, no sudoeste e no norte de Gales, na ilha de Man e em Argyll. A longo prazo, o povoamento em Argyll viria a ser o mais significativo, mas esse era principalmente um problema para os Pictos. Diz-se que o tirano Vortigern reagiu à ameaça dos Pictos e dos Escotos, ordenando a Cunedda, um príncipe dos Gododdin (*i.e.* dos Votadini), a dirigir-se para norte de Gales, a fim de expulsar os invasores Irlandeses, o que este fez a seu tempo. Cunedda conseguiu estabelecer-se como soberano dos Ordovices e foi através dele que os reis de Gwynedd afirmaram a sua descendência. Mais tarde, as tradições históricas de Gwynedd atestam que Cunedda também expulsou os Irlandeses do Sudoeste de Gales, porém, tal é uma ficção com a intenção de reforçar as pretensões da dinastia sobre toda a Gales. Genealogias medievais galesas incluem nomes irlandeses entre os primeiros reis de Dyfed (no Sudoeste de Gales), mostrando que os Irlandeses estavam estabelecidos como uma dinastia com sucesso. Contudo, estes colonos irlandeses logo se assimilaram com os Bretões nativos, tendo o ogamo e o irlandês antigo sido substituídos, em pedras comemorativas, pelo alfabeto romano e o latim. Os colonos irlandeses na Cornualha e em Devon também foram assimilados com os nativos, mas a ilha de Man tornou-se completamente gaélica. Pelo menos em parte, o êxito dos Bretões contra os Pictos e os Escotos pode ter sido devido ao apoio dos mercenários saxões, que foram convidados a fixarem-se na Grã-Bretanha em troca do serviço militar. Os Saxões provaram ser aliados perigosos.

A CHEGADA DOS SAXÕES

No século IV, os raides dos piratas saxões na costa este da Grã-Bretanha eram tão frequentes, que esta tornou-se conhecida como «A Praia dos Saxões». A costa era muito fortificada, mas a frequente retirada das tropas para combater em guerras civis no continente dava aos Saxões muitas oportunidades de passarem por entre as defesas. Talvez os Anglos e os Jutos se juntassem também a estes raides, mas não é certo que assim tenha sido. Os Bretões nunca tentaram fazer a distinção entre as diferentes tribos germânicas que assaltaram e se fixaram na Grã-Bretanha – apenas chamavam a todos Saxões (galês *Saesneg*, gaélico *Sassenach*): o uso conveniente de chamar a estes invasores germânicos «Anglo-Saxões», foi, na realidade, iniciado pelos Francos na Gália, através do Canal. Pela sua parte, os Anglo-Saxões simplesmente descreviam os Bretões como *waelisc*, que quer dizer «estrangeiros», daí a palavra «Welsh» e «Wales».

Não se sabe ao certo, nem a data nem as circunstâncias dos primeiros povoamentos anglo-saxões. A versão tradicional dos eventos, que deriva de Gildas e Beda, é a de que Vortigern convidou os Saxões a fixarem-se como colonos em Kent, em 449, três anos depois de os Bretões terem apelado a Roma sem sucesso, para os ajudar contra os Pictos e os Escotos. A história da subsequente rebelião dos líderes saxões Hengest e Horsa, o seu pedido de reforços através do mar do Norte e a sua traição no assassínio dos líderes bitânicos numa conferência de paz, é uma história extraordinária, mas infelizmente muito pouco provável. Provas arqueológicas, a maior parte proveniente de necrópoles pagãs, contendo sepulturas de guerreiros com armas germânicas e trabalhos em metal, provam que os povoamentos anglo-saxões tinham de facto começado uma década depois da Grã-Bretanha se ter tornado independente. Por volta de 450, os Anglo-Saxões fixaram-se em Kent, no vale do Tamisa, em East Anglia, no Lincolnshire, e à volta do estuário do Humber e York. Se Vortigern realmente fixou Anglos e Saxões na Grã-Bretanha, certamente não foram os primeiros. No início, o mais provável é que os Anglo-Saxões não fossem imigrantes bem-vindos, mas não é impossível que governantes britânicos tenham convidado os primeiros colonos. Com o benefício da percepção após o acontecimento, esta atitude pareceria não só pouco sensata, mas também positivamente ousada – Gildas disse que era como deixar entrar lobos num curral de ovelhas – no entanto, fixar as tribos germânicas como «federadas» (aliadas) em recompensa pelo serviço militar, era uma prática romana há muito estabelecida e não era de surpreender, se os líderes britânicos romanizados resolvessem imitá-la. Nem surpreenderia se, uma vez estabelecidos, os Anglos e os Saxões tirassem vantagem dos períodos de fraqueza ou dos conflitos mortíferos dos Bretões para alargar os seus territórios, tal como os Francos, os Visigodos e outros confederados estavam a fazer, ao mesmo tempo, no Império Romano.

No final do século V, os Anglo-Saxões tinham tomado o controlo de todo o Sudeste da Grã-Bretanha. Este é um feito considerável para um grupo de povos tribais sem uma liderança comum e cuja organização social e económica era muito menos sofisticada que a dos Bretões que a herdaram dos Romanos, ou de qualquer modo, que os Bretões tiveram, mesmo antes da conquista romana. O Sudeste era a região mais rica da Grã-Bretanha, porque tinha as melhores terras de cultivo e suportava a mais densa população. Era também a região do país mais romanizada, mas parece que essa não era uma vantagem para os Bretões. Os laços tradicionais da sociedade celta eram aqui muito fracos e também fora onde a administração romana, com os seus cobradores de impostos, actuara com mais eficiência. Já no século IV, o custo da defesa do Império Romano contra a pressão germânica era enorme. Os ricos, claro, usaram a sua influência para evitar pagar impostos, portanto, o fardo caía pesadamente sobre os camponeses, minando a sua lealdade em relação ao Império.

Quando no século V as fronteiras romanas entraram finalmente em colapso, as tribos germânicas invasoras não se depararam com muita resistência popular em qualquer local, nem mesmo em Itália. As condições talvez tenham ainda melhorado para os camponeses sob os seus novos governantes germânicos, cuja falta de conhecimentos administrativos os tornava ineficientes como cobradores de impostos. A elite britânica do Sudeste tinha orgulho no seu estilo de vida romanizado, mas é pouco provável que o seu entusiasmo fosse partilhado pelos camponeses que trabalhavam para pagar tudo isso. Também devido à falta de laços de solidariedade tribal, a resistência bretã aos Anglo-Saxões entrou em colapso provavelmente com maior rapidez no Sudeste. Mais uma vez, a centralização foi a falha dos Celtas, pelo que se tornaram mais vulneráveis à conquista. Um caso diferente foi a região menos romanizada a oeste e a norte, onde as identidades tribais da Idade do Ferro sobreviveram, providenciando um foco de lealdade e de formação de estado: a resistência britânica aos Anglo-Saxões permaneceu aqui durante séculos.

A BATALHA DE MOUNT BADON

O rápido avanço dos Anglo-Saxões esmoreceu logo depois de 500. Ambrosius Aurelianus, um senhor da guerra britânico romanizado, uniu uma grande parte dos Bretões sob a sua liderança e combinando forças infligiu uma derrota esmagadora aos Anglo-Saxões, em Mount Badon. O sítio desta famosa batalha nunca foi encontrado, mas Badbury ou Baydon, ambos no Wiltshire, são locais possíveis, uma vez que esta área estava na orla mais a oeste da área controlada pelos Anglo-Saxões. Bath é outra possibilidade. A vitória em Mount Badon foi mais tarde creditada ao rei Artur, mas na realidade não existem provas históricas da época que o comprovem, ou mesmo que Artur tenha alguma vez existido. Gildas, que escrevia a uma geração da batalha, é muito claro dizendo que o líder britânico em Mount Badon foi Ambrosius e não faz qualquer menção a Artur em algum dos seus trabalhos. Artur pode simplesmente ser uma figura folclórica que foi tornada história quando eventos reais se tornaram associados ao seu nome. Se Artur realmente existiu, então a possibilidade maior é a de que ele e Ambrosius fossem na realidade a mesma pessoa: Artur, que quer dizer «homem com barba», seria talvez originalmente uma alcunha dada pelos seus homens ao duro guerreiro. Badon foi provavelmente a melhor hipótese que os Bretões tiveram para expulsar os Anglo-Saxões – e existem provas reais que alguns anglo-saxões de facto regressaram à Germânia depois da batalha – mas o propósito de unidade alcançado por Ambrosius foi breve. Uma vez que o avanço dos Anglo--Saxões tinha sido travado, o sentimento de que eram uma ameaça comum a todos os Bretões evaporou-se e a vitória não teve seguimento. Os Bretões do reino de Dumnonia no Sudoeste, divergiu a sua energia para colonizações além-mar, na Bretanha francesa (ver p. 179) e na Galícia, onde a pouco conhecida colónia de Britónia floresceu brevemente no século VI.

Badon foi claramente um sério revés para os Anglo-Saxões, mas o seu controlo sobre o Sudeste deu-lhes grandes poderes de recuperação e, deste modo, cerca de 550 estavam aptos a retomar o seu avanço, embora mais lentamente que antes. Depois da sua vitória sobre os Bretões em Dyrham nos Cotswolds, em 577, os Saxões do Oeste conquistaram Gloucester, Cirencester e Bath. Isto deixou o reino britânico de Dumnonia isolado no Sudoeste. A norte, o rei Urien de Rheged tentou destruir os Anglos que tinham tomado o controlo do reino britânico de Bernícia, mas foi morto enquanto sitiava a fortaleza de Bamburgh cerca de 590. Logo depois, o povo de Bernícia tomou conta do vizinho reino anglo de Deira, situado em York, para formar o poderoso reino de Nortúmbria. Uma tentativa de Gododdin de Lothian, para destruir Nortúmbria foi esmagada na batalha de Catraeth (Catterick), no Yorkshire, provavelmente em 600. Um dos sobreviventes da batalha pensa-se que foi o poeta Neirin (ou Aneirin), que compôs o poema épico *Y Gododdin* («O Gododdin») em homenagem aos bretões mortos. Os Bretões sofreram outro golpe quando o povo de Nortúmbria conquistou Chester, em 616. Este foi o primeiro facto entre os Bretões em Gales e os que estavam na Cúmbria e Strathclyde, no Sul da Escócia, que iria ter consequências. Os enclaves britânicos isolados, devidos ao avanço dos Anglo-Saxões, desenvolveram as suas versões de língua britónica: cúmbrio no Norte, galês no centro e córnico na Dumnonia. O futuro para os Bretões do Norte parecia pouco risonho, quando a Nortúmbria conquistou Gododdin, cerca de 638 e Rheged poucos anos mais tarde, mas os seus dias de expansão à custa dos Celtas terminaram, quando foram derrotados pelos Pictos em 685. Os Saxões do Oeste, que mantiveram Dumnonia sob constante pressão, conquistaram quase todo o

Devon em 700, mas a Cornualha (*Cornwalas*, «o Galês peninsular»), ou Gales do Oeste como foi muitas vezes chamado pelos Anglo-Saxões, não foi facilmente dominado. Só depois de 838, quando os Saxões do Oeste derrotaram uma força aliada Cornualha-Viquingue na batalha de Hingston Down, a oeste do rio Tamar, é que a Cornualha finalmente perdeu a sua independência. Mesmo então ainda manteve os seus reinos feudais até pelo menos 900 e não foi completamente dominada até ao reinado de Athelstan (924/5-939). O reino Anglo-Saxão dos Midlands, a Mércia, tinha-se expandido até ao sopé dos montes Câmbricos algum tempo antes de 700, mas poucos progressos fez depois disso: estas ainda são, mais ou menos, as fronteiras modernas anglo-galesas.

AS ORIGENS DO PAÍS DE GALES

Até agora nesta obra, o termo «Gales» tem sido usado apenas como um termo geográfico conveniente. Foi no decorrer do século VII que Gales, no sentido moderno de país dos Galeses, surgiu. Nesta altura, os Bretões tinham começado a chamar-se *Cymry*, o povo de *Cymru*, a palavra britânica para país que então incluía não só a moderna Gales, mas também os reinos sobreviventes britânicos, Rheged e Strathclyde, que são agora o Noroeste e o Sudoeste da Inglaterra e o Sudoeste da Escócia. Depois que Rheged e Strathclyde caíram nas mãos dos Anglo-Saxões e dos Escotos, *Cymru* e *Cymry* começaram a ser aplicados apenas ao moderno País de Gales e ao seu povo, porém, sobreviveram traços de uma mais larga identidade original nos nomes da Cúmbria (a região dos Lagos) e nas ilhas Clyde's Cumbrae. Gales e o seu povo foi dividido em vários reinos, que, apesar de pequenos, não deixavam de ter alguma força. O poderoso reino da Mércia, que com sucesso assustou os seus vizinhos Anglo-Saxões até à submissão no século VIII, fez um esforço enorme para fortificar a sua fronteira galesa com uma série de baluartes defensivos. O mais impressionante e mais bem preservado é o de Offa, do nome do rei Offa (r. 757-796) que ordenou a sua construção, a qual tinha 5,5 metros de altura, ao longo de 102 quilómetros, de Llanfynydd perto de Wrexham a Kington no Herefordshire. Muitas vezes pensa-se que este baluarte foi simplesmente uma impressionante tentativa dos habitantes da Mércia para definir a fronteira, porém, não há portões, como seria de esperar, para que as pessoas continuassem a atravessar nos seus negócios habituais. A Mércia tinha claramente medo dos Galeses. Esta construção é mais bem--entendida no contexto da Coluna de Eliseg, perto de Llangollen, um monumento em pedra desgastado pelo tempo, com uma inscrição comemorando o sucesso de Eliseg, rei de Powys, no meado do século VIII, por ter recuperado território galês aos Ingleses, após nove anos de guerra. Os Galeses mais tarde voltaram a recuperar mais território da Mércia, uma vez que a maior parte do baluarte se encontra em Gales. Pequenos êxitos como este mantinham vivas as esperanças dos Galeses. Quando o clérigo Geraldo de Gales viajou por Gales, no fim do século XII, a fim de recrutar pessoas para a Terceira Cruzada, notou que os Galeses «vangloriavam-se com confiança, predizendo que cedo iriam reocupar toda a ilha da Grã--Bretanha». No entanto, nesta altura os senhores normandos haviam tomado o controlo da maior parte do Sul e a vanglória estava a soar cada vez mais oca. Geraldo descreveu-a como uma «ilusão».

GENOCÍDIO OU COEXISTÊNCIA PACÍFICA?

A invasão anglo-saxónica da Grã-Bretanha e a colónia que mais tarde se veio a chamar Inglaterra, não foi uma questão pacífica. A *Crónica Anglo-Saxónica* reporta muitos incidentes violentos, como o assalto a um velho forte romano em Pevensey no Sussex, em 491, quando os Saxões vitoriosos massacraram todos os Bretões locais que se tinham refugiado aí. No entanto, não foi certamente um genocídio. As características genéticas da população do Leste da Grã-Bretanha (não existe uma fronteira genética anglo-saxónica) são semelhantes às das populações do mar do Norte da Europa continental, provando que houve um considerável afluxo de colonos Anglo Saxões na Grã-Bretanha (mais tarde reforçados pelos colonos viquingues dinamarqueses). Mas este cunho germânico diminui em direcção a oeste, onde as características genéticas da população moderna mostram uma grande continuidade com a população pré-histórica. Portanto, se alguma vez houve um genocídio ou uma limpeza étnica em larga escala dos Bretões nativos, só podia ter tido lugar nas etapas iniciais das povoações anglo-saxónicas: a maioria da população inglesa moderna, segundo parece, teve antigos bretões entre os seus antepassados. Este padrão genético espelha-se nos nomes de locais. Além de nomes de rios mais importantes, poucos nomes de locais celtas sobreviveram no Leste, contudo, aumentaram em número em direcção a oeste. O que o nome do local e a evidência genética indicam é que, apesar da invasão inicial dos Anglo-Saxões ter sido um movimento de populações, que esmagou os nativos em zonas do Leste da Grã-Bretanha, as últimas etapas foram mais uma conquista de natureza política de uma colónia britânica e que depois foi assimilada pelos costumes anglo-saxões. Isto começou com o primitivo reino anglo-saxão de Bernícia (entre o Tees e o Forth), que tinha um nome celta e limitados vestígios pagãos de povoações anglo-saxónicas, a maioria das quais se concentra à volta do centro real em Yeavering. O que provavelmente aconteceu é que relativamente um pequeno número de Anglo-Saxões conseguiu afastar a dinastia reinante e tomar conta do seu reino intacto. Os Bretões aceitaram a nova elite governante e adoptaram a sua língua, cultura e identidade. Noutros locais, os aristocratas britânicos podem, com sucesso, ter-se integrado com a aristocracia anglo-saxónica. Wessex é disso um bom testemunho, sendo o reino que finalmente iria unificar a Inglaterra. As leis iniciais de Wessex provam que tinham uma população mista de Anglo-Saxões e «Galeses» e o seu fundador Cerdic (Caradoc) tinha um nome celta. Esta integração pode não ter sido tão difícil como parece. Na altura em que Cerdic viveu, no início do século VI, as aristocracias guerreiras com valores muito similares, governavam tanto os Bretões como os Anglo-Saxões: existia apenas a barreira da língua para superar. Os guerreiros anglo-saxões tinham certamente entendido os sentimentos heróicos expressos por Neirin em *Y Gododdin*, enquanto os guerreiros britânicos devem ter apreciado *Beowulf*. Contudo, o baixo estatuto que os Bretões devem ter tido sob a governação dos Anglo-Saxões reflecte-se completamente na língua inglesa. Os vitoriosos Anglo-Saxões adoptaram pouco mais de meia dúzia de palavras britânicas do inglês antigo.

Mesmo no Sudeste, onde os Anglo-Saxões se fixaram mais rapidamente, existem provas consideráveis da sobrevivência da população nativa. A cerâmica «romano-saxónica» do século V tinha motivos decorativos anglo-saxões, mas era feita utilizando técnicas romano-britânicas, isto é, oleiros britânicos trabalhavam para os clientes anglo-saxões, adaptando o seu ofício aos novos gostos. Os trabalhadores de metal britânicos faziam o mesmo. Em Dorchester-on-Thames, continuou a ser utilizado um cemitério para enterros cristãos durante os séculos V e VI e, depois de o rei saxão Cynegils se ter convertido ao cristianismo no século VII, permitiu ao missionário italiano São Birinus fundar aí um mosteiro. É provável, portanto, que tivesse sido ocupada por uma comunidade cristã britânica durante o período do paganismo anglo-saxão, coexistindo pacificamente junto dos recém-chegados pagãos anglo-saxões. As comunidades britânicas sobreviveram durante séculos, mesmo em áreas que eram conquistadas por Anglo-Saxões no século V. Quando o anglo-saxão São Guthlac viajou através dos Fenlands, cerca de 700, encontrou ainda populações que falavam celta. A sobrevivência até ao século XX, dos tradicionais sistemas de contagem dos pastores baseado no galês, através do Oeste da Inglaterra, de Wiltshire a Lake District, mostra que a anglicização não foi necessariamente um processo rápido. Porém, a anglicização foi meticulosa. Apenas a Cornualha nunca foi completamente assimilada e permanece o único condado da Inglaterra onde os habitantes não se identificam automaticamente como Ingleses.

Apesar da contribuição dos Bretões para a moderna população da Inglaterra, os Ingleses, ao contrário dos Franceses, nunca encontraram um local para os Celtas na sua mitologia nacional. Séculos de guerras condicionaram os Ingleses a verem os Celtas como inimigos históricos e como não tendo muito que ver com eles. As terras de origem dos Anglo-Saxões estavam distantes do Império Romano, sabendo eles menos sobre a civilização romana que os Francos, pelo que a respeitavam ainda menos. Os Bretões também eram menos romanizados que os Gauleses, consequentemente os Anglo-Saxões não deviam ter muito para admirar na sua cultura. Os Bretões do século V não eram na realidade tão diferentes dos seus invasores, portanto, eles é que foram assimilados pelos Anglo-Saxões. O único aspecto da herança celta que os Ingleses assimilaram foi a lenda do rei Artur. Como o suposto governante de toda a Grã-Bretanha e conquistador da Gália, o lendário Artur era o modelo adequado a seguir pelos reis após a conquista dos Normandos e Plantagenetas para a expansão de Inglaterra. Um grande entendimento das origens das lendas tornou possível aos Celtas britânicos reivindicar Artur no século XX (apesar de os Galeses da Cornualha e os Escotos não concordarem a qual deles ele pertence).

O PAÍS DE GALES E A INGLATERRA

Depois de Offa ter construído o seu baluarte no século VIII, a fronteira entre os Anglo-Saxões e os Galeses permaneceu razoavelmente estável. Houve guerras – os Galeses ganharam algumas terras no Norte, os Ingleses um pouco no Sul – mas também houve uma cooperação contra os Viquingues. No século X, os filhos e os netos de Alfred, *o Grande*, do Wessex, unificaram os Anglo-Saxões e assim nasceu o reino de Inglaterra. A Inglaterra era, como se tornou evidente, o reino mais forte da Grã-Bretanha e os seus reis vieram a exercer uma real mas indefinida hegemonia sobre os seus vizinhos Celtas. O poema galês, *Armes Prydein* («A Profecia da Grã-Bretanha»), composto cerca de 930, falava dos Celtas da Britânia, da Bretanha e da Irlanda, para se unirem com os Viquingues de Dublin, a fim de expulsarem os Ingleses da Grã-Bretanha. Em 937, os Escotos, os Bretões de Strathclyde e os Viquingues de Dublin uniram-se mesmo contra os Ingleses, mas a sua derrota esmagadora na batalha de Brunanburh (local desconhecido), foi uma demonstração convincente do poder dos Ingleses. A hegemonia inglesa foi simbolicamente representada em 973 quando o rei Edgar foi transportado num barco a remos ao longo do rio Dee em Chester, por oito reis de Gales, Strathclyde, Escócia e da ilha de Man, enquanto ele conduzia o navio.

O terreno montanhoso de Gales não encorajou a unidade nacional. As áreas de terras férteis eram largamente espaçadas e cada uma tendia naturalmente a tornar-se o foco de uma dinastia independente. O vale de Severn foi a terra natal dos Powys; Gwynedd foi a de Anglesey, e por aí em diante. No entanto, o número de reinos galeses tendia a declinar à medida que os mais fortes conquistavam os mais fracos. De nove, em 900, havia apenas três grandes reinos galeses em 1000: Gwynedd no Norte, Powys no Centro de Gales e Deheubarth no Sudoeste, mais três reinos menores no Sudeste, que muitas vezes não eram mais que dependências dos reinos maiores. Reis individuais galeses, como Hywel Dda (r. *c.* 900--950) de Deheubarth e Gruffydd ap Llywelyn (r. 1039-1063) de Gwynedd, alcançaram posições de suserania sobre a maioria, ou, no caso de Gruffydd, mesmo de todos, do País de Gales mas, tal como os reis mais importantes da Irlanda, nunca exerceram poder directo sobre todos os seus domínios, governando indirectamente através de reis vassalos. Estas suseranias nunca duraram mais que uma geração. Em parte, devido à prática galesa de heranças divisíveis, ou às disputas comuns pela sucessão, uma vez que sobrinhos e primos, bem como filhos, eram elegíveis para a sucessão do reino, e também devido à intervenção inglesa. Os Ingleses fizeram o seu melhor para manter os Galeses desunidos, mas parece não terem tido nenhuma ambição territorial em Gales. Por exemplo, quando as ambições de Gruffydd ap Llywelyn se tornaram demasiado grandes para o País de Gales, Harold Godwinson (o futuro rei Harold), invadiu e restaurou a independência dos seus reinos. Gruffydd foi perseguido e morto mas nenhum território foi ocupado.

A INVASÃO DOS NORMANDOS

A conquista da Inglaterra pelo duque Guilherme da Normandia, em 1066, mudou tudo, não apenas para os Ingleses, mas também para os seus vizinhos Celtas. A Inglaterra em 1066 era, provavelmente, o reino mais centralizado da Europa, com poder e posse de terras, concentrados em muito poucas mãos. As três grandes batalhas desse ano enfraqueceram a posição da família real inglesa e da nobreza, tornando a tarefa dos Normandos, de consolidação da sua conquista, muito mais fácil. Existiram ferozes rebeliões camponesas, porém, eram descoordenadas e faltava-lhes uma liderança credível. Em 1070 já tudo estava terminado e a nova classe dirigente de língua francesa na Inglaterra havia assegurado a sua posse do país. Os Normandos praticavam a estrita primogenitura. Aos filhos mais novos da nobreza era-lhes dado um bom treino na guerra e depois deixados para gerir as suas vidas. Este excedente de guerreiros sem terras tornou os Normandos colonizadores naturais, em Itália e na Terra Santa, bem como na Grã-Bretanha. Guilherme, *o Conquistador*, esteve sempre mais interessado na Normandia do que em Gales, mas mostrava-se suficientemente satisfeito para permitir que Hugh, *o Gordo*, Roger de Montgomery e William Fitzosbern, dos condados das regiões fronteiriças de Chester, Shrewsbury e Hereford, alargassem os seus domínios à custa dos Galeses.

A princípio, os Normandos fizeram rápidos progressos no País de Gales. Os pequenos reinos de Brycheiniog (Brecon), Gwent e Morgannwg (Glamorgan) tinham todos sido conquistados em 1093 e em 1114, quando Henrique I lançou uma invasão maciça de três frentes sobre Gales, os Normandos tinham conquistado a maior parte de Deheubarth, penetrado em Powys ao longo dos vales de Dee e Severn e ocupado as áreas costeiras de Gwynedd desde o estuário do Dee até Anglesey. Foram construídos algo como 500 pequenos castelos, com terra, madeira e paliçadas, a fim de consolidarem estas conquistas, e criados mais de uma dúzia de novos domínios fronteiriços. A conquista completa dos Normandos parecia ter sido apenas há alguns anos, no entanto, a sua área excedeu bastante o seu controlo. A guerra civil na Inglaterra durante o reinado do rei Estêvão

(1135-1154) privou os senhores dos domínios fronteiriços do apoio real e os Galeses recuperaram cerca de metade do território que tinham perdido. As áreas que esses senhores tinham mais seguras – as terras de cultivo férteis de Gwent, o vale de Glamorgan, o Gower e o Sul de Pembrokeshire – eram as que haviam sido mais apropriadas para o sistema senhorial inglês, pelo que eram atractivas para os Ingleses e também para os colonos camponeses flamengos.

O sucessor de Estêvão, Henrique II (r. 1154-1189), um dos mais hábeis governantes medievais de Inglaterra, lançou várias campanhas para tentar restaurar a posição inglesa no País de Gales. Todas falharam. Os filhos de Henrique, Ricardo e João, e o seu neto Henrique III iriam todos ter a mesma sorte nas suas campanhas contra os Galeses. O clérigo Geraldo de Gales (1146-1223), um escritor prolífico em Gales e na Irlanda, identificou com exactidão as razões para a falha das campanhas inglesas. Uma delas, na sua opinião, era moral. «Os Ingleses disputam pelo poder, os Galeses pela liberdade; os Ingleses lutam para ganhar bens materiais, os Galeses para evitar o desastre; os soldados ingleses são mercenários contratados, os Galeses defendem a sua terra natal.» Uma vez que os Galeses tinham armas e armaduras ligeiramente mais leves que os Ingleses, não podiam lutar em termos de igualdade. Portanto, os Galeses evitavam a batalha em campo aberto e utilizavam tácticas de assalto, tirando partido do terreno acidentado, onde os Ingleses, menos móveis, estavam em desvantagem. Era impossível, pensava Geraldo, «conquistar numa batalha um povo que nunca irá reunir as suas forças para enfrentar um exército inimigo no campo de batalha e nunca permitirá ser sitiado dentro dos seus cumes sólidos fortificados». Geraldo estava, também, consciente dos custos financeiros. As campanhas no País de Gales eram caras e pouco se podia esperar de pilhagens para custear as despesas. A campanha de Henrique II, em 1165, por exemplo, custou 7500 libras numa altura que a sua receita proveniente das terras da coroa era inferior a 10 000 libras anuais. Esta era uma enorme quantia de dinheiro deitada fora, sem qualquer retorno. Havia também o problema de os reis após a conquista de Inglaterra serem frequentemente distraídos, pela necessidade de defenderem as suas terras francesas do rei de França. Se os Galeses fossem capazes de se unir sob o comando de um líder, pensava Geraldo, os Ingleses nunca conseguiriam conquistá-los.

A figura dominadora, do final do século XII, de Gales, foi Rhys ap Gruffydd (r. 1155-1197), rei de Deheubarth, também conhecido como

Lorde Rhys, que conquistou a vários senhores domínios fronteiriços, no Centro e Sul de Gales. Um «modernizador» que construiu castelos em pedra e lutou pelas reformas da Igreja e monástica, Rhys também foi um notável patrono da cultura galesa, levando a cabo a primeira reunião de bardos, registada em 1176. Disputas de sucessão quebraram Deheubarth depois da morte de Rhys, mas foi Gwynedd, não a Inglaterra, a maior beneficiária. A Inglaterra ficou paralisada com a guerra civil que rebentou no fim do reinado de João (1199-1216) e o rei de Gwynedd, Llywelyn ab Iorwerth (r. 1195-1240), conseguiu conquistar os outros reinos galeses sem a interferência dos Ingleses. Por este feito obteve o título de Llywelyn, *o Grande*. Llywelyn tentou assegurar que o seu reino permanecia intacto depois da sua morte, quebrando com a tradição e apontando o seu filho Dafydd (m. 1246) como o seu único herdeiro. Infelizmente, Dafydd provou ser um governante incapaz e o seu reino entrou em colapso, como resultado de rebeliões e da intervenção dos Ingleses. A unidade galesa foi restaurada pelo sobrinho de Dafydd, Llywelyn ap Gruffydd (r. 1246-1282), que adoptou o título de «príncipe de Gales» em 1258.

Ataques devastadores aos senhores dos domínios fronteiriços, forçaram Henrique III de Inglaterra a reconhecer o título de Llywelyn e a sua suserania sobre Gales com o Tratado de Montgomery, em 1267. Este foi um passo no caminho da criação de uma realeza nacional que um rei inglês mais forte teria certamente recusado, mas pelo menos Henrique forçou Llywelyn a reconhecer que tinha esse título como vassalo da coroa inglesa.

O MARTELO DOS GALESES

Quando o rei Henrique III de Inglaterra morreu, em 1272, Llywelyn ap Gruffydd, o Príncipe de Gales, sentiu-se seguro nos seus domínios. Llywelyn tinha sempre levado a melhor sobre Henrique e esperava que as coisas continuassem na mesma com o seu filho e sucessor Eduardo. O êxito tornou Llywelyn superconfiante, por isso começou a ignorar as suas obrigações como vassalo da coroa inglesa. Os sinais de que Eduardo seria um tipo de rei diferente do seu pai estavam já à vista de todos. Amante de torneios na sua juventude, lutara com distinção durante a revolta dos barões e estava nas cruzadas na Terra Santa quando o seu pai morreu. Eduardo tinha um gosto e uma aptidão para a guerra que ao seu pai manifestamente faltavam. Chamado, como pediam os costumes, a assistir à coroação de Eduardo em Londres, em 1274, Llywelyn não compareceu, e de seguida recusou-se a prestar homenagem a Eduardo, negando de facto o seu estatuto de subordinado. Devido a estas desnecessárias provocações, Llywelyn iria perder as suas terras e a sua vida e os Galeses a sua independência.

Em 1277, Eduardo liderou um exército de 800 cavaleiros e 15 000 homens a pé até Gwynedd. Exércitos ingleses de menor dimensão invadiram Powys e Deheubarth, enquanto a frota inglesa desembarcou as suas tropas em Anglesey, o cesto de pão de Gwynedd, a fim de conseguir a importantíssima colheita de cereais. As montanhas de Snowdonia eram com certeza uma eficaz fortaleza natural, porém, os seus defensores podiam ser submetidos pela fome uma vez desligados de Anglesey. Llywelyn percebeu que não podia confiar na lealdade dos governantes galeses que conquistara durante a sua ascensão ao poder e até o seu próprio irmão Dafydd desertou. A guerra acabou em meses. Com o Tratado de Aberconwy, o principado de Llywelyn fragmentou-se, os governantes nativos foram restaurados em Deheubarth e Powys, e Dafydd ficou com o seu próprio principado de Four Cantrefs, no Nordeste de Gales (um *cantref* era uma unidade territorial que compreendia cem lugarejos). Eduardo viu-se impedido de conquistar Gales imediatamente, devido ao elevado custo. Se Llywelyn se tivesse sujeitado, os Galeses podiam ter ficado com um considerável meio de autogovernação e quem sabe que oportunidades podiam ter surgido quando as guerras de independência escocesas começaram em 1296. Mas Llywelyn tornou-se vítima das circunstâncias. Dafydd estava insatisfeito com o que ganhou pela sua traição e rebelou-se contra Eduardo em Março de 1282, atacando o castelo de Hawarden, perto de Chester. Depois de semanas enervantes, o amplo apoio popular pela rebelião convenceu Llywelyn a ajudar o seu irmão desleal. Se não tivesse participado teria enfraquecido a sua pretensão à liderança de Gales, especialmente se a rebelião fosse bem-sucedida, mas juntar-se era um convite à retaliação maciça dos Ingleses. Não admira que tivesse hesitado.

No início a guerra correu bem para os Galeses, que infligiram derrotas aos Ingleses no Sul e nos e nos estreitos de Menai no Norte. Foram também conquistados muitos castelos. Eduardo I é muitas vezes representado como um espírito superior no planeamento da expansão imperial inglesa, mas foi apenas neste ponto que, frustrado, se decidiu pela rápida conquista do País de Gales. Fê-lo com os olhos abertos, justificando o enorme custo aos seus súbditos, argumentando que iria salvar dinheiro a longo prazo, se o problema galês fosse resolvido de uma vez por todas. Então, em Dezembro, Eduardo teve sorte: Llywelyn morrera na batalha na Ponte de Irfon perto de Builth, no centro de Gales. Era o tipo de golpe que Geraldo de Gales pensara ser impossível. A liderança dos Galeses passou para Dafydd, mas a sua carreira de traições havia feito muitos inimigos e não tinha a autoridade de Llywelyn. Sem uma liderança credível, a resistência começou a entrar em colapso. O último forte nas mãos dos Galeses era Castell-y-Bere perto de Machynlleth, que se rendeu em Março de 1283, sendo Dafydd traído em Junho desse ano. O último príncipe de Gales nativo, Dafydd, foi executado em Shrewsbury em Outubro. Para consolidar a sua vitória, Eduardo começou imediatamente o programa mais ambicioso de construção de castelos, alguma vez visto nas Ilhas Britânicas. Incluindo o dinheiro gasto nos castelos, o custo da campanha de Eduardo I, em 1282-1283, foi cerca de 150 000 libras, mais de dez vezes as suas receitas anuais das terras da coroa. A diferença tinha que ser conseguida através de empréstimos e um imposto sobre bens móveis dos súbditos ingleses de Eduardo. A contribuição para as despesas obtida pelas receitas de Gales e a venda do tesouro capturado durante a campanha não chegou a 400 libras.

Com os Estatutos de Rhuddlan em 1284, Eduardo estabeleceu o controlo directo da coroa sobre o principado de Gales e introduziu a lei criminal inglesa. A colonização inglesa do Norte do País de Gales foi encorajada mas, principalmente, confinou-se às cidades muradas perto da protecção dos novos castelos de Eduardo em Caernarfon, Conwy, Rhuddlan e outros locais. Houve rebeliões galesas em 1287 e 1294-1295, quando Madog ap Llywelyn tentou recuperar o título de «príncipe de Gales», mas estas foram derrotadas depois de duras lutas. Quando Eduardo I proclamou o seu filho mais velho Eduardo, príncipe de Gales, em 1301, não foi um acto de conciliação mas uma advertência aos Galeses de que os dias da independência tinham terminado. Contudo, a perpetuação do título também ajudou a assegurar que Gales retinha uma identidade distinta dentro do reino de Inglaterra. Apesar de muitos galeses terem entrado para a administração real e dezenas de milhares terem servido nos exércitos ingleses nas guerras escocesas e na Guerra dos Cem Anos em França, os Galeses permaneceram irreconciliáveis em relação ao domínio inglês. Rebeliões menos importantes eram comuns no século XIV, até que em 1400, um século de descontentamento a fogo lento ferveu até transbordar numa rebelião nacional, que viu os Ingleses continuarem em Gales, mas reduzidos a alguns castelos e cidades muralhadas.

A REVOLTA DE GLYNDWR

O líder da rebelião foi Owain Glyndwr (n. 1359), senhor de Glyndyfrdwy, perto de Llangollen no Nordeste do País de Gales. Embora descendesse de uma casa real, não existe nada no início da carreira de Glyndwr que sugerisse que ele fosse uma figura galesa com potencial de «Braveheart». Estudou leis no Tribunal de Inns, tornou-se escudeiro do conde de Arundel e lutou lealmente no exército de Ricardo II na Escócia. A deposição de Ricardo por Henrique IV, em 1399, pode ter esgotado a lealdade de Glyndwr, mas foi uma disputa de propriedades com o seu vizinho Lorde Grey, o senhor inglês de Ruthin, que o levou à revolta aberta. Zangado porque Grey tinha tomado a terra que achava ser sua, Glyndwr incendiou Ruthin em Setembro de 1400. Depois de os apoiantes de Glyndwr o terem proclamado príncipe de Gales, a revolta espalhou-se com uma rapidez eléctrica. Estudantes galeses chegaram a fugir de Oxford para se lhe juntarem. Os Ingleses reagiram rapidamente, mas com pouco efeito. Glyndwr raramente procurou lutar em campo aberto, preferindo as tácticas irregulares que tinham servido aos Galeses tão bem no passado. No fim de 1403, o poder dos Ingleses sobre o País de Gales parecia ter sido quebrado: mesmo partes dos condados fronteiriços ingleses ficaram sob controlo dos Galeses. Apenas algumas dezenas de guarnições inglesas isoladas se mantinham, dificilmente, nos seus castelos sitiados. A usurpação de Henrique IV tornara inimigas as poderosas famílias Percy e Mortimer, que se aliaram a Glyndwr. Se conseguissem derrubar Henrique, concordavam em garantir que Glyndwr ficaria com um principado que incluía toda a Gales, mais os condados ingleses de Cheshire, Shropshire, Herefordshire e parte de Gloucestershire. Glyndwr tinha planos ambiciosos para um principado de Gales independente, com o seu próprio parlamento, serviço civil, universidades e uma igreja independente com um arcebispado em St. David, em Pembrokeshire. A derrota dos seus aliados ingleses na batalha de Shrewsbury, em 1403, provavelmente condenou a rebelião de Glyndwr ao desastre final – para estar seguro a longo prazo, ele precisava do reconhecimento que só um governo simpatizante inglês lhe daria voluntariamente –, mas isto não era de imediato aparente, porque cedo encontrou novos aliados nos Franceses, que enviaram uma força expedicionária ao País de Gales, em 1405. Os Franceses provaram ser aliados tímidos. Invadiram a Inglaterra, tomaram Worcester, mas retiraram ao primeiro sinal de oposição e regressaram a casa em 1406, nada tendo conseguido.

A retirada dos Franceses foi o ponto de viragem da rebelião. Agora, sem nenhuma possibilidade de apoio exterior ou reconhecimento, os aliados de Glyndwr começaram a vacilar, pelo que Henrique IV tinha nesta altura ultrapassado os problemas políticos dos seus anos iniciais e podia concentrar-se na reconquista do País de Gales. Em 1408, a resistência estava confinada às montanhas do Norte, onde continuou por cerca de mais quatro anos. Glyndwr escondeu-se depois de 1410 e nunca foi apanhado pelos Ingleses. Pensa-se que, provavelmente, morreu e foi enterrado secretamente na casa de sua filha em Monnington Court, no Herefordshire, algum tempo depois de Henrique IV lhe ter oferecido o perdão, que ele recusou, em 1415, mas ainda permanecem consideráveis incertezas em relação aos seus últimos anos. Mesmo no século XVI, persistia a crença que ele ainda se mantinha nas montanhas, à espera de melhores tempos. O legado imediato da revolta de Glyndwr foi a devastação dos campos e uma série de legislações repressivas antigalesas, que permaneceram em força até que Henrique VII, da família galesa Tudor, chegou ao trono em 1485. A falha da revolta liquidou efectivamente as aspirações galesas pela independência e no futuro as ambições políticas galesas focaram-se em conseguir um estatuto igual ao dos Ingleses. Em termos culturais, isto só foi alcançado no século XX, porém, em termos legais foi conseguido com o Acto de União, em 1536, que abolia os senhores fronteiriços, e todas as distinções entre Ingleses e Galeses dividiu o país em dois condados e deu-lhe o direito a representação parlamentar. O País de Gales, portanto, perdeu a sua identidade legal, mas o Acto assegurava que, pelo menos a nível local, os Galeses seriam governados por «magistrados da sua própria nação». Tal garantia que Gales não seria considerado como uma simples parte de Inglaterra. O Acto de União fez do inglês a língua da lei e da administração, o que obviamente pôs em xeque a língua galesa. O facto de a língua galesa ter sido capaz de se manter foi em muito uma consequência sem intenção da Reforma, que estava, claramente, a ultrapassar o Acto de União. Enquanto a Reforma falhou em conseguir a aceitação popular na outra dependência da Inglaterra celta, a Irlanda, o protestantismo (e mais tarde o não-conformismo), liquidou as profundas raízes em Gales. Isto porque, em contraste com a Irlanda, os textos religiosos ficaram rapidamente acessíveis na língua nativa. As traduções galesas do padre-nosso, do credo e dos Dez Mandamentos foram publicadas logo em 1547. Seguiram-se as traduções do Livro de Orações e das Escrituras. A Igreja Católica proibira a tradução das Escrituras em línguas vernáculas, porém, agora qualquer pessoa letrada secular podia ter uma educação religiosa. A oportunidade foi avidamente aproveitada e como resultado o galês viu-se perante uma nova função, como a língua da religião, assegurando assim não só a sua sobrevivência, mas a sua continuidade como papel central na identidade do povo do País de Gales.

9

Alba

Quando os Romanos regressaram a casa, surgiram avidamente [...] as hordas criminosas dos Escotos e dos Pictos, como escuras manchas de vermes que se movem sinuosamente para fora das fendas das rochas quando o Sol está alto e o tempo começa a aquecer. Eram algo diferentes nos seus costumes, mas estavam em perfeita concordância com a sua avidez por derramamento de sangue: e estavam mais preparados para cobrir os seus odiosos rostos com cabelos do que as suas partes privadas com roupas.

GILDAS, *Nas Ruínas da Britânia* (c. 540)

Apesar de não ter sido conquistado, o Norte da Grã-Bretanha não estava imune às influências do Império Romano. O abandono da Muralha de Antonino em 163, marcou o fim das tentativas romanas de controlar as tribos britânicas entre a Muralha de Adriano e o istmo de Forth-Clyde, por imposição directa do seu domínio. Daí em diante, estas tribos foram supervisionadas por agentes romanos e mantidas dóceis, com presentes de tesouros. Uma tribo particularmente favorecida foi a dos Votadini, cuja fortaleza em Traprain Law, em Lothian, produzira um grande fornecimento de vasos romanos em prata completos e talhados. A elite guerreira celta necessitava de adquirir objectos de prestígio para expor, a fim de manter o seu estatuto. Estes presentes dos Romanos faziam abrandar os raides. Traprain Law era originalmente um forte da Idade do Ferro, mas no período romano cresceu, tornando-se uma pequena cidade. Grandes quantidades de artefactos romanos, desde moedas, vidro e cerâmica, a armas, jóias e estojos de manicura, mostram que os seus habitantes dirigentes levavam um estilo de vida superficialmente romanizado. Este império informal sobreviveu até 367, quando os Bretões subornaram agentes romanos a fim de lhes permitirem juntar-se aos Saxões na pilhagem da província britânica.

O POVO PINTADO

Os contactos directos romanos com as tribos da Caledónia, que viviam a norte do istmo de Forth-Clyde, limitavam-se a expedições militares ocasionais, como o genocídio da campanha de Séptimo Severo em 209-211. As tribos da Caledónia responderam à ameaça romana formando coligações tribais. No século III, cerca de uma dúzia de tribos que se confrontaram com Agrícola tinham sido substituídas por apenas duas, os Verturiones ou Maetae, centrados em Fife e Strathmore, e os Caledónios nas Terras Altas da Escócia propriamente ditas. Um século mais tarde, estas duas estavam reduzidas a uma, os Pictos. O abandono da maioria das torres circulares de pedra e dunas nestes séculos foi provavelmente o resultado deste processo de centralização política. O nome, que quer dizer «povo pintado», pensa-se que teve origem numa alcunha entre as guarnições fronteiriças romanas, talvez porque os Pictos decoravam os corpos com tatuagens. Os Pictos parece terem adoptado rapidamente o nome para eles próprios. Apesar de possuírem uma identidade comum, estavam divididos em vários reinos regionais, governados por pequenos fortes no topo de colinas rochosas ou em promontórios. Os nomes de alguns destes reinos sobreviveram em nomes de locais modernos: Fortriu (Forteviot), Fib (Fife), Athfolta (Atholl) e Cait (Caithness). O primeiro rei da história dos Pictos foi Bridei mac Maelcon (r. *c.* 550-584), que governou o seu reino de Fidach da fortaleza de Craig Phadrig perto de Inverness. Bridei exerceu um certo domínio sobre toda a terra dos Pictos, pois os outros governantes enviavam reféns para a sua corte. Depois da morte de Bridei em batalha, o poder e a alta soberania, mudou-se para o reino Picto do Sul, Fortriu, situado no território dos Verturiones no fértil Strathmore. A meio do século VII, os Nortúmbrios começaram a expandir-se para o território picto, conquistando Fife e exigindo tributo dos Pictos. Cerca de 670 foi esmagada uma rebelião dos Pictos, mas em 685 o rei Bride mac Bile de Fortriu derrubou o domínio dos Nortúmbrios na batalha de Nechtansmere, perto de Forfar. Uma bela cruz de pedra trabalhada próximo de Aberlemno, que mostra a luta entre os Pictos e os guerreiros anglo-saxões, pensa-se que comemora esta batalha, que estabeleceu os Pictos como a principal potência no Norte da Grã-Bretanha.

Pouco se sabe acerca da língua dos Pictos: os poucos relatórios existentes limitam-se a nomes pessoais e de locais e a algumas inscrições nos alfabetos romano e no irlandês ogamo, que até agora não se conseguiram traduzir. Há linguistas que acreditam que algumas palavras pictas derivam de uma língua perdida pré-celta não indo-europeia, mas a maioria relaciona-se claramente com a forma britónica dos Bretões que falavam celta. Certamente, os Romanos consideraram os Pictos parentes próximos dos Bretões, porém, mais bárbaros porque não eram romanizados. O elemento de nome de local mais facilmente reconhecível como Picto é o prefixo *pit* – (como em Pitlochry e Pittenweem), que deriva de *pett*, que quer dizer uma parcela de terra. A distribuição destes nomes de locais sugere que a principal área da povoação dos Pictos era em Fife, Perthshire, Angus, Aberdeenshire e perto de Moray Firth, mas é provável que, na realidade, estivessem mais espalhados. Devido à chegada tardia de povos de língua celta às Terras Altas escocesas e dos que falam nórdico a Caithness e às ilhas a oeste e no norte e os efeitos do despovoamento da população rural no século XIX, é provável que várias centenas de nomes de locais «pit» se tenham perdido. Quando os primeiros Pictos apareceram eram povos pagãos. Nada se sabe dos seus deuses, mas, tal como outros povos celtas, praticaram o sacrifício humano e veneravam nascentes, poços e cavernas. O bretão São Ninian iniciou a conversão dos Pictos do Sul ao cristianismo no século V, enquanto o irlandês São Columba, relativamente aos Pictos do Norte, iniciou-a em 565. Durante a sua missão, Columba teve o primeiro encontro de que há memória com o monstro de Loch Ness, o qual tentou comer um dos seus monges. A intervenção de Columba evitou o desastre, claro, e, tanto quanto se sabe, o monstro nunca mais tentou comer alguém a partir dessa altura.

Os Pictos eram mais conhecidos pelas suas enigmáticas pedras com símbolos gravados. Conhecem-se cerca de 40 a 50 símbolos diferentes; os mais comuns são «a besta dos Pictos» (uma estranha e mitológica criatura parecida com um elefante nadador), o espelho e uma variedade de figuras geométricas baseadas em formas de crescentes e círculos. Os significados dos símbolos são desconhecidos e provavelmente assim permanecerão, mas é possível que não tivessem um significado religioso, uma vez que continuaram a ser usados depois da conversão ao cristianismo. Os primeiros símbolos conhecidos aparecem em trabalhos de metal, no século IV, sendo normalmente usados em combinações de dois ou quatro, com a particular combinação de símbolos talvez identificando um indivíduo, uma família ou uma tribo. O propósito das pedras com símbolos não tem um significado certo, mas têm sido descobertas algumas associadas a funerais. Pareceria, portanto, que talvez fossem pedras tumulares, uma prática que certamente fora adoptada como resultado dos contactos com os primeiros cristãos britânicos.

DÁL RIATA

Tal como os ambiciosos Nortúmbrios, os Pictos também tinham de enfrentar as ambições territoriais dos Escotos. Confusamente, os Escotos vieram da Irlanda. O nome foi primeiro usado por piratas irlandeses e queria simplesmente dizer «corsários» (tal como mais tarde os piratas escandinavos se descreveriam como Viquingues), mas a palavra veio a ser aplicada a todos os Irlandeses, fossem eles piratas ou não. O declínio do poder romano deu aos Escotos grandes oportunidades para fazerem raides e construírem colónias ao longo da costa oeste da Grã-Bretanha. Os Bretões tinham pouca dificuldade em assimilar estes imigrantes irlandeses, mas para os Pictos era mais complicado. A Terra dos Pictos tornou-se a Escócia. Tradicionalmente, o rei Fergus MacErc (m. 501), da dinastia irlandesa do Norte, Dál Riata, foi considerado como o líder da primeira colónia escocesa na Terra dos Pictos. Algures no fim do século V, diz-se que Fergus conquistara a península de Kintyre, enquanto os seus irmãos Loarn e Oengus se apoderaram de Lorn e Islay. É provável que a história tenha sido inventada para explicar a divisão tradicional da escocesa Dál Riata (moderna Argyll) em três tribos, Cenel Loairn, Cenel nOengusa e Cenel nGabrain (devido ao nome do neto de Fergus, Gabran). Fergus e os seus sucessores reinaram na irlandesa Dál Riata e Argyll como um único reino até 637, quando estas duas partes se tornaram independentes. Alguns historiadores modernos questionam esta explicação tradicional sobre a colónia escocesa, duvidando que Argyll fosse realmente território picto quando Fergus conseguiu o seu controlo. Argumentam que, no seu ponto mais próximo, Argyll está apenas a 20 quilómetros do Norte da Irlanda, uma pequena viagem de barco em condições favoráveis. Apesar de Argyll estar ligada à Irlanda por mar, também estava separada do resto da Terra dos Pictos pelas Terras Altas, que nos tempos antigos seriam verdadeiras barreiras às comunicações. É possível, portanto, que Argyll fosse essencialmente irlandesa na cultura e na língua – isto é, falavam gaélico – muito tempo antes de Fergus a ter conquistado. A hipótese é atractiva, porém, é provável que não possa ser provada.

Os Escotos escolheram como local para a sua capital, a colina rochosa e escarpada de Dunadd, que se ergue abruptamente da terra turfosa na abertura do vale de Kilmartin, em Argyll. O local tinha muitas vantagens: era uma fortaleza natural que podia ser facilmente fortificada e situava-se num istmo estreito na garganta da península de Kintyre, com comunicações fáceis para o Atlântico a oeste e o istmo de Clyde a este. Contudo, o que deve ter tornado Dunadd ainda mais atractivo aos Escotos foi a sua posição no centro de uma das mais singulares paisagens pré-históricas da Grã-Bretanha. Uma espantosa concentração de pedras de pé, círculos de pedra, pedras gravadas, antas e mamoas, abrangendo um período de 3000 anos, marcava o vale de Kilmartin como um local de extraordinário significado, um local de poder para os recém-chegados, ao qual a dinastia de Dál Riata iria querer associar-se como meio de estabelecer a sua legitimidade. Dunadd não era um sítio espaçoso mas, tal como a casa real, tinha uma colónia dc trabalhadores especializados em metal, que faziam broches e outras jóias. Grandes quantidades de cerâmica importada e de vidro, descobertas em escavações mostram que Dunadd tinha contactos comerciais regulares com a Gália. Nas rochas no cume da montanha estão gravações, inscrições em ogamo e uma depressão em forma de pé, que era usada em rituais de coroação de reis.

Durante muito tempo, os Escotos estiveram confinados a Argyll, mas a sua influência cultural espalhou-se até à Terra dos Pictos através da Igreja missionária irlandesa na ilha de Iona nas Hébridas, fundada por São Columba em 563. Finalmente, isso tornou-se uma ameaça e o rei Nechton (r. 706-724) fcz as pazcs com o velho inimigo, o reino de Nortúmbria, e levou a igreja dos Pictos a aceitar as práticas da Igreja romana. Um dos resultados desta mudança foi a fusão dos estilos decorativos dos Pictos, Irlandeses e Nortúmbrios, que produziu algumas das mais distintas esculturas conhecidas no início da Idade Média na Grã-Bretanha. Os Pictos alcançaram o auge do seu poder com Oengus mac Fergus (r. 729-761). Oengus capturou Dunadd em 736 e conquistou os Escotos, virando-se depois para os Bretões de Strathclyde em 750. Numa aliança com a Nortúmbria, Oengus sitiou a capital britânica em Dumbarton, em 756, e foi desastrosamente derrotado. O poder dos Pictos começou a enfraquecer e, algum tempo antes de 768, os Escotos não só reconquistaram a sua independência, sob a liderança de Aed Find, como também começaram a atacar a Terra dos Pictos. Nas décadas que se seguiram, o Sul da Terra dos Pictos foi sendo cada vez mais controlado pelos Escoceses. Vários reis de Fortriu tinham nomes gaélicos e, provavelmente, eram originários de Dál Riata. O último desaire para os Pictos parece terem sido os Viquingues, que começaram a fazer incursões às Ilhas Britânicas no fim do século VIII. Os Viquingues conquistaram e colonizaram os territórios pictos das Shetland, Órcades, Caithness e Hébridas Exteriores. Os Pictos aqui – pelo menos os que sobreviveram: estudos genéticos sugerem que 40-60 por cento da população das Órcades e Shetland são de origem escandinava – foram completamente assimilados pelos recém-chegados. Algumas pedras com símbolos são as únicas lembranças dos Pictos nesta região; nem sequer os nomes de locais sobreviveram.

UNIÃO OU CONQUISTA?

Os Escotos também tiveram de suportar a afronta dos Viquingues, que conquistaram Kintyre e as Hébridas Interiores, mas, de algum modo, conseguiram tirar vantagem do infortúnio dos Pictos. Depois de uma incursão devastadora dos Viquingues a Fortriu, em 839, ter morto dois reis pictos, o rei escocês Kenneth mac Alpin (Cinaed mac Alpin) conquistou toda a Terra dos Pictos. A data tradicional da conquista é 842-843, mas a conquista provavelmente só foi concluída em 848, quando Kenneth transferiu as relíquias de São Columba de Iona para o centro principal da igreja dos Pictos, em Dunkeld. Foi um gesto de agradecimento do rei ao santo, pelo apoio da sua igreja. Kenneth, ou um dos seus sucessores imediatos, comemorou a conquista encomendando a um artista picto a escultura de um monólito de sete metros, conhecido como a Pedra de Sueno, que se encontra nas imediações de Forres em Moray. Uma face da pedra está coberta, de cima a baixo, com cenas de batalhas e execuções em massa de reis pictos e nobres. A mensagem que transmite dos Pictos conquistados com certeza era fraca. Parece que, ao conquistar Fortriu, os Escotos ficaram com o controlo da alta realeza dos Pictos e então protegeram a sua conquista derrotando os sub-reis pictos. Muitos altos reis pictos também tiveram de fazer o mesmo, mas Kenneth adiantou-se, matando os derrotados sub-reis e a sua aristocracia travava qualquer tentativa de rebelião de liderança dos Pictos. A Pedra de Sueno foi um dos últimos trabalhos artísticos dos Pictos. Os símbolos destes caíram em desuso, tal como a sua língua, que foi trocada pelo gaélico. A última referência contemporânea dos Pictos data de 904. Por conseguinte, tornaram-se no único povo celta conhecido que habitou a Grã-Bretanha em tempos históricos, que se extinguiu. Os Escotos não tinham grande interesse em preservar a memória dos Pictos, que em escritos medievais tardios se tornaram figuras folclóricas, uma raça de pigmeus que vivia debaixo da terra. Esta crença estranha pode ter derivado dos vários subterrâneos que os antecessores dos Pictos tinham construído para armazenar produtos alimentares perecíveis.

Os Escotos adoptaram muitos dos ornamentos da realeza dos Pictos, tal como os seus locais de poder, como Scone, perto de Perth. O seu antigo centro de poder real em Dunadd foi abandonado: era muito vulnerável aos Viquingues e as terras dos Pictos eram muito mais ricas que Argyll. Kenneth e os seus imediatos sucessores usaram o título de «rei dos Pictos», mas foi abandonado por Donald II (r. 889-900), que adoptou o título de «rei de Alba». Embora Alba seja a palavra gaélica para Escócia, «Escócia» em 900 não tinha o significado de agora, referia-se apenas à área entre Forth e Spey. No curso do século X, no entanto, a Escócia iniciou um período de expansão territorial constante, que continuou durante 200 anos. Enfraquecido pela devastação do ataque viquingue à sua capital em Dumbarton, em 870, o reino britânico de Strathclyde tornou-se um reino satélite da Escócia antes de finalmente ser anexado, cerca de 1018. O rei inglês Edgar cedeu Lothian, onde se falava inglês, a Kenneth II cerca de 973 em retribuição pela sua submissão, mas a vitória de Malcom II sobre os Ingleses em Carham, em 1018, estabeleceu Tweed como a fronteira sul da Escócia. O século XI foi marcado pela luta com uma dinastia rival dos Escotos, que se estabeleceu em Moray. Macbeth, o mais famoso governante de Moray, tornou-se rei da Escócia em 1040, porém, foi expulso depois da sua derrota com Malcom III Canmore («Grande Cabeça») em Dunsinnan, em 1054. Depois de Macbeth ter sido derrotado e morto por Malcom em Lumphanan três anos mais tarde, Moray entrou em declínio e foi totalmente incorporada na Escócia em 1130. Seguiram-se, pouco depois, as colónias de Nórdicos em Caithness e Sutherland. Quando a Noruega cedeu as Hébridas à Escócia, em 1266, o país já tinha praticamente alcançado as suas fronteiras modernas: as últimas aquisições territoriais da Escócia foram as Órcades e Shetland, cedidas pela Dinamarca em 1468-1469, em substituição do dote de uma princesa, que o país em bancarrota não tinha possibilidade de pagar. Os habitantes das ilhas ainda têm um forte sentido da sua herança escandinava e em anos recentes tem havido alguns pedidos irónicos para a restauração da soberania dinamarquesa.

UM REINO SEM UMA NAÇÃO

No início de século XII a Escócia estava bem estabelecida como o segundo mais poderoso reino das Ilhas Britânicas, mas ainda era um estado multiétnico – não existia uma nação escocesa. Os Ingleses de Lothian ainda se achavam Ingleses, os Bretões de Strathclyde ainda se achavam Bretões. Em relação aos Escotos, ainda se consideravam como sendo Irlandeses. O forjar de uma identidade comum, provavelmente, começou durante o reino de David I (1124-1153). David passou os seus anos de formação em Inglaterra e alcançou um alto cargo no governo de Henrique I antes de herdar o trono escocês, em 1124. David ficara impressionado com o poder da monarquia inglesa e começou a introduzir práticas anglo-normandas na Escócia, iniciando a diluição do carácter celta do seu reino. Os amigos anglo-normandos de David, entre os quais membros da família Bruce, eram grandes senhores feudais, muitos dos quais em áreas onde a autoridade real ainda era fraca, como Galloway e as Terras Altas. A burguesia inglesa e flamenga era também convidada a fixar-se na Escócia, para promover o comércio e a urbanização. Sob o reinado de David, a Escócia teve a sua primeira cunhagem própria. Esta colonização aumentou bastante o estatuto do inglês, que se tornou a língua da corte e começou a ocupar o lugar do cúmbrico em Strathclyde e do gaélico em Fife e Angus. Como resultado destas mudanças, paulatinamente, os Escotos foram rejeitando as suas origens irlandesas, à medida que aumentava a sua consciência de si próprios como um povo distinto no seu próprio direito. Os Irlandeses também notaram a mudança e começaram a encarar os Escoceses como estrangeiros. Nos tempos modernos, esta rejeição das origens irlandesas levou à reabilitação dos Pictos como os autênticos antecessores dos actuais Escoceses, ao passo que a conquista da dinastia de MacAlpin é apresentada (por razões nacionalistas), como uma cómoda união consensual, em vez da conquista sangrenta que claramente foi.

Aí permaneceu uma profunda e muitas vezes problemática divisão na Escócia entre as Terras Altas onde se fala gaélico e as terras Baixas, região feudal onde se falava inglês, mas o sentido de nacionalidade comum foi confirmado pela experiência das guerras da independência de Inglaterra (1296-1328). No século XII, as guerras anglo-escocesas foram geralmente causadas pelos Escotos que tentavam empurrar as suas fronteiras a sul até ao Norte de Inglaterra, mas no século XIII, em regra, a paz prevalecia e as relações entre os dois reinos tornaram-se amigáveis e cooperantes. Porém, tudo isto terminou abruptamente, quando a arbitrária mediação de Eduardo I numa disputa de sucessão se alheou dos Escotos e tornou as relações anglo-escocesas permanentemente amargas. Embora nenhum dos dois principais líderes da independência escocesa, William Walace e Robert Bruce, fossem celtas, as Terras Altas provaram ser cruciais para a sobrevivência da Escócia como um reino independente. Os Ingleses podiam e realmente alcançaram o domínio militar das Terras Baixas, mas não tinham recursos para dominar as Terras Altas, onde estava cerca de metade da população da Escócia medieval. Com esta reserva segura de potencial humano atrás, a Escócia não se podia efectivamente conquistar. Depois da vitória em Bannockburn, em 1314, ter unido os Escotos sob Robert Bruce, era uma questão de tempo antes de o esforço financeiro e político forçar os Ingleses a reconhecer a independência da Escócia.

Se as Terras Altas eram muito úteis aos reis da Escócia em tempos de guerra com os Ingleses, também podiam ser um problema considerável noutras alturas. Os mesmos factores geográficos e económicos que tornaram difícil para os Ingleses (e antes deles os Romanos) as campanhas nas Terras Altas, também era difícil para o rei dos Escoceses impor a sua autoridade eficazmente aos chefes gaélicos da região, de espírito independente. A relativa pobreza da economia das Terras Altas era um obstáculo insuperável, uma vez que não havia possibilidade de que a subjugação da região se pagasse por si mesma, de modo a aumentar os recursos magros do estado da Escócia. Mesmo a ilha fértil de Islay, que a coroa adquiriu cerca de 1490, provou ser economicamente quase sem valor. O custo de movimentar as consideráveis quantias das rendas dos alimentos da ilha (gado e cereais) para as Terras Baixas era tão ruinosa, que a coroa simplesmente voltava a vendê-las aos seus donos. Islay cedo foi dada a um chefe de clã. Apesar de parecer perverso, a Escócia celta sobreviveu em larga medida porque era pobre.

OS ESCOCESES DAS TERRAS ALTAS E DAS TERRAS BAIXAS

A fundação das terras senhoriais anglo-normandas nas Terras Altas, no século XII, não alcançara o que se esperava delas, porque os novos senhores tinham-se logo tornado nativos e adoptado o sistema de clãs gaélico. Porque era a melhor maneira de ganhar prestígio para os chefes de clãs e guerreiros, as guerras privadas e os raides para roubar gado tornaram-se endémicos nas Terras Altas e muitas vezes iam até às Terras Baixas. A suspeita mútua e o ódio caracterizava as relações entre os habitantes das duas regiões. As atitudes dos habitantes das Terras Baixas, em relação aos Celtas escoceses, era muito similar à dos Gregos e Romanos em relação aos Gauleses. Se acreditarmos no cronista escocês do século XIV John de Fordun, os habitantes das Terras Baixas eram civilizados e possuíam quase todas as virtudes imagináveis, enquanto os das Terras Altas eram «ferozes e indomáveis, bárbaros e desagradáveis, muito dados aos roubos, gostavam de não fazer nada, mas as suas mentes eram rápidas na aprendizagem e espertos. Eram incrivelmente belos de aparência, porém, as suas roupas eram feias. Mostravam-se sempre hostis e selvagens, não só em relação ao povo e língua de Inglaterra, mas também em relação aos seus companheiros Escotos por causa da diferença de língua». No seu poema *The Dance of the Sevin Deidly Synnes*, o poeta William Dunbar infesta os mais baixos círculos do Inferno com os habitantes das Terras Altas, onde levam o Diabo à loucura com o ininteligível barulho da sua língua «irlandesa» (*i.e.*, gaélico). Do ponto de vista dos habitantes das Terras Baixas, os habitantes das Terras Altas eram bárbaros *bar-bar*. A Escócia medieval era um híbrido meio celta e no fim da Idade Média, a metade celta estava em declínio constante quanto ao prestígio cultural, o que torna hoje a idealização do habitante das Terras Altas ainda mais extraordinária.

Citânia de Briteiros.

Pormenor da cabana construída na citânia de Sanfins.

Citânia de Sanfins.

© John Haywood

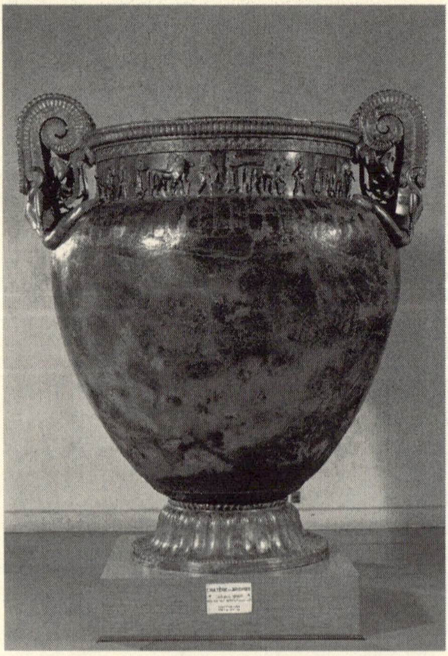

Cratera, do túmulo de uma princesa perto de Vix (bronze). Escola grega (século VI *a. C.)*

Fonte: Museu Arqueológico, Châtillon Sur Seine, França/Bridgeman Art Library, www.bridgeman.co.uk

Garrafa do início de La Tène, de Basse-Yutz, França.

Fonte: © The British Museum

Delfos.

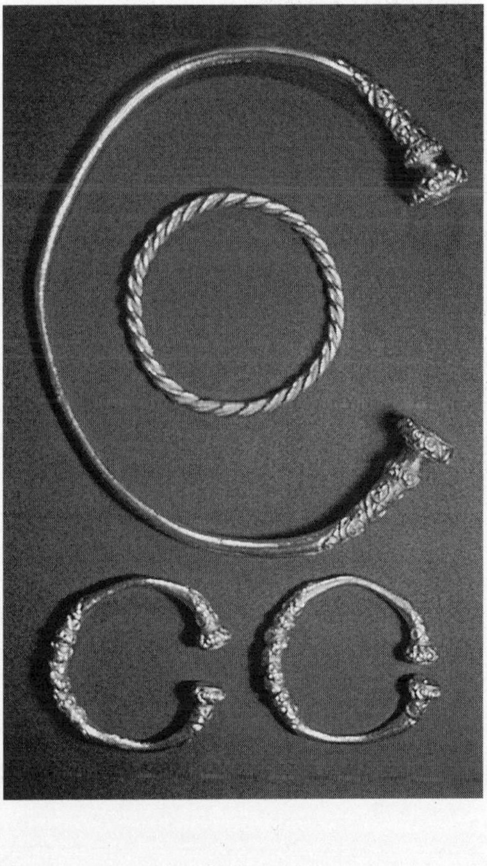

Colar de pulseiras, em ouro, de Waldalgesheim, meados do século IV.

Fonte: Rheinisches Landesmuseum, Bona, Alemanha/Bridgeman Art Library, www.bridgeman.co.uk

Mousa Broch, Shetland.

Templo druida, Shetland.

Painel do caldeirão de Gundestrup mostrando um ritual de afogamento.

Fonte: Museu Nacional, Copenhaga, Werner

Entrada com caveiras, de um santuário dos Salúvios,
em Roquepertuse, França (séculos II e III a. C.)

Fonte: Musée Borély, Marselha, França/Lauros-Giraudon/Bridgeman Art Library

Reconstrução de uma casa celtibera em Numância.

© John Haywood

Muralha de Adriano, vista do Forte Housesteads.

© John Haywood

Muralha romana em Carcassonne (finais do século III *d. C.)*

Cabeça de Medusa do templo de Sulis-Minerva em Bath

Fonte: Roman Baths Museum, Bath, Avon, UK/Bridgeman Art Library, www.bridgeman.co.uk

Castelo de Harlech, construído por Eduardo I, 1285-1290, por 8000 libras.

Sítio de inauguração real, em Dunadd

Cruz celta, em Monasterboice (século VIII*).*

Torre redonda do mosteiro de Devenish,
o sino avisava as populações aquando das incursões viquingues e a torre acolhia os habitantes.

Castelo de Carrickfergus,
o mais antigo castelo em pedra
da Irlanda (cerca de 1180).

Castelo de Cloghmore, uma típica
casa-torreão irlandesa (século XV*).*

Hugh O'Neill

Fonte: Getty Imagens/Arquivo de Hulton

Castelo de Parkes, do século XVII.

© John Haywood

Castelo de Corgaff, finais do século XVI,
convertido em 1748 em aquartelamento para soldados de Hanover.

© John Haywood

Pequenas quintas abandonadas em Lonbain, Wester Ross.

© John Haywood

Camponeses irlandeses famintos clamam aos portões de um asilo.

Fonte: Getty Images/Hulton Archive

O SENHOR DAS ILHAS

O mais poderoso dos semi-independentes senhores feudais gaélicos das Terras Altas foi MacDonald, «O Senhor das Ilhas». O Senhor das Ilhas foi, nalgum sentido, o sucessor do Reino Nórdico das Ilhas, que era governado desde a ilha de Man, no século XI. A queda do reino começou com Somerled, um chefe de clã de Argyll que era de ascendência semi-gaélica, seminórdico. Numa batalha naval travada numa noite de Inverno, ao luar, em 1156, Somerled derrotou o rei Godred II de Man e alcançou o controlo da maioria das Hébridas. Preferindo um senhor distante que um mais próximo, Somerled reconheceu a soberania do rei da Noruega sobre as suas possessões das ilhas, mas isto trouxe-lhe conflitos com o rei dos Escotos, Malcom IV, que via as Hébridas com ganância. Somerled foi morto durante uma incursão à Escócia, numa batalha perto de Renfrew, em 1164, mas as Hébridas permaneceram na posse dos seus descendentes. Muito depois de se converterem ao cristianismo, os colonos nórdicos nas Hébridas cedo foram assimilados pelos costumes gaélicos. Quando a Noruega finalmente cedeu as Hébridas à Escócia, em 1266, estes senhores gaélicos semi-independentes simplesmente transferiram a sua fidelidade para o rei dos Escotos e continuaram como antes.

O título de Senhor das Ilhas foi fundado por Angus Og MacDonald, o bisneto de Somerled, Donald. Angus apoiou Robert Bruce na sua luta pelo trono da Escócia, com a família rival Comyn e foi recompensado tornando-se senhor de Islay em 1307. Depois de levar os homens das ilhas para uma batalha em Bannockburn, Angus foi ainda mais recompensado com os distritos continentais de Morvern, Ardnamurchan e Lochaber. Através de casamentos vantajosos, o filho de Angus e seu sucessor, João de Islay, juntou o resto das ilhas Hébridas à sua herança, bem como os distritos continentais de Kintyre, Knapdale e Garmoran. Em 1353, John formalmente adoptou o título de *Dominus Insularum*, «Senhor das Ilhas»: de modo significativo, em gaélico ele usou o título *rí*, «rei». O poder do mar e cerca de 30 castelos de pedra mantinham este vasto território senhorial unido. Os castelos da suserania estavam quase todos situados na costa, onde podiam controlar as vias marítimas enviando frotas de galés para interceptar os barcos. Estas galés das Terras Altas, ou «birlinns», eram rápidas, fortes e bem construídas, descendentes dos barcos longos que dominaram os mares do Norte, nos tempos dos Viquingues. Permaneceram populares para os piratas escoceses e irlandeses até ao século XVII.

O único castelo importante da suserania que se situava no interior, estava numa ilha num lago em Finlaggan em Islay e tão confiantes estavam os senhores do seu controlo dos mares das Hébridas, que as suas fortificações eram mais simbólicas que funcionais. Finlaggan foi a capital oficial da suserania, onde se reunia o Concílio das Ilhas, numa segunda ilha ligada ao castelo por uma passagem pelo meio da água. As ruínas escassas que sobreviveram até ao nossos dias não dão bem ideia da antiga importância que o lugar teve. A suserania era um governo consciente de si mesmo, orientado politicamente à maneira irlandesa, de uma forma que o reino da Escócia há muito tinha deixado de ser. A cerimónia de imposição dos senhores recordava – deliberadamente – as dos antigos reis escoceses de Dál Riata, uma vez que implicava o uso de uma pedra quadrada na qual estava gravada a forma de uma pegada de homem. Esperava-se que o novo senhor colocasse o seu pé na imagem como sinal de que iria caminhar de acordo com as pegadas e a integridade dos seus antecessores. O gaélico era a língua da administração e da alta cultura e, tal como os reis irlandeses, os senhores estavam rodeados de funcionários hereditários, como os *seanchaidhean*, ou historiadores de clãs. As ligações literárias e artísticas com a Irlanda gaélica eram activamente cultivadas. Tal como o eram as ligações políticas: o casamento de João Mor, um jovem filho de João I, com Margery Bisset, a herdeira de Antrim, alargou a influência dos MacDonalds à Irlanda do Norte, na década de 1390. Milhares de mercenários gauleses atravessaram o canal do Norte para servir nos exércitos da suserania.

A autoridade real nunca tinha sido forte nas Terras Altas, mas os Senhores das Ilhas eram suficientemente poderosos para perseguir uma política externa independente, o que muitas vezes entrava em conflito com os interesses do reino escocês no seu todo. Estes perigos tornaram-se manifestamente aparentes para a coroa escocesa, quando João I se aliou a Eduardo III de Inglaterra, em 1335, para colocar o complacente fantoche Eduardo Balliol no trono escocês. O rei David II sentenciou a confiscação das terras de João devido à sua traição. Estando compreensivelmente confiante que David não podia aplicar a sentença, João simplesmente ignorou-a. Donald, o segundo lorde, também se aliou aos reis ingleses, alcançando acordos defensivos com Ricardo II e Henrique IV. Donald também tentou tirar proveito da menoridade de Jaime I para ganhar controlo sobre o condado de Ross, a que ele tinha direito através da sua mulher. Donald foi derrotado em 1411 por um exército real liderado pelo conde de Mar em Harlaw, a cerca de 32 quilómetros de Aberdeen, mas o seu filho Alexandre, o terceiro lorde, adquiriu finalmente a herança disputada em 1424. A aquisição de Ross fez com que a suserania alcançasse a sua extensão territorial máxima e tornou Alexandre o maior magnata nas Terras Altas. Jaime I tentou diminuir a grandeza de Alexandre, capturando-o num acto de má-fé e aprisionando-o no castelo de Tantallon. Jaime enviou o seu exército para invadir a suserania mas foi derrotado em Inverlochy, em 1431, pelo primo de Alexandre, Donald Balloch, que continuou a saquear as terras dos Mackintoshes e dos Camerons, que se tinham aliado à coroa. Ultrajado, Jaime exigiu a cabeça de Donald como preço para a paz. Uma cabeça decepada foi devidamente enviada e Alexandre libertado, mas o rei fora enganado: Donald estava vivo e a salvo na Irlanda. Desconhece-se quem era o desafortunado dono da cabeça.

As fortunas de todos os principados e reinos medievais dependiam grandemente das capacidades dos seus governantes. Um reino reconhecido internacionalmente podia sobreviver a um fraco ou incompetente governante, porém, tal podia provar-se facilmente fatal, até mesmo para o maior e mais independente dos senhores feudais, visto serem essencialmente colecções de estados e de direitos, não entidades soberanas. A fase dos Senhores das Ilhas competentes chegou ao fim com a subida ao trono de João II, em 1449. Não ajudou o facto de ele ainda ser um rapaz, mas mesmo em adulto faltava-lhe o carácter enérgico, necessário para uma liderança com sucesso. Um contemporâneo descreve João como um homem calmo e erudito, mais apto para ser um homem de igreja do que um chefe de clã. A fraqueza de João permitiu que a figura marcial de Donald Balloch conseguisse um controlo influente sobre a política estrangeira da suserania. Hoje em dia, Donald seria descrito como um falcão por tentar uma política agressiva em relação à coroa. Em 1451, João obteve o controlo de castelos reais em Inverness e Urquhart; no ano seguinte, Donald liderou a frota de galés da suserania até Clyde para devastar as terras da coroa de Jaime II.

Sob a influência de Donald, João negociou o Tratado de Ardtornish com Eduardo IV de Inglaterra, em 1462. Como recompensa pelo seu apoio, Eduardo prometeu partilhar toda a Escócia a norte de Forth entre João e Donald, se ele conquistasse o país. Esta aliança ambiciosa ameaçava não só a coroa mas também todos os magnatas das Terras Altas. Depois de Eduardo ter conseguido um acordo de paz em 1474, Jaime III estava livre para lidar com o Senhor das Ilhas. Em 1475, Jaime declarou

Ross, Kintyre e Knapdale confiscados por traição e uma aliança bastante forte dos magnatas das Terras Altas, liderada pelos condes de Huntly e Atholl invadiu a suserania e forçou João a render-se, em 1476. A autoridade deste ficou bastante diminuída e os diferentes ramos do clã Donald e outros clãs líderes, os MacNeills, MacLeods e MacLeans, começaram a lutar entre si pelo «lugar de comando dos Celtas escoceses» do que restava da suserania. Parece que João concluiu que a melhor possibilidade de preservar a suserania era manter um baixo perfil, mas foi frustrado pelo seu filho guerreiro Angus, que se lançou para a reconquista à força das terras perdidas. Angus parecia estar à beira do sucesso quando, instigado pelos Mackenzies de Kintail, um harpista irlandês lhe cortou a garganta enquanto dormia, numa noite de 1488-89. O sobrinho de João, Alexandre de Lochalsh, que continuou a luta, foi derrotado pelos Mackenzies perto de Strathpeffer, em 1491, provando que não era um guerreiro da estatura de Angus. Entretanto, a suserania caiu no caos porque João deixou de participar de forma activa no seu governo. Jaime IV viu a sua oportunidade e aboliu formalmente a suserania em 1493, dividindo-a entre os chefes de clã locais. João ficou agradecido por se poder retirar para a corte real com uma pensão generosa: morreu em 1503. A nenhum clã seria permitido conseguir formar de novo uma suserania tão poderosa, mas, embora a ameaça à coroa tivesse acabado, a abolição da suserania pouco fez para aumentar a efectividade governamental da coroa nas Terras Altas. Havia demasiadas rebeliões para restaurar o Senhor das Ilhas, a última foi em 1545, e as rivalidades entre clãs, que tinham sido suprimidas pela lealdade comum aos senhores, voltou a emergir como vingança. A subjugação das Terras Altas – *«danting of the isles»* – seria a maior preocupação para os governos escoceses durante os 200 anos seguintes e a tarefa só ficaria completa com o Acto de União.

10

A Irlanda e os Seus Invasores

A Irlanda é um dos piores países no mundo para fazer campanha ou subjugar, porque é um local estranho, selvagem, consistindo em florestas impenetráveis, grandes lagos, brejos e regiões desabitadas. É difícil encontrar um modo de fazer guerra eficazmente contra os Irlandeses porque, a não ser que eles queiram, não há ninguém com quem lutar nem existem cidades para dominar.

JEAN FROISSART, *Crónicas* (*c.* 1410)

A descoberta de grandes quantidades de artefactos romanos num promontório fortificado perto de Drumanagh, no condado de Dublin, no início dos anos 1990, ameaçou brevemente a revolução de pensamento sobre o final do período pré-histórico da Irlanda. Teria o antigo mundo celta da Irlanda sido violado por uma invasão romana? Afinal, não tinha sido. Drumanagh foi uma fortaleza nativa com ligações comerciais com o mundo romano. Outros sítios apresentaram provas de comércio com o Império Romano e mesmo da presença de mercadores romano-britânicos residentes, na forma de enterros de características britânicas, com produtos funerários britânicos e romanos. Os mercadores do mundo romano devem ter sido visitantes frequentes, porque os Romanos tinham um bom conhecimento da costa irlandesa e mesmo dos principais centros cerimoniais no interior, como Emain Macha (Navan), ao qual chamavam Isamnion. Apesar destes contactos, surpreendentemente, foram encontrados poucos artefactos romanos na Irlanda. Parece que a elite irlandesa não sentia uma vontade forte em adoptar o aparato do estilo de vida romano, como as elites celtas britânicas e continentais tinham feito, pelo que as moedas romanas e trabalhos de metal eram simplesmente derretidos e reciclados como artefactos de La Tène, mais ao gosto dos nativos. Os contactos com o mundo romano também parece não terem tido um impacto nos desenvolvimentos sociais, uma vez que não houve qualquer aceleração na formação de estados, na urbanização ou na fixação da agricultura. A Irlanda permaneceu um mundo de tribos e de domínios de clãs, de criação de gado e de roubo de gado, como se encontra retratado no épico *Táin Bó Cúailgne* («O Raide ao Gado de Cooley»), que se acredita ser do século IV. Um dos poucos sinais patentes de influência romana foi o desenvolvimento do alfabeto ogamo, nos séculos III e IV. O ogamo, que foi delineado para ser simples de gravar, era usado em inscrições comemorativas, que são os primeiros registos da língua irlandesa. Outra influência romana foi a introdução do cristianismo, um desenvolvimento que efectivamente trouxe um fim à Irlanda pré-histórica.

A IRLANDA CRISTÃ PRIMITIVA

Os primeiros cristãos a viver na Irlanda eram, provavelmente, escravos britânicos, em vez de missionários. O declínio do poder romano no século IV, deu o sinal aos Irlandeses para o início de incursões piratas às áreas costeiras britânicas. Um poeta romano escreveu que «o mar espumava com o bater de remos hostis». Atribui-se a um rei irlandês, Niall dos Nove Reféns, a liderança de sete expedições à Grã-Bretanha e a sua mãe, Cairenn, dizia-se que era uma escrava britânica liberta. Outro escravo britânico foi São Patrício, capturado ainda adolescente nos últimos dias da Grã-Bretanha romana e levado para a Irlanda, onde guardou ovelhas durante seis anos antes de fugir, para regressar cerca de 435 como um bispo missionário. Patrício mais tarde escreveu que milhares de Bretões tinham sido assassinados nestas incursões irlandesas. Apesar da popularidade de Patrício, visto como um apóstolo na Irlanda, ele não foi sequer o primeiro missionário a pregar lá o Evangelho. Os primeiros missionários foram enviados pela Igreja da Gália, no fim do século IV ou início do século V, e em 431 existiam convertidos suficientes para justificar a nomeação de Palladius de Auxerre como bispo dos Irlandeses, pelo papa Celestino. Outros missionários continentais que se mostraram activos por volta desta altura, incluíam São Auxilius, São Iserninus e São Secundinus. A missão continental estava concentrada em Leinster; a missão de São Patrício destinava-se aos ainda completamente pagãos que viviam na metade norte do país. Um guia completo com o nome de *Domnach Pátraic* («Construção da Igreja por Patrício»), da área evangelizada por Patrício, resulta da distribuição das igrejas primitivas, onde apenas uma se encontra a sul da linha delineada entre Dublin e Galway. Depois da chegada de São Patrício, os missionários britânicos tomaram gradualmente conta do trabalho de conversão a partir dos Gauleses. Isto teve uma influência importante no desenvolvimento do início do cristianismo irlandês, que saiu fora do controlo da Igreja romana. O método britânico para calcular a data da Páscoa foi usado em conjunto com outras práticas «celtas», com uma estrutura diocesana informal e uma tradição mais eremita do monaquismo do que a praticada nas áreas controladas pela hierárquica e autoritária Igreja Católica romana. A conversão da Irlanda foi, provavelmente, facilitada pela política de localizar centros cristãos perto dos antigos centros de rituais pagãos. A Igreja de São Patrício em Armagh, por exemplo, estava perto do lugar dos reis do Ulster em Emain Macha, enquanto a Igreja de São Secundinus em Dunshauglin estava próxima de Tara, que retinha a associação simbólica com a realeza, apesar de ter sido abandonada havia séculos. A introdução do cristianismo deve ter levado à destruição da maior parte da cultura pagã na Irlanda, no entanto, continuou aceitável, mesmo para os monges, a apreciação das lendas mitológicas dos antigos heróis irlandeses e dos seus deuses mágicos, os quais continuaram a transmiti-las e finalmente a escrevê-las para a posteridade. Na Europa medieval, apenas os Islandeses tinham um respeito comparável pelo seu passado pagão.

A Irlanda cristã primitiva foi um mosaico complexo de centenas de reinos locais e dezenas de suseranias. Um rei normal (*rí tuathe*) era o senhor de um *tuath*, definido como «povo» ou «comunidade», em vez de uma unidade territorial. O território de um *tuath* podia ser muito pequeno, muitas vezes menos de 160 quilómetros quadrados. Cada *tuath* teria a sua capital, usualmente um pequeno forte redondo ou uma habitação lacustre; uma igreja ou um mosteiro; e um local para cerimónias, em regra uma mamoa que se acreditava ser a sepultura de um ilustre antepassado real. O povo do *tuath*, em teoria, pelo menos, era um afastado grupo aparentado sendo o rei o chefe da família mais importante. O rei tinha a responsabilidade, perante o seu povo, pela fertilidade das suas terras e gado, daí a sua prosperidade: este era sem dúvida um legado dos tempos pagãos. Os reis tinham também o dever de fazer leis, julgamentos e liderarem na guerra. Em contrapartida, todas as famílias livres do *tuath* deviam ao rei tributo – pago em géneros (as moedas não eram usadas na Irlanda antes da Era dos Viquingues) e com serviço militar. Os clérigos e os poetas instruídos faziam a pouca administração que estes simples reinos requeriam. Os reis normais podiam também dever tributo (usualmente gado), hospitalidade e serviço militar a um suserano (*ruiri*), que por seu turno prestava a um rei dos suseranos (*rí ruirech*). Os suseranos, portanto, não exerciam domínio directo fora do seu *tuath* – o seu poder dependia da sua habilidade em conseguir recursos e serviços dos seus reis-clientes. Por vezes, um rei excepcionalmente poderoso podia ser descrito como o rei da Irlanda (*rí Érenn*), mas a alta realeza só se desenvolveu como uma instituição formal cerca do final do século X. As relações entre os reinos não estavam fixas. Um rei normal, com habilidade militar e ambição, podia construir um forte grupo de guerra e usá-lo para se tornar um suserano. No entanto, no século VII emergiram algumas dinastias estáveis de suseranos, sendo as mais poderosas as do Northern e Southern Uí Néill, a nordeste de Ulster e Meath, respectivamente. Para um estrangeiro, o início da Irlanda cristã devia parecer um país muito dividido e, de facto, a guerra em baixa escala era endémica. No entanto, esta estrutura política altamente descentralizada, viria a provar ser muito resistente, bem hábil para absorver o choque da invasão e para constantemente renovar a sua resistência.

O início da Igreja na Irlanda era uma imagem espelhada das estruturas políticas descentralizadas do país. A rígida hierarquia da Igreja Católica romana, com as suas dioceses e províncias, foi modelada na estrutura administrativa do extinto Império Romano. Na Irlanda os bispos eram respeitados, mas a Igreja era dominada pelos abades dos mosteiros, que tinham o papel de liderança no cuidado pastoral para com os laicos. O monaquismo foi introduzido na Irlanda através da Grã-Bretanha, durante o período de conversão. Os monges britânicos, como São Finnian de Clonard (*fl. c.* 500), fundaram os primeiros mosteiros e treinaram irlandeses como Columba (Colum Cille), que por sua vez se tornaram prolíficos fundadores de mosteiros e igrejas. O monaquismo estava aberto a mulheres bem como a homens, mas existia uma relutância em doar terras a conventos de freiras, portanto, eram poucos, mais pequenos e menos influentes que as casas masculinas. Os mosteiros que se acreditava partilharem um fundador comum estavam agrupados em *paruchiae* (paróquias), porém, ao contrário das dioceses, estas não eram unidades territoriais: os mosteiros de uma *paruchia* podiam estar muito espalhados.

A IDADE DE OURO

A Igreja introduziu a instrução em latim. Os monges irlandeses assumiram entusiasticamente a tarefa de estudar a literatura patrística e clássica e eles próprios cedo começaram a produzir uma grande variedade de literatura, tanto em latim como em gaélico, incluindo comentários bíblicos e hagiografia, leis, gramática, cálculo, anais e poesia. Os mosteiros irlandeses começaram logo por possuir bibliotecas bem recheadas. O nível da cultura monástica da Irlanda era igual a qualquer outro do início do Ocidente medieval, mas o que particularmente impressionava os estrangeiros era o alto nível de educação normal dos monges: possivelmente porque importavam uma cultura estrangeira, os eruditos irlandeses tinham um grande cuidado em conseguirem bons materiais de educação para os noviços. Os mosteiros também se tornaram importantes centros para trabalhos de artífices e para as artes visuais. Os mosteiros eram proprietários de extensas terras e muitos enriqueceram com as rendas dos seus rendeiros e as ofertas dos peregrinos, que os visitavam na procura do perdão pelos seus pecados, ou curas para doenças e ferimentos. Os reis necessitavam do favor divino, para cumprirem as suas responsabilidades para com os seus súbditos, pelo que se tornavam visitantes frequentes dos mosteiros, acompanhados do seu séquito. A crença de que os santos os protegiam, levou muitos reis a confiar os seus tesouros aos mosteiros. Como eram ricos centros de consumo, os mercadores e os artífices eram atraídos aos mosteiros para fornecer os monges e os seus visitantes, por isso fixaram-se em aldeias perto dos mosteiros. No final do século IX alguns dos mosteiros mais importantes haviam-se transformado em pequenas cidades. Entre eles estava Armagh, o centro principal do cristianismo na Irlanda graças à sua associação com São Patrício e Clonmacnoise, que estava situado numa passagem estratégica de rotas de terra e rio no centro do país. Sob o patronato dos mosteiros, os artífices irlandeses produziram trabalhos de arte soberbos em pedra e metal, como as cruzes altas esculpidas, muitas das quais ainda de pé e os cálices de prata de Ardagh e Derrynaflan. Os melhores trabalhos artísticos irlandeses deste período são, inquestionavelmente, os livros dos Evangelhos com iluminuras intricadas, como o *Livro de Durrow* e o *Livro de Kells* (na realidade feito em Iona). Embora anos mais tarde o crédito tivesse sido atribuído aos anjos, estes foram feitos pelos próprios monges como actos de devoção. A arte do que iria chamar-se «A Idade de Ouro» foi uma fusão harmoniosa da extinta La Tène insular, com padrões geométricos e ornamentos de animais entrelaçados, adoptados dos Anglo-Saxões, que os historiadores de arte conhecem como o estilo hiberno-saxão. Os artífices que trabalhavam em metal também adoptaram dos Anglo-Saxões a técnica de fazer padrões decorativos, usando filigrana (fios finos torcidos de ouro ou prata) e cedo os excederam na técnica.

Apesar do envolvimento estreito dos mosteiros principais com o mundo secular, o monaquismo irlandês também tinha uma forte tradição de ascetismo, herdado dos padres do deserto. Os monges, que seguiam esta tradição, procuravam a solidão completa e construíam os seus mosteiros nas ilhas ventosas da costa oeste da Irlanda, o mais espectacular dos quais se aglutina, de modo quase impossível, aos rochedos das falésias do ilhéu de Skellig Michael. Outra expressão desta tradição asceta foi o movimento de reforma de Culdee (de *Céile Dé*, «Cliente de Deus»), que floresceu desde o século VIII até ao século XII. Embora a vida em lugares como Skellig Michael deva ter sido fria e privada de alimentos, não era suficientemente dura para alguns monges. Colocando os seus destinos nas mãos de Deus, pequenos grupos de monges partiam pelo mar em barcos frágeis, de couro, na procura do isolamento total em terras desabitadas. Muitos devem ter acabado no fundo do mar, mas outros encontraram portos seguros e mais tarde regressaram para contar as suas aventuras. A mais fantástica história destes monges navegadores é a *Viagem de São Brandão*, que alguns acreditam ser a descrição de uma viagem à América do Norte. A história mistura informações plausíveis, como a descrição de uma montanha escaldante no mar, que podia ser uma ilha vulcânica, com pura fantasia, tornando difícil o trabalho de interpretação. Uma réplica moderna de uma *currach* de couro atravessou com sucesso o Atlântico, porém, foi à custa da moderna roupa à prova de água e equipamento de navegação e a presença reconfortante de um barco de salvamento. No entanto, os monges irlandeses certamente alcançaram as ilhas Feroé e a Islândia, muito antes de os Viquingues aí terem chegado.

Os Irlandeses chamavam à sua prática de viagens religiosas *peregrinatio* («viajar para Deus»), enquanto os estrangeiros lhes deram o nome de «o modo irlandês de viajar», tão distinto era para eles. Contudo, nem todos os *peregrini* tinham a ideia fixa apenas na solidão, sendo o actual isolamento de muitos dos mosteiros irlandeses enganador. O mosteiro de Columba na aprazível ilha de Iona nas Hébridas, oferecia muita solidão, mas não era realmente assim tão remota numa altura em que viajar por mar era sempre mais rápido que por terra. Iona era, de facto, uma base excelente da qual Columba podia liderar a conversão dos Pictos do Norte, bem como a manutenção da sua influência na Irlanda, que estava apenas a um dia de viagem por mar. Outro monge irlandês de Iona, São Aidan (m. 651), teve o papel de liderar a conversão da Nortúmbria. Outros missionários irlandeses, como Columbanus (m. 615) e Fursa (m. 650), impuseram-se a tarefa de espalhar no poderoso reino franco e em Itália a marca ascética do monaquismo irlandês. Os Irlandeses fizeram muito para elevar os frágeis níveis dos mosteiros continentais, porém, a sua recusa em aceitar a autoridade diocesana e a aderência a outras práticas celtas, levou-os ao conflito com bispos locais. Columbanus teve uma carreira particularmente turbulenta e em determinado ponto foi escoltado do reino franco por guardas armados, embora regressasse logo. Devido à sua elevada reputação, muitos monges irlandeses foram bem recebidos na corte do imperador franco, Carlos Magno (r. 768-814), que promoveu o restabelecimento do saber conhecido como a Renascença carolíngia. Entre os eruditos irlandeses ilustres que contribuíram para este renascimento incluíam-se o geógrafo Dicuil, o poeta Sedulius Scottus e João Eriúgena («irlandês de nascimento»), cujo tratado *Da Divisão da Natureza*, uma discussão sobre a evolução do universo, foi um dos poucos trabalhos originalmente filosóficos do início da Idade Média. A prática da *peregrinatio* foi gradualmente entrando em declínio no século IX, como resultado da crescente influência do monaquismo beneditino, com a sua ênfase na estabilidade, que proibia os monges de viajar para fora dos seus mosteiros. No entanto, os mosteiros irlandeses, conhecidos como *Schottenklöster*, permaneceram influentes no Sul da Alemanha e na Áustria até à Reforma.

Quão importante era a civilização da «Idade de Ouro» da Irlanda num contexto global? Terão os Irlandeses, como tem sido afirmado, salvo a civilização? Embora não tivessem sido a única luz na dita Idade das Trevas – a vida cultural sofisticada nunca morreu em Itália e na Gália e a Inglaterra anglo-saxónica tinha os seus grandes sucessos culturais (embora em parte de influência irlandesa) – a civilização irlandesa foi incontestavelmente importante, para os níveis da contemporânea Europa Ocidental. Apesar de significativas, as conquistas irlandesas em termos da Europa Ocidental, quando vistas num contexto global servem apenas para realçar o atraso da cultura do início medieval do Ocidente. Nenhum centro cultural dos séculos VII a VIII na Europa Ocidental se podia comparar com os do Império Bizantino, da China, da Índia, ou mesmo da civilização maia da América Central, que nessa altura estava no seu auge. O maior centro cultural de todos era Bagdade, a capital do Califado Árabe Islâmico, onde florescia o estudo clássico das ciências e da filosofia. Os árabes eruditos tiveram um papel mais importante na preservação e disseminação do conhecimento da Antiguidade greco-romana do que os próprios gregos bizantinos que, surpreendentemente, mostraram pouco interesse nas realizações dos seus antepassados pagãos. Quando os Europeus medievais finalmente redescobriram os trabalhos de Aristóteles e outros filósofos antigos, foi através de traduções árabes dos Gregos originais. Na actual atmosfera de medo em relação ao islamismo, é sensato reflectir que, se alguém salvou a civilização *ocidental*, foram os Árabes.

NAVIOS LONGOS E *LONGPHORTS*

Os Viquingues acabaram com a Idade de Ouro da Irlanda. As primeiras incursões conhecidas tiveram lugar em Inglaterra: Portland, no Dorset, foi saqueado cerca de 789 e o mosteiro de Nortúmbria em Lindisfarne sofreu o mesmo, em 793. Dois anos mais tarde uma frota viquingue navegou para sul através das Hébridas, saqueando Iona antes de descer a costa irlandesa, onde vários outros mosteiros foram assaltados. Ricos e desprotegidos, os mosteiros tornaram-se os alvos preferidos dos Viquingues, que tiravam toda a vantagem dos seus navios rápidos, para lançar raides-surpresa de ataque e fuga, pilhando, raptando e retirando-se antes de os locais poderem organizar a defesa. À medida que os Viquingues se foram tornando mais ousados, viajaram por vários rios navegáveis da Irlanda até ao centro do país: o Shannon tornou-se a sua via principal, ancorando os navios longos em Lough Neagh e Lough Erne. A estrutura política fragmentada da Irlanda impossibilitava uma resposta coordenada aos raides e em determinadas alturas parecia que os Viquingues podiam ir a todo o lado e fazer o que quisessem. Os santos pareciam impotentes para defender os seus mosteiros – Armagh foi saqueado três vezes apenas num mês, em 840. Muitos dos estragos causados pelos Viquingues eram realizados a curto prazo. A perda das colheitas e gado podiam causar fome, mas podiam ser substituídos numa estação ou duas. A maioria das casas irlandesas, mesmo as dos reis, eram construídas com verga e telhados de colmo e o que se queimava facilmente, também era de construção rápida. As perdas de potencial masculino (e feminino) aquando dos raides viquingues, devem ter sido um golpe a longo prazo mais sério para a agricultura das comunidades, mas pelo menos tinham a hipótese de poderem ser resgatados. Os estragos culturais causados pelos ataques aos mosteiros foram, no entanto, imensos e de longa duração. Os livros foram destruídos devido às suas capas decoradas e relicários e vasos de ouro ou prata eram cortados grosseiramente para serem mais fáceis de repartir entre os saqueadores. Pior ainda, as comunidades de monges eruditos viram-se dispersas; muitos foram mortos ou vendidos como escravos.

Na década de 840 os Viquingues iniciaram a construção de campos fortificados chamados *longphorts* à volta da costa, para utilizarem como bases das quais faziam incursões durante todo o ano. Já no século X, alguns destes – Dublin, Wexford, Waterford, Cork e Limerick – tinham-se desenvolvido nas primitivas cidades costeiras da Irlanda. Em contraste com a Inglaterra, na Irlanda nunca foram capazes de conseguir um controlo permanente, sobre qualquer terra fora da vizinhança das suas bases. Face a isso, parecia que a desunião da Irlanda tornaria mais vulnerável a conquista da Irlanda pelos Viquingues que a Inglaterra, que estava dividida em apenas quatro reinos poderosos e centralizados. De facto, o oposto era verdadeiro. No início da Europa medieval foram sempre os reinos centralizados os mais facilmente conquistáveis. Depois do «Grande Exército» dos Viquingues dinamarqueses ter invadido a Inglaterra em 865, os reinos de Nortúmbria e Ânglia Oriental entraram em colapso logo que os seus reis foram mortos em batalha. A Mércia também entrou em colapso quando o seu rei ao decidir que não queria morrer, fugiu do país. Apenas Wessex sobreviveu para evitar que a Inglaterra se tornasse dinamarquesa. A natureza centralizadora dos reinos anglo-saxões, tornava relativamente fácil para os Viquingues destruírem a pequena classe governante e tomar o seu lugar; podiam conseguir isso apenas numa batalha. Assim, dos camponeses sem líderes pouco se podia esperar. A Irlanda, no entanto, tinha centenas de reis e ainda mais linhagens das quais se podia escolher novos reis. Na guerra contra os Viquingues morreram muitos reis irlandeses. Seis foram mortos apenas numa batalha em Islandbrige, próximo de Dublin, em 919. Mas com uma liderança tão descentralizada, nenhuma vitória podia ter o decisivo efeito fatal como em Inglaterra. Nem havia muitas hipóteses de um acordo de paz duradouro, com tantos reis para negociar. Quando se fixavam nas cidades, os Viquingues perdiam a sua principal vantagem militar sobre os Irlandeses, que era a sua mobilidade, e tornavam-se mais vulneráveis ao contra-ataque. Cerca do ano 1000 todas as cidades viquingues tinham sido forçadas a reconhecer os reis irlandeses como seus suseranos e começaram então a integrar-se na vida política irlandesa, tolerados pelo comércio que trouxeram e as suas frotas de navios de guerra, que os tornaram aliados úteis nas guerras dos reis irlandeses. Convertidos ao cristianismo e, em muitos casos, a falarem gaélico, os Viquingues irlandeses, por esta altura, eram conhecidos como *Ostmen*, para os distinguirem dos verdadeiros Escandinavos.

BRIAN BORU E A ALTA REALEZA

Tradicionalmente, afirma-se que a Era dos Viquingues da Irlanda acabou com a vitória de Brian Boru na batalha de Clontarf, em 1014. Brian já tinha 50 anos quando se tornou rei de Dál Cais em Munster, depois de o seu irmão ter sido assassinado em 976. Por ser o mais novo, Brian não esperava vir a governar, muito menos tornar-se no mais famoso alto rei da Irlanda, mas cedo mostrou que tinha um real talento para a guerra quando derrotou os Viquingues de Limerick, em 977. No ano seguinte, Brian derrotou e matou o assassino do seu irmão, Maél Muad, o suserano de Munster. Em 984, Brian começou a estender o seu poder para fora de Munster, impondo estatuto tributário ao reino de Osraige em Leinster. Fez campanhas quase anualmente, até que em 997 forçou o alto rei Maél Sechnaill, do Southern Uí Néill, a reconhecê-lo como suserano da toda a metade sul da Irlanda. Houve um brevíssimo tempo de paz antes de Brian, com as suas atenções agora centradas na alta realeza, ter voltado à ofensiva contra Maél Schnaill. Em 1002, finalmente derrotado, Maél Sechnaill resignou o seu título em favor de Brian e aceitou-o como suserano: foi a primeira vez que alguém de Uí Néill, foi alto rei. Mais dois anos de campanha e todos os reinos na Irlanda se tornaram tributários de Brian, daí a sua alcunha *bóraime*, «dos tributos».

A proeza de Brian foi considerável, mas não uniu significativamente a Irlanda: fora do seu próprio reino de Dál Cais, ele exercia uma autoridade indirecta, através dos seus reis tributários, porém, não criou instituições nacionais de governação. A obediência dos tributários de Brian não foi assegurada, pelo que enfrentou e derrotou várias rebeliões. A mais séria destas começou em 1013, quando Leinster se aliou aos Viquingues de Dublin contra Brian e chamou um exército de Viquingues das Órcades e da ilha de Man. Foi esta aliança que o exército de Brian enfrentou e derrotou em Clontarf, agora um subúrbio de Dublin. O rei octogenário estava muito frágil para tomar parte na luta, mas um viquingue que abriu caminho, lutando, através das linhas inimigas, matou-o no momento da vitória. Sem quaisquer fundações institucionais, a hegemonia duramente conquistada de Brian de imediato entrou em colapso. Maél Sechnaill recuperou a alta realeza, mas o golpe de estrangulamento do título de Uí Néill tinha sido quebrado. A competição entre a alta realeza tornou-se intensa, estimulando progressos na governação à medida que suseranos rivais procuravam exercer governo directo em todos os seus domínios. Os grandes derrotados eram os reis normais que perderam o seu estatuto real. O título *rí tuathe* caiu em desuso e foi substituído por *taoiseach*, que quer dizer chefe. Os reis também adoptaram o princípio teocrático da ordenação divina, comum a outras monarquias europeias, para que não fosse mais necessário o rei ser, ou pretender ser, do mesmo parentesco que os seus súbditos. Um rei conquistado podia agora ser deposto e as suas terras anexadas pelos vitoriosos. No decorrer do processo, a realeza tornou-se mais territorial por natureza, contudo, antes de uma realeza nacional poder desenvolver-se, a Irlanda foi invadida pelos Anglo-Normandos.

Em 1155, instigado pelo arcebispo de Cantuária, o papa Adriano IV (o único papa inglês) emitiu a bula *Laudabiliter*, autorizando o novo rei de Inglaterra, Henrique II, a conquistar a Irlanda no interesse de reformar a Igreja e garantir-lhe o título de Lorde da Irlanda. A Igreja irlandesa havia, lentamente, recuperado dos ataques dos Viquingues: o sacerdócio tornara-se hereditário, muitos bispos e abades eram laicos e os monges viviam com as suas concubinas publicamente. Os reis nativos, como Muirchertach Ua Briain de Munster, já haviam começado a tentar que a

Igreja irlandesa concordasse com as práticas católico-romanas, mas os progressos eram ainda muito limitados. Um dos sucessos dos reformadores foi o estabelecimento de uma estrutura diocesana regular para o país. No processo, o arcebispo de Armagh obteve primazia sobre a Igreja irlandesa (em 1152), terminando assim com o direito de longos anos do arcebispado de Cantuária em nomear bispos para as cidades Ostman. Por isso, a *Laudabiliter* fez parte da campanha de Cantuária para recuperar a influência perdida. Nos termos actuais, a comissão papal era o equivalente a uma resolução das Nações Unidas para autorizar o uso da força, porém, tal não era do interesse de Henrique, que já dominava terras que se estendiam desde a fronteira escocesa aos Pirenéus e não havia nada na Irlanda por que valesse a pena lutar. A bula ficou esquecida até que um dos próprios vassalos de Henrique, Richard FitzGilbert, popularmente conhecido como Strongbow, conseguiu controlar Leinster, em 1171. Isto criou uma potencial ameaça de que Henrique logo se apercebeu. Henrique manteve as suas terras francesas como vassalas do rei de França, mas com os recursos do reino de Inglaterra sob o seu comando, podia desafiar o seu teorético suserano, sempre que lhe dava jeito.

A CHEGADA DOS ANGLO-NORMANDOS

Strongbow herdou o direito a Leinster através da sua mulher Aífe, a filha do rei Diarmait MacMurchada. Depois de ter tentado sem sucesso obter a alta realeza, em 1166, Diarmait fora expulso do seu reino e enviado para o exílio em Inglaterra. Enquanto esteve em Inglaterra, foi-lhe dada permissão pelo rei Henrique para recrutar mercenários normandos, flamengos e ingleses dos domínios feudais limítrofes no Sul de Gales, para o ajudar a recuperar o seu reino. Strongbow, que não tinha a protecção de Henrique e pouco tinha a perder, foi o mais importante recruta de Diarmait. Em 1167, Diarmait regressou à sua terra com uma pequena força de cavaleiros anglo-normandos e arqueiros e rapidamente recuperou o reino. Em 1169 chegou uma força mais forte que o ajudou a capturar a cidade Ostman de Wexford. Então, em Agosto de 1170, deu-se o acontecimento que os *Anais de Ulster*, retrospectivamente, descrevem como «o início das desgraças da Irlanda». O próprio Strongbow desembarcou perto de Waterford com 200 cavaleiros e 1000 arqueiros. Em poucos dias conquistou Waterford para Diarmait: a recompensa foi o seu casamento com Aífe. Semanas depois, tomou Dublin e invadiu os reinos de Meath e Bréifne. Quando Diarmait morreu, em Maio de 1171, sem herdeiros masculinos directos, Strongbow assumiu a realeza. Como isto ia contra os costumes irlandeses – os reis eram eleitos e tinham de ter sangue real – teve de se defrontar com o sobrinho de Diarmait, Muirchertach. O alto rei Rory O'Connor (Ruaidrí Ua Conchobhair) juntou as forças de Connacht, Ulster, Meath, Airgialla e Bréifne para apoiar Muirchertach, mas Strongbow facilmente derrotou este vasto exército (talvez uma força de 30 000 homens), fora de Dublin. Quase tão alarmado por estes acontecimentos como os Irlandeses, Henrique desfez-se da *Laudabiliter* e preparou-se para invadir ele próprio a Irlanda, levando consigo um exército de cerca de 500 cavaleiros, 3000 arqueiros e materiais de cerco. Henrique desembarcou perto de Waterford em Outubro de 1171 e marchou através de Munster antes de seguir para Dublin. Henrique tinha de longe o exército mais poderoso que a Irlanda alguma vez vira e ninguém se dispunha oferecer-lhe resistência. Strongbow submeteu-se e concordou em manter Leinster como vassalo de Henrique. A maioria dos reis irlandeses também se submeteram a Henrique, tal como a Igreja irlandesa.

Henrique passou o Natal em Dublin, festejando e elogiando os reis irlandeses, mas quando deixou a Irlanda, na Primavera de 1172, tinha estabelecido um domínio efectivo em Leinster, Meath, Dublin, Waterford, Wexford e pouco mais. Foi deixado a Strongbow e a outros oportunistas barões anglo-normandos, como Hugo de Lacy, a tarefa de completar a conquista da Irlanda. A princípio estes pareciam invencíveis e em 1183 Rory O'Connor abdicou da alta realeza, devido à perda da sua autoridade por não conseguir travar o avanço dos Ingleses. A associação anglo-normanda entre cavaleiros armados e arqueiros provou ser totalmente devastadora para os exércitos irlandeses, cujos soldados lutavam com lanças e escudos e com tão poucas armaduras que os Ingleses muitas vezes descreviam-nos como lutando «nus». Em Dundonnel (perto de Waterford), em 1170, um exército irlandês de 3000 homens foi cercado por apenas dez cavaleiros anglo-normandos e 70 arqueiros. Esta superioridade marcante nos campos de batalha manteve-se como um factor importante durante a história da guerra anglo-irlandesa. Os exércitos ingleses eram em regra mais bem equipados e treinados que os seus antagonistas e quando encontravam os Irlandeses em batalha aberta ganhavam quase sempre. Os Ingleses consolidaram as suas conquistas com fortificações e povoações, tal como tinham feito no País de Gales. Construíram às centenas castelos de terra e paliçadas, que foram gradualmente substituídos por um número menor de castelos mais fortes, em pedra, dos quais os barões anglo-normandos e os seus cavaleiros vassalos podiam dominar os campos circundantes. Nos locais de conquista dos Anglo-Normandos, a antiga paisagem irlandesa de povoações dispersas e pastos foi sendo transformada através da imposição do sistema senhorial inglês, com os seus núcleos de aldeias e terras aráveis. Estas aldeias começaram a ser povoadas por camponeses ingleses e irlandeses atraídos por condições mais favoráveis. Fundaram-se cidades muradas, como Galway e Athenry, as quais foram povoadas por burgueses ingleses, que agiam como agentes de anglicização. Apesar desta aproximação metódica, o ritmo da conquista afrouxou depois de 1200 e no final do século XIII tornara-se manifesto e de modo deprimente para os Ingleses, que não iriam conseguir desalojar todas as dinastias nativas irlandesas.

Depois da abdicação de Rory O'Connor não houve mais pretendentes para a alta realeza, porém, a resistência irlandesa continuou sob a liderança de reis locais e chefes, determinados em manter a sua independência. Poder ter sido a desunião da Irlanda que deixou os invasores entrarem no país, mas agora essa desunião tornou-se uma mais-valia, tal como havia acontecido na Era dos Viquingues. Se a Irlanda em 1170 fosse um reino tão centralizado quanto o era a Inglaterra em 1066, teria sido conquistada com a mesma facilidade. Contudo, nenhum rasgo no campo de batalha, tal como aconteceu em Hastings, foi possível na Irlanda do século XII, razão por que os Irlandeses tiveram tempo de se adaptar. As vantagens no campo de batalha foram, de algum modo niveladas no século XIII, quando os reis irlandeses começaram a recrutar mercenários gauleses (infantaria pesada protegida com armadura) da Escócia Ocidental, mas em geral os Irlandeses, bem como os Galeses, preferiam evitar a batalha em campo aberto. Os Irlandeses, com armaduras mais leves, conseguiam obter uma mobilidade superior à dos Ingleses. Enquanto os Ingleses perseguiam em vão os Irlandeses, tentando levá-los para o campo de batalha, o tempo, as doenças, a exaustão e a diminuição de abastecimentos ia, gradualmente, causando os seus estragos. Os grupos de foragidos ingleses eram emboscados, sendo os retardatários apanhados. As sebes de madeira (vedações por entre as árvores) tornavam-se obstáculos impenetráveis para a cavalaria inglesa, travando a perseguição. A persistência da resistência dos Irlandeses desencorajou a fixação de colónias inglesas, sendo também importante o obstáculo geográfico no que se refere à política de anglicização.

Fora do Sudeste fértil, a maior parte da Irlanda não tinha condições para o estabelecimento do sistema senhorial e, tal como no País de Gales, os Ingleses não podiam facilmente, ou com lucros, dominar áreas que não tivessem uma colónia camponesa. Os exércitos ingleses conquistavam grandes áreas da Irlanda Ocidental no início do século XIII mas, como estas não podiam ser colonizadas, eram deixadas sob o domínio dos reis irlandeses, que esperavam apenas por uma boa oportunidade para se rebelarem. As rivalidades entre as famílias que lideravam as povoações, como os FitzGilberts e os de Burghs (Burkes), significava que, com frequência, também os Ingleses eram tão pouco unidos quanto os Irlandeses.

Os Ingleses também tiveram os seus problemas devido à preocupação com outros teatros de operações, especialmente a França, onde a guerra era popular, o tempo bom e havia excelentes perspectivas para pilhagens e resgates. A sua pesada armadura era sinal que, pelo menos para os cavaleiros, não existia sequer uma tão séria hipótese de morrer em batalha e o código de cavalaria até assegurava que, se fossem capturados, seriam bem tratados enquanto os seus familiares na terra natal conseguiam o dinheiro para o seu resgate. Na Irlanda, húmida e pobre, os prisioneiros eram geralmente mortos, tal como era normal na guerra celta. Esta última prática convenceu os Ingleses de que as regras para uma guerra «civilizada» não necessitavam de ser aplicadas na Irlanda. A preocupação dos Ingleses com França não é difícil de entender, porém, levou-os a um beco em saída na Irlanda. A conquista completa da ilha tornou-se um projecto remoto para a Inglaterra.

Depois do êxito da rebelião dos Irlandeses de Leinster nos últimos anos do século XIII, a posição dos Ingleses na Irlanda começou gradualmente a deteriorar-se. As Guerras Escocesas dc Independência pareciam oferecer, em breve, a possibilidade de expulsar os Ingleses de vez. Robert Bruce apelou aos Irlandeses para que apoiassem os Escoceses, argumentando que ambos os povos tinham uma origem comum. Assim, mandou que o seu irmão Edward invadisse a Irlanda em 1315, esperando, deste modo, que as forças inglesas se afastassem da Escócia. O Ulster ligou-se a esta causa, porém, esta era uma área da Irlanda que sempre se sentiu mais próxima da Escócia. No resto do país, os Escoceses pareciam ser tão estrangeiros quanto os Ingleses, mantendo-se os Irlandeses de lado para deixar os dois lutar entre si. Edward Bruce era um bom soldado, mas a falta de apoio local provou finalmente ser fatal – foi derrotado e morto por forças inglesas locais na batalha de Faughart, perto de Dundalk, em 1318. Apesar de verem os Escoceses derrotados, os Ingleses sofreram muitos danos económicos e perderam o controlo da maior parte de Connacht e do Ulster para os Irlandeses nos anos trinta do século XIV.

O DECLÍNIO DA COLÓNIA INGLESA

A chegada da Peste Negra à Irlanda, em 1348-1350, virou a balança ainda mais a favor dos Irlandeses. A doença espalhou-se ao longo das principais rotas e floresceu positivamente nas cidades medievais populosas e sem higiene. Os Ingleses, altamente urbanizados, foram pois muito atingidos, morrendo cerca de 40 por cento, enquanto a população irlandesa mais rural foi bastante poupada. Estas perdas não podiam ser compensadas com a imigração. Devido à Peste Negra, a Inglaterra tinha falta de mão-de-obra, pelo que os soldos subiram rapidamente. Face a uma insegurança física na Irlanda e a novas oportunidades económicas na Inglaterra, muitos colonos ingleses foram-se embora. A pressão militar e a diminuição da população não eram os únicos problemas que os colonos enfrentavam: existia ainda a ameaça traiçoeira de assimilação com os Irlandeses. Os colonos apegavam-se com força à sua identidade inglesa (nunca se descreveriam, como o fazem hoje normalmente, como «anglo--irlandeses»), mas o casamento com famílias irlandesas e a variedade de contactos de todos os dias com os Irlandeses implicava que, gradualmente, adquiriam costumes gaélicos. Em 1366, o governo inglês em Dublin introduziu os Estatutos de Kilkenny numa tentativa desesperada de manter os Ingleses na Irlanda distintos dos Irlandeses. A medida mais importante foi o requerimento de que todos os que viviam nas colónias inglesas usassem apenas a língua inglesa, nomes pessoais ingleses e as leis inglesas. Mesmo os cavalos tinham de ser montados à moda inglesa (os Irlandeses não usavam estribos). O casamento entre os dois povos foi banido, tal como manter uma concubina irlandesa. Os padres irlandeses não podia servir nas colónias, nem os monges podiam entrar nos mosteiros. Os jogos de desportos irlandeses e a manutenção de menestréis e soldados de infantaria (mercenários) foram banidos, tal como a venda de armas e cavalos aos Irlandeses. No total, estas medidas ilustram vivamente a extensão da influência irlandesa nos colonos e, de facto, os que visitassem a Inglaterra eram, para seu desagrado, confundidos com os

Irlandeses. Outras medidas nos estatutos providenciavam a manutenção de uma prontidão militar permanente, a fim de se evitarem guerras desnecessárias. Os Ingleses sentiam-se claramente cercados.

No final do século XV a área sob jurisdição da coroa inglesa resumia-se a Pale (*), a área totalmente anglicizada que se aproximava dos condados de Dublin, Meath e Louth. Mesmo Pale não estava seguro, uma vez que era regularmente atacado para cobrar a «renda negra» pelos MacMurroughs de Leinster. Fora de Pale os magnatas das grandes famílias anglo-irlandesas, dos Butlers de Ormond e os Fitzgeralds de Kildare e Desmond governavam a maior parte do Sul em semi-independência, sob «o comando do rei». Algumas famílias de barões anglo-irlandesas, como os Berminghams e os MacWilliam Burkes, haviam sido completamente assimiladas pela cultura gaélica, enquanto mesmo os nominalmente leais Butlers e Fitzgeralds tinham adoptado um estilo de vida em grande parte gaélico e eram bilingues. Começava a perceber-se que a colónia inglesa podia seguir o mesmo caminho que as cidades Ostman.

Ao declínio da colónia inglesa correspondeu o aumento da autoconfiança dos Irlandeses. Tal encontrou expressão num vigoroso ressurgimento da cultura gaélica, liderado por umas quantas famílias cultas, cada uma com a sua própria especialidade, em poesia, medicina, leis, história ou música. Os ritos de inauguração tradicionais, abandonados após a invasão anglo-normanda, foram reavivados e começaram a ter lugar em centros antigos como Navan, associado à realeza desde tempos pré-históricos. As suseranias provinciais tradicionais foram também reconstituídas, por exemplo pelos MacMurroughs em Leinster e os O'Neills no Ulster. No entanto, embora a realeza irlandesa tivesse sobrevivido à invasão anglo-normanda, as suas instituições e fundações ideológicas tornaram-se frágeis. Apesar de os poetas ainda se lhes dirigirem pelo título real tradicional *rí*, os governadores gaélicos da Irlanda do final da Idade Média já não se viam como reis, mas como senhores, tal como as grandes famílias poderosas anglo-irlandesas: os seus reinos tornaram-se grandes propriedades e os seus súbditos inquilinos, que pagavam rendas de que os senhores se serviam para equipar exércitos profissionais de soldados de infantaria irlandeses e mercenários gauleses, a fim de fazerem a guerra aos seus inimigos, tanto irlandeses como ingleses. Na verdade, os reis irlandeses transformaram-se em pouco mais que grandes proprietários guerreiros.

(*) Pale: a parte da Irlanda ligada à Inglaterra (*N.T.*).

Este conceito essencialmente limitado da sua soberania tornou-se uma fraqueza que o governo inglês mais forte podia explorar. Qualquer que fosse a realidade no terreno, o rei de Inglaterra era ainda reconhecido internacionalmente como o suserano legal da Irlanda.

11

A Terra Virada para o Mar

Máximo atravessou o Canal e foi primeiro a chegar ao reino dos Armóricos, que agora se chama Bretanha francesa. [...] Ele mandou chamar Conan, fora do alcance da voz das suas tropas e disse-lhe com um sorriso: «Capturámos um dos mais bonitos reinos da Gália [...] irei nomear-te suserano deste reino. Esta será uma segunda Grã-Bretanha e uma vez que tivermos morto os nativos iremos povoá-la com a nossa raça.»

GEOFFREY DE MONMOUTH, *História dos Reis da Grã-Bretanha* (*c.* 1136)

A única região que ainda fala celta no continente europeu é a Bretanha no Noroeste da França. A Bretanha ainda hoje preserva a sua identidade celta, não apenas a língua – o bretão – mas também a sua cultura folclórica e festivais populares. A sobrevivência da língua e identidade celtas na Bretanha é verdadeiramente extraordinária. Enquanto nas Ilhas Britânicas a população que falava celta era maioritária e manteve-se pela Idade Média adentro, os Bretões eram desde o início em menor número que os seus vizinhos que falavam românico. Apesar da sua vasta história, a

Bretanha tinha mais em comum com o Sudoeste da Inglaterra e do País de Gales que com a França. São penínsulas de rochas antigas que entram pelo oceano Atlântico. Todos apresentam também muralhas de falésias junto ao mar, no seu interior são montanhosos e com climas temperados, algumas vezes tempestuosos, dominados pela proximidade do Atlântico. Até os nomes dos locais são similares. Para a moderna mentalidade, habituada aos transportes rápidos por terra, o mar separa as três penínsulas, mas até, comparativamente, em tempos recentes, o mar era uma auto-estrada entre elas – por onde viajaram em tempos diferentes construtores de megálitos, mercadores, colonos, santos e peregrinos. Estes laços marítimos com a Grã-Bretanha foram fulcrais para a sobrevivência da Bretanha celta.

Os Gauleses conheciam a linha costeira selvagem da Bretanha como *Armor*, «a terra virada para o mar», da qual toda a região era conhecida em tempos antigos como Armórica. Na Idade do Ferro, a Armórica prosperou devido à sua posição estratégica, na principal rota do comércio entre o Mediterrâneo e a Grã-Bretanha. Poucos mercadores mediterrânicos se arriscavam no Atlântico selvagem a fim de navegarem directamente para a Grã-Bretanha, por isso, as tribos armóricas, como os Vénetos, tornaram-se intermediárias, vendendo estanho britânico aos Romanos e vinho romano aos Bretões. O comércio ajudou os Armóricos a compreenderem a noção de estado. Cerca de 100 a. C., construíram-se os primeiros *oppida* e os governantes nativos começaram a cunhar moedas de ouro espectaculares, utilizadas para pagamentos oficiais a servos e a guerreiros. A orientação atlântica da Armórica acabou abruptamente perante a conquista romana, em 57-56 a. C. Os Romanos quebraram deliberadamente os laços da Armórica com a Grã-Bretanha, mudando o comércio para longe do Atlântico para o corredor Ródano-Reno. Na mesma altura, as estradas romanas começaram a ligar a Armórica ao resto da Gália, com mais eficiência do que antes. Os territórios das tribos locais foram organizados em *civitates* e as cidades planeadas substituíram os velhos centros tribais. *Villas* e outras construções romanizadas espalharam-se pelo interior e os centros de salga de peixe desenvolveram-se ao longo da costa para abastecer os Romanos com peixe salgado. Porém, embora a Armórica se integrasse administrativa e economicamente no Império, a sua integração cultural foi muito mais superficial. A vasta maioria de nomes pessoais conhecidos de dedicatórias e inscrições são celtas e fora das cidades o conhecimento do latim difundiu-se muito lentamente. Mesmo no século V, quando no resto da Gália os dialectos locais do latim se desenvolveram e começaram a sua longa evolução que levaria à moderna língua francesa, a Armórica continuou a falar principalmente celta. No entanto, esta era uma sociedade celta moribunda. Esses elementos da cultura celta sobreviveram somente em virtude do isolamento da região e do conservadorismo inato dos povos agricultores. Com o tempo, a Armórica ter-se-ia tornado tão romanizada quanto o resto da Gália: o que evitou que tal acontecesse foi o colapso do poder romano no século V e o afluxo de Bretões confiantes, expansionistas, de língua celta e que os perseguiam de muito perto. Foram estes recém-chegados que transformaram a Armórica na *Britannia Minor* – «Pequena Grã-Bretanha» – da qual deriva o nome Bretanha (bretão *Breizh*, francês *Bretagne*).

DE ARMÓRICA PARA A BRETANHA

A emigração britânica para a Armórica parece ter começado de modo rudimentar, logo depois do ano 300. Durante a crise que abalou o Império Romano no meado do século III, os raides de piratas francos e saxões atacaram fortemente a Armórica. Amostras de pólen de turfeiras na Finisterra apontam para um declínio da agricultura e o correspondente avanço das florestas. Muitas *villas* costeiras e outras povoações foram abandonadas; outras sobreviveram em circunstâncias muito reduzidas. A indústria de salga de peixe entrou em colapso. A acumulação de moeda, um clássico sinal de insegurança, aumentou e os camponeses empobrecidos viraram-se para os assaltos. Quando a estabilidade finalmente começou a regressar cerca de 300, existia uma recuperação modesta da economia. Alguns dos locais abandonados durante a crise foram reocupados por povos que utilizavam cerâmica do Sul da Grã-Bretanha, enquanto uma necrópole de meados do século IV, em St. Urnel (Finisterra), continha tipos de esqueletos muito mais parecidos com os do Sudoeste da Inglaterra e do País de Gales do que dos Armóricos nativos. A Armórica despovoara-se durante o século III, portanto, este povoamento britânico limitado pode ter sido encorajado por senhorios desesperados para atrair novos rendeiros. Nenhum escritor contemporâneo mencionou a vinda destes recém-chegados, mas na sua famosa *História dos Reis da Grã-Bretanha*, o autor do século XII, Geoffrey de Monmouth, regista a lenda de Conan Meriadec. Conan era um nobre britânico que foi para o continente com o imperador romano Magno Máximo em 383, sendo-lhe garantida a Armórica como recompensa pela sua lealdade. Os Ingleses massacraram os locais e repovoaram a província com 100 000 colonos e 30 000 soldados que foram trazidos da Grã-Bretanha, tornando a Armórica numa «segunda Grã-Bretanha». Não existe uma prova independente de que Conan tenha sido uma personagem histórica real – e o massacre dos Armóricos nativos certamente nunca aconteceu –, mas muitos ingleses realmente serviram no exército romano no continente europeu no século IV, portanto, havia uma espécie de base factual para a história. A recuperação da Armórica começou a dar sinais de fraqueza cerca de 350, instalando-se depois o declínio económico e no final do século, a maioria, se não todas as *villas*, tinham sido abandonadas, desta vez para sempre. Então, logo após 410, os Armóricos, «imitando o exemplo dos Ingleses» do outro lado do Canal, que tinham repelido a administração romana, rebelaram-se contra o domínio romano e instalaram o seu próprio governo, que não durou muito tempo. O general romano Exuperantius recuperou o controlo em 417 mas, enquanto Roma retinha o controlo nominal até aos anos 460, a Armórica entrou em colapso numa anarquia desgovernada nos anos 20 do século V, como resultado de repetidas rebeliões dos camponeses.

Os cerca de cem anos entre o meado do século V e o meado do século VI foram críticos, porque assistiram à principal onda de imigração britânica, que transformou a Armórica na Bretanha. No entanto, as nossas fontes de informação são tão escassas que nem sabemos ao certo se o povoamento britânico foi um processo violento ou pacífico. Parece ter havido duas ondas de imigração. A primeira teve lugar nos anos 460 sob a liderança de um rei chamado Riothamus. Tal pode ter acontecido com o acordo dos Romanos, uma vez que Riothamus era um aliado do imperador Antémio contra os Visigodos. Na primeira metade do século VI ocorreu uma segunda e mais sustentada migração. Tradições tardias registadas nas *vitae* (biografias religiosas) dos primeiros santos bretões, sugerem que esta migração foi organizada por aristocratas com laços fortes à família real de Dumnonia, um reino britânico que compreendia mais ou menos a moderna Devon e a Cornualha. No final do século VI emergiram três potências regionais principais: Cornouaille (Cornovia) a oeste; Broërech, o nome do seu fundador Waroc, no sudeste; e a norte Domnonée (Dumnonia), que preservou durante muito tempo as ligações políticas e sociais com a sua homónima do outro lado do mar. A migração foi acompanhada por um grande movimento de clérigos britânicos – a maioria dos quais do Sul do País de Gales – que introduziram as práticas da Igreja celta. As *vitae* falam de padres e monges, como São Paulo Aureliano, que fundaram igrejas e mosteiros nos locais de *villas* abandonadas e cidades romanas desertas, habitadas apenas por animais selvagens. Outros, seguindo a tradição dos *peregrini*, procuravam remotas e selvagens ilhas para se fixarem.

Os traços principais da cultura dos Bretões e o estilo de vida assemelhavam-se aos dos Armóricos, portanto, tornou-se difícil para os arqueólogos identificarem qualquer uma das suas povoações. A prova mais evidente das colónias dos Bretões vem, pois, dos nomes dos locais. As similaridades entre os nomes dos locais dos Bretões franceses, dos Córnicos e dos Galeses é imediatamente óbvia, mesmo para um não-linguista. Elementos dos nomes de locais comuns, da Bretanha de origem britânica, incluem Plou (galês *plwyf*, «pessoas»), Lan (galês *llan*, «igreja»), tré (galês *tref*, uma subdivisão de paróquia), ker (galês *caer*, «lugarejo»), coët (galês *coed*, madeira) e lis ou lez (galês *llys*, uma casa, *i.e.*, a residência de uma pessoa importante). Estes elementos de nomes de locais de influência britânica estão concentrados no Norte e Oeste da Bretanha e, provavelmente, dão uma ideia de onde estavam concentradas as colónias britânicas. No Sudeste os nomes de locais que derivam do gaulês são comuns, sugerindo que aí quase não houve fixação de colónias britânicas. Estas evidenciam-se não só pelos nomes dos locais, mas também pela própria língua bretã, que está fortemente ligada a Gales e à Cornualha.

REFUGIADOS OU COLONIALISTAS?

Segundo o monge Gildas, que escreve na Grã-Bretanha cerca de 540, os Bretões que migraram para Armórica eram refugiados das invasões anglo-saxónicas da Grã-Bretanha. Apesar desta explicação estar de acordo com a tradição antiga de apresentar os Celtas britânicos como vítimas perseguidas dos Ingleses, na realidade, não é sustentável. Como já vimos, o propósito de Gildas em escrever não era para registar a história mas para denunciar os Bretões pelos seus pecados. Se acreditarmos em Gildas, os Bretões eram demasiado frágeis para se defenderem dos Anglo-Saxões, no entanto, conseguiram o controlo de uma grande parte da Gália (a qual estava por sua vez sujeita à invasão por outros povos germânicos) e a seguir mantiveram a sua independência frente a vizinhos poderosos cerca de mil anos. O que não parece ser um feito de um povo derrotado. E, na verdade, estes Bretões não tinham sido derrotados; vinham de áreas das quais expulsaram os invasores anglo-saxões. Na realidade, as narrativas fantasiosas de Geoffrey de Monmouth são, provavelmente, mais verdadeiras em relação ao espírito dos colonos britânicos do que as lamentações sombrias de Gildas. A colónia britânica de Armórica representava um movimento expansionista próprio, cuja intenção era tirar partido do vazio de poder, deixado pelo colapso da potência romana, a fim de se apropriar de terras numa região escassa em população. Não devemos subestimar as ambições dos Bretões – afinal, diz-se que o próprio rei Artur conquistou a Gália.

Pouco depois de os primeiros Bretões terem começado a fixar-se, passando quase despercebidos, na Armórica, os Francos, um povo germânico, iniciou a infiltração através da fronteira do Reno do Império Romano e a fixação no território que é actualmente a Bélgica. Os Romanos tinham problemas mais prementes noutras regiões das suas longas fronteiras, por isso concordaram em reconhecer as colónias dos Francos como contrapartida pela sua provisão de recrutas para o exército. Os Romanos talvez tenham visto isto como uma questão temporária, porém, havia sempre um novo problema face ao declínio do Império e como, de um modo geral, os Francos mantiveram a sua parte do acordo, as coisas continuaram a funcionar. Só depois de o poder romano ter entrado no declínio terminal nos anos 470, é que os Francos iniciaram uma expansão territorial agressiva que os tornou senhores da maior parte da Gália, no início do século VI. Não existem provas de povoações francas na Armórica, contudo, aparentemente, as reivindicações já vinham do tempo do rei Clóvis (r. 481-511), que derrotou um exército de bretões no Loire cerca de 490. Os Bretões podem ter estabelecido uma guarnição mais a este em Orléans em 530, mas já no final do século os Francos tinham-nos empurrado para perto da linha do rio Vilaine, que permaneceu a fronteira franco-bretã durante os 200 anos seguintes.

Embora Domnonée tenha sido forçado brevemente a aceitar o estatuto de vassalagem em 635, os Francos em geral deixaram os Bretões, como agora os podemos chamar, em paz até ao reinado de Pepino III (r. 751-768), o primeiro dos reis carolíngios. Os Bretões parece que testavam a força da nova dinastia fazendo incursões em território franco, mas Pepino retaliou ocupando Vannes. Para conter os Bretões, os Francos criaram uma fronteira militar, a Marca bretã, baseada nos condados de Vannes,

Nantes e Rennes: o primeiro relato conhecido foi do herói francês Rolando, que morreu quando os Bascos atacaram a retaguarda do exército de Carlos Magno em Roncesvalles ao atravessar os Pirenéus, em 778. O imperador Carlos Magno (r. 768-814) e o seu filho Luís, *o Piedoso* (r. 814-840), empreenderam, entre os dois, seis campanhas para conquistar a Bretanha, porém, o resultado foi sempre o mesmo. Face à esmagadora força dos Francos, os Bretões submetiam-se, esperavam a sua hora e, à primeira oportunidade, rebelavam-se e voltavam a conseguir a independência. Os Francos acharam que era difícil lidar com a cavalaria ligeira e as tácticas de guerrilha dos Bretões, mas a principal razão para a sua falha encontra-se, paradoxalmente, na falta de união dos Bretões. Como os líderes bretões, usualmente descritos pelos Francos como condes (*comes*), eram independentes uns dos outros, não existia uma autoridade central para negociar, ou para fazer cumprir um acordo de paz.

O REINO DA BRETANHA

Nos anos 820, Luís começou a afastar-se desta política de confrontações pouco frutuosas e em contrapartida encorajou os Bretões nobres a entrarem voluntariamente ao serviço imperial. Acreditava que assim iria abrir-lhes os olhos para potenciais recompensas da cooperação com o rico Império Franco, e o facto é que estava certo. Nomenoë foi um bretão que se juntou aos Francos e que alcançou uma posição de honra e confiança na corte imperial. Em 831, Luís nomeou-o *missus imperatoris* (representante imperial) para a Bretanha, sendo-lhe solicitado que se tornasse vassalo imperial, entretanto, recebeu o condado de Vannes e praticamente poderes reais sobre toda a Bretanha como recompensa pela sua lealdade. O acordo foi vantajoso para ambos. Nomenoë, que ganhou uma clara superioridade social sobre os condes bretões, podia confiar no apoio do mais poderoso governante da Europa para qualquer disputa. Pela sua parte, Luís alcançou o direito evidente sobre as terras que na realidade não controlava, podendo também começar a colocar a Igreja bretã em linha com as práticas romanas. Assim, nasceu a Bretanha como uma entidade política unida.

A política de Luís podia ter levado à assimilação pacífica da Bretanha no reino franco, porém, o prestígio da dinastia carolíngia estava prestes a entrar em queda livre. O maior problema de Luís, nos seus últimos anos, foi o de encontrar uma forma de povoamento que satisfizesse os seus três filhos conflituosos e, ao mesmo tempo, preservasse a união do Império Franco. Era uma tarefa impossível. Os esforços de Luís foram continuamente sabotados por um ou outro dos filhos e, sem nenhuma surpresa, a guerra civil rebentou logo depois da sua morte, em 840. A guerra acabou com o Tratado de Verdun, em Agosto de 843. Esta tripartida divisão do império confirmou a Bretanha, como parte do reino franco do Oeste (França), pertença do filho mais novo de Luís, Carlos, *o Calvo* (r. 840-877). Nomenoë permaneceu sempre fiel a Luís, porém, a corrosiva atmosfera das guerras civis, alargou os laços de lealdade entre vassalos e o rei por todo o Império Franco. Cada vez mais nobres resolviam disputas através de guerras privadas e, em Maio de 843, a luta rebentou entre Nomenoë e o seu vizinho, o conde de Nantes. No Outono, o rei Carlos tentou restaurar a ordem na região mas falhou. Quando o rei fez uma segunda tentativa para reassegurar a sua autoridade, em 845, Nomenoë derrotou-o por completo em Ballon, perto de Redon. Quatro anos mais tarde, Nomenoë expulsou os bispos francos das sés de Dol, Alet, St. Pol-de-Léon, Quimper e Vannes e instalou os pregadores bretões nativos nos seus lugares. Na Idade Média, com as autoridades secular e eclesiástica interligadas de modo simbiótico, tal acção ganhava a importância de uma declaração de independência.

Rodeado de conflitos com os seus irmãos e um reino cheio de vassalos desobedientes, Carlos teria de forçar duramente Nomenoë a obedecer, mesmo que não tivesse também que fazer face à ameaça dos raides piratas Viquingues. Os Viquingues fizeram os primeiros raides ao Império Franco em 799, mas foi apenas após os problemas de sucessão de Luís, que começaram a enfraquecer a autoridade real na década de 830, que o problema se tornou mais sério. Os Viquingues, que estavam na expectativa, em 843 tiraram vantagem da guerra civil para saquear Nantes e montar uma base na ilha de Noirmoutier, no estuário do Loire, mesmo às portas da Bretanha. Muitos mosteiros bretões foram pilhados e, em 847, Nomenoë viu-se obrigado a negociar a retirada dos Viquingues, depois de estes o derrotarem em batalha por três vezes, em rápidas incursões. No entanto, uma vez que os Viquingues causavam ainda mais danos aos Francos, por enquanto eram mais uma ajuda do que um obstáculo para os Bretões.

Depois do seu golpe bem-sucedido contra a Igreja franca dominadora, Nomenoë capturou Nantes e Rennes, lançando então uma campanha bem no interior do reino de Carlos, *o Calvo*, para morrer subitamente em Vendôme, em Março de 851. Carlos invadiu imediatamente a Bretanha, sendo pesadamente derrotado no final do Verão pelo filho de Nomenoë, Erispoë, numa esgotante batalha de três dias em Jengland-Beslé na Vilaine. Carlos teve de fugir ignobilmente para poupar a vida, deixando a sua bagagem para trás para os triunfantes Bretões pilharem. Num humilhante tratado de paz, Carlos foi forçado a ceder a Erispoë todo o território conquistado por Nomenoë e, obtendo ainda uma concessão maior – um título real. A Bretanha tornou-se assim num reino, embora Erispoë permanecesse vassalo do rei franco. Erispoë foi assassinado enquanto assistia à missa em 857 pelo seu primo Salomão, que então se apossou do trono. Sendo um rei sem escrúpulos, Salomão conseguiu que o reino da Bretanha atingisse a sua máxima extensão. Como a princípio se mostrava leal a Carlos, foram-lhe concedidas mais concessões territoriais à volta de Angers, em 863, como recompensa. Contudo, três anos mais tarde, Salomão aliou-se aos Viquingues e juntos infligiram outra derrota humilhante a Carlos em Brissarthe, perto de Le Mans. Carlos, que foi forçado a ceder a península de Cotentin (na moderna Normandia) a Salomão, ofereceu-lhe o presente simbólico de uma coroa.

Os novos territórios conquistados por Nomenoë, Erispoë e Salomão eram ricos, mas, ironicamente, também começaram a diluir o carácter celta da Bretanha. Os novos territórios eram de características francas em relação à cultura, religião, língua e administração e o pequeno número de colonos bretões que lá se fixaram, pouco fizeram para mudar a situação. A Bretanha tornou-se permanentemente dividida em duas partes, a Bretagne Bretonnante – a Bretanha onde se falava bretão – e a Bretagne Gallo – onde se falava francês. A Bretagne Gallo tornou-se uma porta aberta para a vigorosa e influente cultura da França medieval. Isto é comparável ao que aconteceu à Escócia depois de ter adquirido Lothian, onde se falava inglês, no século X. Com os dois países foi o seu sucesso contra os seus vizinhos, não a sua derrota, que levou à diluição do seu carácter celta. Devido à sua riqueza, os governantes bretões começaram inevitavelmente a passar a maior parte do seu tempo nos novos territórios. Nantes e Rennes, onde se falava francês, tornaram-se os centros políticos e culturais mais importantes. Contudo, a corrente de ideias não se dirigia inteiramente para um lado. Foi através da Bretanha que as lendas do rei Artur se tornaram conhecidas na França, onde tiveram um papel-chave no desenvolvimento de duas das mais importantes manifestações da civilização medieval europeia – a cavalaria e a literatura palaciana.

O MASSACRE VIQUINGUE

No final do século IX, os Francos estavam a avaliar a capacidade dos Viquingues – tal como os Ingleses e os Irlandeses. Isto significava problemas para a Bretanha. Os Viquingues tinham a reputação de ferocidade, mas não queriam lutar mais do que o necessário para alcançar os seus objectivos. Depois da morte do rei Alain, *o Grande,* em 907, a Bretanha começou a mostrar-se cada vez mais como um alvo fácil. Quando a colónia de Rollo e os seus seguidores na Normandia em 911 fecharam o Sena aos raides, os Viquingues viraram a sua fúria total para a Bretanha. À medida que mosteiro atrás de mosteiro era saqueado, os monges bretões fugiram *en masse* para procurar segurança em França e Inglaterra, levando com eles todos os livros e tesouros que pudessem carregar. Em 919, a resistência bretã entrou completamente em colapso. A aristocracia seguiu os monges para o exílio em França e Inglaterra e a Bretanha tornou-se um reino viquingue com a capital em Nantes.

A Bretanha foi libertada por Alain Barbetorte («barba torcida»), o filho do conde de Mathuédoi da Cornualha que tinha levado a sua família para o exílio na Inglaterra. Em 936, o rei inglês Athelstan deu a Alain uma frota para invadir a Bretanha e expulsar os Viquingues. Ao desembarcar, Alain teve o prazer da total surpresa, capturando e executando um grupo de viquingues que se divertiam celebrando um casamento. Havia ainda muitas lutas para travar, mas já em 939 a última fortaleza viquingue, em Dol, fora invadida pelos Bretões. Durante a sua ocupação, os Viquingues viveram através da pilhagem. Enquanto York e Dublin prosperavam como centros de comércio sob a liderança dos Viquingues, Nantes foi semiabandonada quando Alain a recapturou em 937 e a sua catedral estava coberta de silvas.

A ocupação viquingue constituiu um golpe mortal para o reino da Bretanha. Apesar de Alain tê-la libertado, foi incapaz de afirmar a sua autoridade sobre a aristocracia e governou apenas como duque, não como rei. Cotentin e alguns dos territórios mais a este, conquistados no século IX estavam perdidos para os Normandos e Angevinos. No século XI, a Bretanha tinha-se tornado um principado feudal descentralizado, dominado por governadores locais de castelos, que desafiavam o duque quase com impunidade. Felizmente para a Bretanha, o reino da França não se encontrava melhor nesta altura e não oferecia ameaça imediata. A França tornara-se um reino feudal descentralizado. O próprio rei pouco controlava além da Ilha de França e os seus principais vassalos, os duques e os condes podiam, se quisessem, ignorá-lo. Apesar de Alain e os seus sucessores terem tido algum êxito em reavivar a vida monástica, as comunidades de monges instruídos dispersas pelos Viquingues representaram um permanente golpe para a cultura bretã. A aristocracia conseguiu controlar as suas igrejas locais e os bispos eram de famílias dinásticas. No seu estado mais fraco, os duques bretões tornaram-se vassalos dos duques agressivos da Normandia. Quando a Normandia passou para os condes de Anjou, em 1144, a Bretanha tornou-se uma dependência dos Angevinos. Em termos práticos esta dependência feudal pouco queria dizer além da prestação ocasional de serviço militar, porém, dava ao suserano o direito teorético de intervir em disputas de sucessão e afins.

A partir de meados do século XI, cada vez mais Bretões optavam pela emigração, iniciando uma tendência que ainda hoje continua. O destino mais popular era Paris. Os pobres iam procurar trabalho na cidade que crescia rapidamente e apercebiam-se que a sua dificuldade em falar francês tornava-os figuras cómicas para os locais. Os Bretões com melhor nível de vida, procuravam Paris à espera de entrar para o serviço real ou para estudar em escolas prestigiadas. De longe, o mais controverso e famoso foi o filósofo Pedro Abelardo, mais conhecido hoje em dia pelo seu infortunado caso com a sua estudante Heloise, do que pelos seus influentes trabalhos sobre a lógica. Muitos cavaleiros bretões e soldados de infantaria foram para a Inglaterra com Guilherme, *o Conquistador*, em 1066. Alguns tornaram-se grandes senhores de terras: no final do reinado de Guilherme, cerca de 20 por cento da Inglaterra estava nas mãos de Bretões. Outros, por sua vez, juntaram-se ao avanço normando no País de Gales, onde perceberam que conseguiam entender a língua: Geoffrey de Monmouth, que popularizara as lendas de Artur na Inglaterra, era provavelmente um descendente de um destes colonos.

A BRETANHA E A GUERRA DOS CEM ANOS

A riqueza, o poder e o prestígio da monarquia francesa aumentou gradualmente no decurso do século XII. Em 1204, o rei Filipe Augusto demonstrou que governava tão bem como reinava, quando tirou a posse da maioria das terras francesas ao rei João de Inglaterra. Este abalo político aproximou a Bretanha de modo consistente da órbita política de

França. Filipe consolidou o seu poder convencendo o papa a abolir o arcebispado de Dol, terminando assim com a independência da Igreja bretã. O início da longa luta anglo-francesa, conhecida como a Guerra dos Cem Anos, em 1337, permitiu à Bretanha recuperar a independência. Uma vez que a Bretanha dominava as vias marítimas entre a Inglaterra e as suas possessões na Gasconha, tanto os reis ingleses como franceses tinham interesse em assegurar aí a sua influência. Esta era uma situação da qual os Bretões podiam beneficiar. A Bretanha foi atraída para o conflito em 1341 quando o duque João III morreu sem herdeiros legítimos. Filipe VI de França propôs o seu sobrinho Carlos de Blois para duque, uma jogada que iria ligar a Bretanha ainda mais à França. Contudo, Carlos tinha um rival digno de crédito, João de Montfort, o meio-irmão de João III. A guerra civil era inevitável. Apenas porque não era francês, João gozava do apoio da maioria dos Bretões e, sem surpresas, de Eduardo III de Inglaterra. Os importantes laços económicos entre a Bretanha e a Inglaterra reforçaram a aliança inglesa. Apesar do apoio do maior rei guerreiro de então, João ainda não oficializara a sua pretensão quando morreu de uma ferida infectada, em 1345. Os Ingleses mantiveram a sua causa viva, a favor do seu filho mais novo, João IV, mas só depois de Carlos de Blois ter morrido em batalha em Auray (perto de Vannes), é que os Franceses finalmente o reconheceram como duque, em 1365.

João IV rapidamente afirmou a sua independência não só dos Franceses, mas também dos Ingleses seus benfeitores. A continuação do conflito anglo-francês tornou mais fácil a João e aos seus sucessores jogar uma parte contra a outra. Os duques mantiveram uma corte esplêndida, tornaram-se patronos da instrução, fundaram ordens de cavalaria e foram nomeados para cargos com cerimónias de coroação reais, tudo na tentativa de demonstrar a sua igualdade com os reis de França. Embora a cultura e a língua da elite fossem agora muito mais francesas, os escritores na corte ducal reavivavam deliberadamente as memórias do reino da Bretanha, realçavam a antiguidade e separavam a identidade do povo bretão, numa altura em que tanto os Franceses como os Ingleses se preocupavam em desenvolver um reconhecível sentido moderno de identidade nacional. No entanto, a concentração de poder nas mãos do duque tornava a Bretanha vulnerável a uma simples conquista da dinastia, se a oportunidade surgisse.

O fim da Guerra dos Cem Anos, em 1453, alterou decisivamente o equilíbrio contra a Bretanha. O maquiavélico rei Luís XI (r. 1461-1483), entendeu muito bem como os súbditos «poderosos», como os duques da Borgonha e da Bretanha, exploraram a Guerra dos Cem Anos para seu próprio proveito: diminuir-lhes as suas regalias foi o objectivo principal do seu reinado. Quando se tornou claro que o duque Francisco II não teria herdeiros masculinos, começou a preparar terreno para uma tomada de poder francesa sobre a Bretanha. Os nobres mais importantes foram subvertidos com presentes e favores, encorajando Luís o desenvolvimento de facções na corte ducal. Os esforços de Luís deram frutos para o seu sucessor Carlos VIII quando, em 1487, um nobre bretão descontente, o marechal Rieux, encorajou uma invasão francesa. Apesar de receber ajuda de Inglaterra, de Espanha e do Sacro Império Romano-Germânico, Francisco foi completamente derrotado pelos Franceses em Saint-Aubin-du-Cormier, em Julho de 1488, e forçado a aceitar termos de paz humilhantes. Todas as tropas estrangeiras regressaram a casa, várias cidades e castelos estratégicos teriam de passar para a França e o duque não poderia casar as suas filhas sem a permissão do rei francês. Em Setembro, quando Francisco morreu, o ducado foi deixado nas mãos da incrivelmente precoce filha Ana, apenas com 11 anos. O destino da Bretanha dependia agora do casamento de Ana. Os seus conselheiros procuraram um pretendente que mantivesse a Bretanha fora das mãos da França e parecia que o haviam conseguido, em Dezembro de 1490, quando ela se submeteu a um casamento por procuração com Maximiliano, o filho do imperador do Sacro Império, Frederico III (Maximiliano na realidade não estava presente na cerimónia: mais tarde o seu embaixador simbolicamente colocou a sua perna na cama de Ana para «consumar» o casamento). No entanto, o pretendente desapontou e sem sucesso deu Nantes aos Franceses, que a seguir cercaram Rennes no Verão de 1491. Com a resistência bretã em colapso e a nobreza desesperadamente dividida, Ana, com relutâcia, tomou a única acção que poderia assegurar uma paz duradoura para a Bretanha – casou-se com o jovem rei francês. Embora a anexação formal à França só tenha tido lugar em 1532, o casamento terminou com a independência da Bretanha.

Apesar da perda de independência em 1491, a Bretanha permaneceu legalmente distinta do resto da França, retendo o seu *parlement* do século XIII e a sua autonomia legislativa. Tal como o herdeiro do trono inglês tomou o título de «príncipe de Gales», também o delfim se tornou o duque da Bretanha. O bretão era ainda a língua maioritária no século XV na Bretanha, mas depois da perda da independência começou gradualmente a perder terreno face ao francês, em especial nos portos, que foram sustentadamente crescendo em importância, devido à rivalidade naval e colonial francesa com a Inglaterra. Contudo, o bretão continuou a florescer, em parte devido ao advento da imprensa que, pela primeira vez, tornou a literatura em bretão largamente acessível. A Revolução foi o ponto de viragem na história da Bretanha. A forte identidade local e as suas instituições eram vistas como estando em desacordo com a nova ideologia da República indivisível. O *parlement* bretão foi abolido e a administração nivelada com o resto da República Francesa. Cinco *départements* substituíram as senescalias medievais. Em Janeiro de 1794 foram dadas instruções para destruir a língua bretã, que agora era vista como incompatível com a unidade da República. As leis estabeleceram que o francês era a única língua de educação. A Bretanha deixou oficialmente de existir – ver-se-ia se os Bretões seguiriam o mesmo caminho.

12

A Úlcera Celta de Inglaterra

O exército do duque de Ormond estava bastante disperso [...] e todas as pessoas preocupadas nessa participação alteraram as suas vidas; Cromwell continuou tão sangrento quanto vitorioso e muitas pessoas honradas foram assassinadas a sangue-frio e as suas famílias arruinadas. [...] Deixámos aquele bravo reino cair, em seis ou oito meses, na mais miserável e triste condição, tal como se passou em muitos reinos de reis, só Deus sabe porquê! Porque eu não ouso dizer; mas os nativos parecem ser um povo muito afectuoso entre si e constantemente falso para todos os estrangeiros, com a excepção dos Espanhóis.

ANN, Lady Fanshawe, refugiada realista inglesa (1650)

O final da Idade Média viu o início da revolução militar que um dia iria permitir aos Europeus dominar o mundo. Os desenvolvimentos-chave estiveram nas escopetas, nos canhões, nos fortes artilhados e nos veleiros de longo curso. Esta nova tecnologia era dispendiosa, tal como a preservação dos reis, cujo poder coercivo sobre os seus súbditos aumentara, deste modo, muitíssimo. Isto provocou o início de um processo onde reinos feudais descentralizados se transformavam em monarquias nacionais centralizadas. Os castelos da nobreza europeia e o seu estatuto como a classe de elite militar, tinha-lhes permitido manter vários graus de independência do governo real durante séculos. As armas de pólvora minaram tal estatuto. Enquanto um cavaleiro demorava anos a treinar, qualquer pessoa podia ser treinada para usar armas de pólvora em poucas semanas, o que tornou a nobreza supérflua como classe militar. Nem os seus castelos eram agora um refúgio face à autoridade real, porque os canhões reais podiam derrubá-los num dia ou dois. Os monarcas não só adquiriram grande poder para aplicar a sua vontade, como o processo de centralização criou a necessidade imperativa para o fazer. Os principados semi-independentes tornaram-se um desafio politicamente inaceitável para o poder absoluto da monarquia. Isto em último lugar traduziu-se no fim dos principados e dos domínios senhoriais semi-independentes celtas da Bretanha, da Irlanda e das Terras Altas escocesas. A Bretanha foi a primeira a acabar, conquistada pela França em 1491 (ver p.189). A Irlanda, que parecia ter-se libertado de Inglaterra no século XV, foi conquistada no início do século XVII. Os domínios senhoriais gaélicos das Terras Altas escocesas foram os que mais sobreviveram, mas também foram subjugados a meio do século XVIII.

Em Julho de 1453 em Castillon, perto de Bordéus, canhões franceses destruíram o outrora invencível exército inglês formado por arqueiros e infantaria armada, levando a Guerra dos Cem Anos a um final decisivo. Quase dois séculos de agressões por toda a parte deram à Inglaterra escassas recompensas. É verdade que o País de Gales tinha sido conquistado e pacificado, mas do império continental, pelo qual tanto sangue e riquezas tinham sido gastos, apenas restava Calais e as ilhas do Canal. A Escócia não só se perdera, como também fora completamente alienada, e na Irlanda a Inglaterra apenas controlava Pale e alguns senhores no Sudeste. O choque da derrota ajudou a atirar a Inglaterra para uma instabilidade dinástica de trinta anos e para conflitos militares ocasionais, conhecidos como a Guerra das Rosas, que só acabaram com a vitória de Henrique Tudor (Henrique VII) no Campo de Bosworth em 1485. A Irlanda não foi a que mais sofreu com as guerras, porém, uma vez que as grandes famílias anglo-irlandesas haviam tomado partido, foi importante para Henrique estabelecer aí a sua autoridade.

O problema inicial de Henrique foi o governador da Irlanda, Gerald Fitzgerald, conde de Kildare (1456-1513). Kildare tinha sido um apoiante da dinastia de York que Henrique derrubara, mas os seus serviços não podiam ser dispensados com facilidade ou leveza. Ele era um governador competente, que se fazia respeitar pelos senhores, tanto anglo-irlandeses como gaélicos (que o chamavam Gearóid Mor, ou seja, o «Alto Conde»). As suas terras, compreendendo os condados de Kildare, Wicklow, Offaly e Leix, davam-lhe uma forte base de poder autónomo e todas as rendas da Irlanda passavam pelas suas mãos e muitas vezes ficavam com ele. Quando Kildare apoiou, sem êxito, o pretendente de York, Lambert Simnel em 1487, Henrique não tinha poderes para o punir. Quando ele apoiou outro pretendente, em 1491, Henrique decidiu que era necessário aplicar medidas extremas. Em 1494, enviou Edward Poynings à Irlanda com um exército para prender Kildare e colocar no seu lugar Edward como governador. Poynings acabou efectivamente com a autonomia do governador, eliminou o seu direito de convocar o Parlamento irlandês sem a autorização do rei e pôs as rendas da Irlanda sob a supervisão do Chanceler do Tesouro inglês. Apesar de fragilizado de um modo eficaz, Kildare ainda voltou ao governo em 1496: efectivamente, era ainda o melhor homem para o desempenho do lugar. O seu filho e sucessor no condado, outro Geraldo (este conhecido dos Irlandeses como Gearóid Óg, ou seja, Geraldo, *o Jovem*), provou também ser problemático para o sucessor de Henrique VII, Henrique VIII (r. 1509-1547). Kildare foi finalmente enviado para a Torre em 1533, depois de ter sido acusado de se apropriar de propriedades da coroa. Quando os rumores de que havia sido executado se espalharam, o seu filho «Silken» Thomas rebelou-se, porém, teve inicialmente pouco apoio e ainda menos quando os seus homens assassinaram o arcebispo de Dublin. Thomas rendeu-se às forças da coroa na Primavera de 1535 e foi levado para a Torre, o local onde o pai morrera, para ser também enforcado, estripado e esquartejado. Vários outros membros da família foram também executados e a coroa anexou as suas terras: só no século XVIII é que os Fitzgeralds recuperaram alguma influência. Agora que os Anglo-Irlandeses obedeciam à coroa, era a vez de os Irlandeses serem dominados. No entanto, a política religiosa de Henrique pretendia humilhá-los ainda mais.

A REFORMA

A Reforma protestante foi um evento que teve um impacto do maior alcance na história das Ilhas Britânicas, desde a conquista normanda, o que complicou bastante as relações da Irlanda com a Inglaterra. A Reforma chegou à Grã-Bretanha, não através do protestantismo popular, mas devido ao facto de Henrique III se ter querido divorciar. Logo depois da sua coroação, em 1509, Henrique casou-se com Catarina de Aragão, uma mulher atractiva e inteligente com mais seis anos e viúva do seu irmão mais velho, Artur. Em 1526, Henrique era um homem seriamente preocupado: Catarina passara a idade de poder ter filhos e não conseguira dar-lhe um herdeiro masculino. Ele disse, e é possível que acreditasse, que tal era um sinal de que Deus estava descontente por ele por ter casado com a cunhada; portanto, pediu ao papa Clemente VII licença para se divorciar. Os divórcios baseados na conveniência das dinastias eram usuais na Idade Média, porém, Henrique não teve sorte, porque Clemente dependia da protecção do sobrinho de Catarina, o imperador Carlos V, e não se atreveu a fazer-lhe a vontade. Henrique tinha sido sempre um católico devoto convencional, mas a necessidade do divórcio levou-o a ligar-se aos reformadores protestantes e, deste modo, ao rompimento com a Igreja romana, em 1533.

Em 1534, o Parlamento inglês aprovou o Acto de Supremacia, que nomeava Henrique o chefe da Igreja na Inglaterra. Dois anos mais tarde o Parlamento irlandês foi facilmente forçado a aprovar o seu próprio Acto de Supremacia, colocando-o à frente da Igreja na Irlanda. Henrique, que não era um protestante natural, permitiu poucas mudanças doutrinais: o sinal mais óbvio da Reforma foi a dissolução dos mosteiros em áreas sob o controlo efectivo do governo inglês (a dissolução dos mosteiros em áreas gaélicas autónomas só foi levada a cabo, totalmente, após o início do século XVII). O monaquismo irlandês estava já em completo declínio – os mosteiros da Irlanda já não eram centros de aprendizagem e providenciavam poucos cuidados para os pobres ou os doentes –, contudo, as dissoluções ainda ajudaram a provocar uma rebelião gaélica, conhecida como a Guerra da Liga Geraldina, que foi esmagada na batalha de Bellahoe, em 1539. Durante o reinado do filho e sucessor de Henrique, Eduardo VI (1547-1553), deu-se a introdução de um proptestantismo mais profundo, porém, logo depois da sua morte prematura, o catolicismo voltou a ser restaurado pela sua irmã mais velha, Maria (1553-1558), filha de

Henrique e de Catarina de Aragão. O último filho sobrevivente, Isabel I (r. 1558-1603), reintroduziu o protestantismo, no entanto, apesar da introdução de rígidas penalidades para forçar a frequência da igreja, na altura em que morreu, a nova fé falhara em conseguir sufocar as raízes firmes entre Gaélicos irlandeses ou os Velhos Ingleses (como se chamava então aos Anglo-Irlandeses).

As razões para a falha da Reforma protestante são complexas e reflectem apenas em parte a sincera devoção ao catolicismo entre o povo irlandês: afinal, a maioria dos Ingleses mantinha-se igualmente apegada às suas crenças tradicionais. A diferença crucial foi que o governo inglês não controlava toda a Irlanda e, portanto, não estava em condições de forçar a fé protestante, tal como em Inglaterra. Nem podia impedir que padres fossem ensinados na Europa católica e que depois regressassem à Irlanda. Mesmo em áreas que controlava, o governo não tinha clérigos protestantes suficientes e nenhum sabia falar gaélico, nem sequer os textos religiosos haviam sido traduzidos para esta língua. E o pior foi que a maioria dos clérigos protestantes viera de Inglaterra, criando a impressão de que a Reforma era apenas outra imposição inglesa à Irlanda, que não a pedira, o que efectivamente era verdade.

CAPITULAÇÃO E RECONCESSÃO

Em 1541, Henrique abandonou o título de Senhor da Irlanda, que fora concedido originalmente a Henrique II pelo papa Adriano IV. Em vista da contínua separação com Roma já não era vantajoso, ou prudente, governar a Irlanda usando um título concedido pelo papado. Henrique constituiu formalmente a Irlanda como um reino e adoptou o título de rei da Irlanda. A sua política em relação aos Irlandeses podia ser descrita como de falinhas mansas para de seguida empunhar um bastão pesado. Embora mantivesse uma grande força na Irlanda, preferia a persuasão à guerra, que tinha a desvantagem de ser cara e incerta. Devido à nova situação constitucional, Henrique procurou regularizar a posição dos senhores gaélicos relativamente à coroa, através da política de capitulação e reconcessão. Os senhores gaélicos eram induzidos a submeter-se ao rei e a entregar as terras das suas famílias e os títulos tradicionais e autoridade: em retorno era-lhes prometida a protecção real e as suas terras eram de imediato reconcedidas sob posse feudal, com um título ligado ao estilo inglês.

Deste modo, o domínio de O'Neills no Ulster tornou-se o condado de Tyrone. A capitulação e a reconcessão deu aos senhores gaélicos um título fixo às suas terras perante a lei inglesa, embora continuassem a usar os seus títulos irlandeses e os achassem superiores aos seus novos títulos ingleses, cerca de 400 aceitaram a oferta do rei, que achavam muito boa. O que nenhum parece ter completamente entendido, foi que também dava ao rei o direito legal inabalável de lhes retirar as terras se provassem ser desleais – o que muitos pretendiam se lhes conviesse.

AS COLÓNIAS DOS TUDORS

Do ponto de vista inglês, o problema com os Irlandeses era que eles perversamente preferiam a selvajaria (cultura gaélica), à civilização (cultura inglesa). A solução era impor a anglicização na Irlanda, com a introdução de um sistema de condado de governação local ao estilo inglês, no qual a autoridade legal, administrativa e militar era mantida por um xerife nomeado pela coroa. Este processo havia sido iniciado cerca de 1200, com a criação do condado de Dublin, mas no início de 1500 estava ainda confinado apenas àquelas áreas sujeitas à colonização inglesa. A Reforma tornou o sucesso da anglicização ainda mais urgente, porque a Inglaterra encontrava-se agora politicamente isolada sem qualquer grande aliado continental. A Irlanda desobediente era uma óbvia porta de retaguarda, através da qual as potências católicas podiam tentar invadir a Inglaterra, especialmente agora que os Irlandeses poderiam vê-las como libertadoras da opressão religiosa. Foi neste contexto que o governo inglês concebeu a ideia das colónias. A Irlanda estava prestes a tornar-se um campo de ensaio para o colonialismo inglês, uma vez que as lições aprendidas seriam aplicadas no Novo Mundo e em outros locais.

No início, as colónias não tinham a intenção de ser um meio de limpeza étnica. Os senhores irlandeses e os Velhos Ingleses que se rebelaram foram espoliados das suas terras, dadas depois a «Novos Ingleses» leais e, algumas vezes, a senhores irlandeses. Os novos senhores ingleses iriam dar às ilhas a autoridade e uma influência civilizadora sobre o campesinato. A primeira colónia, criada em Laois e em Offaly em 1556, foi planeada pelo governo de Eduardo, mas executada pela católica Maria. Mais tarde as colónias no tempo de Isabel tinham a intenção não apenas de anglicizar mas também de difundir o protestantismo. Naturalmente houve resistência. Como os antigos donos empreendiam uma guerra de guerrilha com grande êxito, o governo inglês enviou cada vez mais tropas para as guarnições na Irlanda. A maior colónia dos Tudors situou-se em Munster, em 1584, em mais de quarenta mil hectares de terras confiscadas, após a derrota da rebelião liderada por Jaime Fitzmaurice. As terras foram adjudicadas a trinta e cinco homens de negócios (*i.e.*, grandes ocupantes de terras), muitos dos quais se sentiam satisfeitos por viverem apenas das rendas dos arrendatários irlandeses. Outros expulsaram todos os Irlandeses das suas terras e introduziram técnicas agrícolas e rendeiros ingleses. Em 1592 havia mais de 3000 novos colonos ingleses em Munster e a colónia parecia prosperar. Nesse ano, foi criada uma nova colónia de «Irlandeses leais», nas terras de Monaghan no Ulster, que foram confiscadas a Hugh Roe MacMahon por quebrar a sua rendição e acordo de reconcessão.

Excepto para Carrickfergus e partes de Down, o Ulster nunca esteve sob controlo inglês. Alarmado com as implicações da colónia de Monaghan, Hugh O'Neill, conde de Tyrone e o mais poderoso senhor gaélico da Irlanda, planeou secretamente uma rebelião com os seus vizinhos, os O'Donnells de Tyrconnell e os Maguires de Fermanagh. O'Neill era um especulador astuto. Não desperdiçara o tempo gasto na sua juventude na corte inglesa e sabia como parecer inglesado, mesmo que não o fosse. Enquanto instruía os seus aliados para darem início às hostilidades, O'Neill fingia a sua lealdade à coroa, o que lhe permitiu sabotar as tentativas inglesas para ocultar a rebelião durante dois anos. Finalmente, pôs-se a descoberto, a fim de prevenir a chegada de novos reforços e atacou uma guarnição inglesa no rio Blackwater, em 1595. Foi prontamente proclamado traidor. Pela primeira vez, as forças irlandesas tinham uma considerável quantidade de armas de fogo e o seu número aumentava com milhares de colunas vermelhas, mercenários mal armados, recrutados em Argyll. No entanto, aos rebeldes faltava-lhes canhões, o que lhes dificultava a tomada de fortes e cidades, a não ser de surpresa, através de negociações ou pela fome, após longos cercos. O'Neill optou por tácticas de guerrilha, atacando colónias e emboscando colunas inglesas de provisões a caminho das guarnições isoladas. Uma dessas emboscadas foi a memorável batalha da passagem de Biscuits, em 1594, onde uma coluna inglesa, que seguia para Enniskillen, perdeu todas as suas provisões ao passar por um rio. Sabendo que Isabel estava relutante em comprometer--se com enormes despesas a fim de derrotar a rebelião pela força, O'Neill passou meses em falsas negociações de paz, enquanto importava armas e treinava as suas tropas. No final de 1595, a rebelião alargara-se até Connacht e Leinster. Depois de O'Neill ter derrotado um exército inglês de 4000 homens de infantaria e 300 cavaleiros, noutra hábil emboscada em Yellow Ford perto de Armagh, em Agosto de 1598, os Irlandeses de Munster rebelaram-se também e destruíram a colónia ali existente.

No início de 1599, a maior parte da Irlanda estava uma vez mais fora do controlo da coroa inglesa. Isabel aceitou, relutantemente, que acabara o tempo de poupar e de tomar meias-medidas, por isso reuniu o maior exército inglês alguma vez enviado para a Irlanda, uma força de mais de 17 000 homens. Para a comandar, nomeou o seu favorito, Robert Devereux, conde de Essex, vice-rei da Irlanda. Essex era um soldado corajoso, mas a sua atraente aparência prometera sempre mais do que conseguia fazer. Na Irlanda estava completamente fora do seu elemento. Incapaz de levar os Irlandeses à batalha, o exército de Essex, com poucas provisões, foi enfraquecendo à medida que a campanha se desenrolava sem eficácia, primeiro em Leinster e depois em Connacht. Obrigado pela rainha a invadir o Ulster, Essex conheceu O'Neill cara a cara, próximo de Dundalk, em Setembro, e concordou de novo com outras tréguas. Isabel ficou furiosa e colocou Essex sob prisão domiciliária quando este regressou a Inglaterra, sem permissão para tentar justificar as suas acções; foi executado por traição no início de 1601, depois de uma patética tentativa de golpe de Estado.

Com a posição inglesa agora perto do colapso completo, o triunfante O'Neill apresentou à rainha termos de paz exigentes, que iam até uma Irlanda completamente autónoma. As colónias deviam ser modificadas radicalmente e a terra regressaria aos seus donos originais. As leis tradicionais gaélicas em relação aos proprietários de terras deviam ser restauradas. Devia haver um sistema nativo judicial e administrativo irlandês. Os Irlandeses teriam direitos iguais para viajar e comerciar em Inglaterra. Acima de tudo, a Igreja Católica devia ser totalmente restituída à sua posição anterior à Reforma na Irlanda e devia ser fundada uma universidade católica. Isabel não podia aceitar tais termos, que o seu secretário de Estado, Sir Robert Cecil, descreveu como utópicos e agiu decisivamente, tal como sempre fazia quando se sentia em dificuldades. Em Janeiro de 1600, Charles Blount, Lorde Mountjoy, foi nomeado sucessor de Essex e deram-lhe reforços, forças navais e um cheque em branco. Mountjoy servira no exército de Essex e entendia a futilidade de perseguir os Irlandeses que se deslocavam mais facilmente, pelo interior. Ignorando os ataques de O'Neill em Pale, que tinham a intenção de o provocar, Mountjoy concentrou-se na construção e guarnição de uma linha de fortes para isolar o Ulster do resto da Irlanda. Entretanto, mais dois exércitos ingleses acamparam em Munster e Connacht. Embora esta fosse uma política dispendiosa, começou a retirar a liberdade de movimentos a O'Neill e, quando as guarnições inglesas iniciaram a devastação do interior do Ulster, também minou o seu apoio popular.

Mountjoy manteve a pressão até ao Inverno e Primavera de 1600--1601, porém, a resistência de O'Neill foi reforçada com as notícias de que Filipe III de Espanha se preparava para enviar um exército para o apoiar. Infelizmente, quando a força espanhola de 3400 homens desembarcou em Setembro, fê-lo em Kinsale, muito a sul. Tendo perdido muitos homens e a maior parte das suas munições no mar, Don Juan d'Águila, o comandante espanhol, não se sentiu suficientemente forte para dar início à batalha, por isso ficou no mesmo lugar. Mountjoy cercou-o rapidamente com uma força de cerca de 7000 homens e ainda correu o risco de diminuir as suas guarnições no Norte para reforçar o cerco. Navios ingleses bloquearam Kinsale, cortando assim o abastecimento ao exército espanhol. O'Neill sentiu a obrigação moral de ir ajudar os Espanhóis, mas para o fazer ele e o seu aliado Hugh O'Donnell tinham que deixar as suas fortalezas no Norte e fazer marchar os seus exércitos quase 500 quilómetros para sul, evitando as forças inglesas, que sabiam iriam tentar interceptá--los. Miraculosamente, foram bem-sucedidos e no início de Dezembro, o exército de Mountjoy viu-se perante uma cilada, os Espanhóis de um lado, os Irlandeses do outro. O sitiador estava sitiado. A posição tornou-se desesperada para Mountjoy, quando o seu exército começou a diminuir devido a doenças e deserções, contudo, os Espanhóis também estavam em dificuldade, pelo que pediram a O'Neill que se lhes juntasse num ataque coordenado ao campo inglês. O'Neill concordou, contrariamente ao normal, em arriscar tudo numa batalha em terreno aberto. Mountjoy tinha pouco mais que 6000 homens preparados para fazer frente à força combinada irlandesa e espanhola, de mais de 9000 soldados, portanto, talvez a vitória irlandesa parecesse a conclusão antecipada. Antes da primeira luz da manhã da véspera de Natal de 1601, os homens de O'Neill começaram a formar para um ataque surpresa aos Ingleses. Fizeram-no desajeitadamente e com barulho. Alertado, Mountjoy enviou a sua cavalaria para flanquear o ataque irlandês e atacá-los pela retaguarda. Ao ver-se numa total confusão pelo inesperado contra-ataque, o exército irlandês quebrou e fugiu, sofrendo pesadas baixas. Tudo terminou em menos de três horas. Do princípio ao fim, os Espanhóis nunca dispararam uma bala – os Irlandeses não tinham sequer chegado perto do ponto de encontro. Com a sua posição agora desesperada, Águila negociou uma rendição honrosa e retirou as suas forças a 2 de Janeiro de 1602.

A FUGA DOS CONDES

A batalha de Kinsale foi decisiva. Como muitas vezes na história dos Celtas, a decisão de abandonar tácticas irregulares por batalhas formais resultou em desastre. Os soldados rebeldes sobreviventes estavam espalhados e desmoralizados. Hugh O'Donnell fugiu para Espanha. O'Neill, com o seu apoio fragilizado, viu-se forçado a fugir. Apesar de velha e doente, Isabel conhecia a sua força e rejeitou as suas tentativas para reabrir as negociações – fartara-se desse jogo. Mountjoy esmagou simbolicamente a pedra de coroação da família O'Neill em Tullahoge. Finalmente, a 23 de Março de 1603, O'Neill rendeu-se completa e incondicionalmente a Mountjoy. Isabel nunca chegou a saber da sua vitória – morreu no dia seguinte, antes de as notícias poderem chegar até ela e o trono de Inglaterra passou para o rei Jaime VI da Escócia. Este lidou generosamente com O'Neill, restituindo-lhe a maioria das suas terras e o seu título de conde de Tyrone. Jaime foi igualmente generoso para com Rory O'Donnell (irmão de Hugh), a quem foi dado o título de conde de Tyrconnell. No entanto, Jaime não devolveu a nenhum deles a tradicional autoridade autónoma. O Ulster foi dividido em condados, sendo introduzido o sistema judicial inglês: o tempo dos suseranos gaélicos terminara.

O'Neill nunca se ajustou ao seu estatuto de um simples nobre. A 4 de Setembro de 1607, O'Neill, Rory O'Donnell e Cúchonnacht Maguire, senhor de Fermanagh, tomaram um navio de Rathmullen em Lough Swilly para Espanha com cerca de noventa dos seus apoiantes. Foram desviados para a Normandia e o governo francês embaraçado despachou, de um modo decente, os fugitivos na direcção de Roma o mais rápido que pôde, onde passaram o resto das suas vidas como pensionistas papais. Privadas da protecção dos senhores gaélicos, as tradições culturais entraram num longo declínio. A língua gaélica sobreviveu, mas como língua de um campesinato iletrado, já não era um veículo de alta cultura. A «Fuga dos

Condes» nunca foi satisfatoriamente explicada, mas é provável que receassem, erradamente, que o governo havia descoberto que uma vez mais estavam a conspirar com os Espanhóis.

AS COLÓNIAS JACOBITAS

Depois do final da Guerra dos Nove Anos, a política de colónias dos Tudors foi reavivada pelo rei Jaime VI e aplicada ao Ulster. As primeiras colónias, em 1605, em Antrim e Down, eram uma aventura privada de um aristocrata local católico, Sir Randall MacDonnell, a quem tinham recompensado com extensas terras por ter mudado de lado durante a guerra. Como resultado da Fuga dos Condes, o governo inglês detinha vastas extensões de terra no Ulster. Depois de uma breve rebelião em Donegal, em 1608, Jaime decidiu aplicar a política de colónias ao resto da província. Os Artigos das Colónias, aprovados em 1609, levavam a que a maioria da população irlandesa de Donegal, Derry, Tyrone, Armagh, Fermanagh e Cavan fosse removida para reservas designadas, a fim de libertarem as melhores terras da província para colónias com escoceses protestantes das Terras Baixas e rendeiros ingleses. O esquema afundou-se, como todos os esquemas para repovoar a Irlanda, devido à reputação para a violência e rebelião. Os contratadores (chefes das colónias), que eram nomeados pelo governo para controlar a colónia, viram que era necessário e proveitoso manter os arrendatários irlandeses, uma vez que estavam preparados para pagar rendas altas para ficarem com as terras. Embora a maioria protestante – maioritariamente escoceses das Terras Baixas – se tivesse estabelecido em Antrim e Down, no resto do Ulster eram uma minoria entre a população indignada. Os currais e as casas fortificadas que os colonos construíram em todo o interior são símbolos dos sentimentos de insegurança.

Em 1606, o rei Jaime criou a Comissão para a Solução de Títulos Imperfeitos. Deste modo, a todos os Irlandeses proprietários de terras foi exigido que provassem que os títulos de posse das suas terras lhes pertenciam. Como Jaime sabia, as diferentes tradições de posse de terra na Irlanda gaélica tornavam isso impossível em muitos casos e dava-lhe um pretexto para outra leva de confiscações de terras à pequena nobreza irlandesa. Tal facto tornava a terra disponível para a criação de mais colónias nas terras do interior irlandesas e no Sul. O sentimento de insegurança de posse que a comissão gerou foi a principal causa da rebelião, que rebentou em 1641. As guerras e colónias tinham desorganizado a economia irlandesa e causado tempos difíceis para muitos donos de terras católicos, muitos dos quais foram forçados a endividar-se ou a hipotecar os seus bens. Uma série de colheitas pobres nos anos trinta do século XVII exacerbou a situação. Sir Phelim O'Neill, o preeminente líder da rebelião do Ulster, tinha dívidas de mais de 12 000 libras, em 1640. Um dos credores de Sir Phelim, um tal Fullerton de Loughgall, foi, por coincidência, também um dos primeiros a ser morto quando a revolta se iniciou.

A GUERRA DOS CONFEDERADOS (1641-1653)

No final dos anos 1630 tanto os Irlandeses como os Velhos Ingleses católicos estavam no auge do seu descontentamento. Os católicos desejavam ver a sua Igreja restaurada na sua posição pré-Reforma. Especialmente no Ulster, muitos irlandeses da pequena nobreza tinham sido desapossados das suas terras, que foram dadas aos escoceses protestantes e aos colonos ingleses. Carlos I, entretanto, prometera aos Velhos Ingleses católicos a liberdade religiosa em retorno de uma quantia de 120 000 libras, porém, a dúbia negociação do monarca nunca confirmara tais privilégios. Assim, com todas estas razões para que imperasse a insatisfação, os oficiais do rei na Irlanda foram apanhados de surpresa quando os Irlandeses do Ulster e os Velhos Ingleses católicos de Pale finalmente se rebelaram em Dezembro de 1641. Um membro do Parlamento protestante chocado escreveu que a revolta foi «concebida entre nós, e, no entanto, nunca sentiu uma queixa nem qualquer luta no início». Os colonos protestantes no Ulster foram atacados e massacrados ou expulsos das suas casas. Muitos dos sobreviventes fugiram para Inglaterra e Escócia e espalharam histórias horríveis sobre a revolta. As afirmações de 150 000-200 000 protestantes massacrados são certamente exageradas, uma vez que os colonos não eram, na realidade, mais do que 40 000. Historiadores modernos estimam que o verdadeiro número de vítimas dos massacres foi «apenas» cerca de 4000, com vários milhares de mortes subsequentes às mãos do «coronel Fome e do major Doença». Mensagens folclóricas dos massacres deram aos protestantes do Ulster a mentalidade de cerco que ainda hoje se mantém.

Do Ulster, a revolta católica alastrou por toda a Irlanda. Desde cedo os Ingleses viram-se confinados a Dublin e a umas quantas cidades fortificadas que os rebeldes, com pouca artilharia, não tinham capacidade para tomar. Isto deu ao governo e aos colonos um espaço de tempo vital para reagruparem as suas forças. James Butler, conde de Ormond, tomou o comando de Dublin e pacificou Pale. Richard Boyle, conde de Cork, recuperou a maior parte do Sul de Munster enquanto um exército escocês sob a liderança de Robert Monro afastou os insurgentes para lá do Leste do Ulster. Contudo, esta contra-ofensiva, acompanhada pela consequente onda de massacres parou, depois de rebentar a guerra civil na Inglaterra, em Agosto de 1642. A rebelião na Irlanda levara à ruptura final entre o rei Carlos e o Parlamento inglês.

Entretanto, os rebeldes católicos encontraram-se em Junho em Kilkenny para formar um governo provisório – a Confederação dos Católicos da Irlanda (muitas vezes chamada apenas Confederação de Kilkenny). Uma assembleia de senhores, clérigos e representantes do povo, escolhidos em parte através de eleições, reúne pela primeira vez em Outubro. O facto de a assembleia da Confederação debater em inglês é um sinal do grau a que chegara o prestígio dos Gaélicos, após a Fuga dos Condes. As principais exigências dos confederados situavam-se no plano religioso – a restauração da Igreja Católica e supressão de toda a legislação anticatólica – porém, mantinha a lealdade para com a coroa. Esta não era uma revolta nacionalista, mas uma tentativa de criar uma Irlanda católica dentro da tripla monarquia dos Stuarts.

Logo no início da guerra civil em Inglaterra, em 1642, Ormond e as restantes guarnições inglesas na Irlanda declararam-se a favor do rei. O mesmo aconteceu com os confederados, que viram na vitória de Carlos, em substituição do Parlamento puritano, uma hipótese de atingirem os seus objectivos. Com a declaração de um cessar-fogo em Setembro de 1643, surgiu a difícil aliança tripartida entre os Irlandeses católicos, os Velhos Ingleses católicos e os Realistas protestantes. Como ninguém confiava em ninguém, tal dificultou fatalmente os esforços de cooperação contra os parlamentaristas vitoriosos, depois da rendição do rei Carlos, em 1647. A dificuldade em estabelecer um comando militar único tornou-se particularmente danosa, levando a que os líderes, como Ormond nas terras do interior e Owen Roe O'Neill no Ulster, perseguissem diferentes estratégias e objectivos de guerra.

Ormond entregou Dublin ao Parlamento em Junho de 1647 e a sua subsequente tentativa para recapturá-la foi decisivamente derrotada em Rathmines, em Agosto de 1649. Duas semanas depois chegou Cromwell com 12 000 homens, altamente motivados, do Exército do Novo Modelo, que esmagara as esperanças dos realistas em Inglaterra e vários estabelecimentos de provisões, dinheiro e canhões. Cromwell teria de qualquer forma ensombrado a história da Irlanda, mesmo que os realistas ingleses, irlandeses católicos e historiadores nacionalistas (cada um à sua maneira) não tivessem transformado o homem num monstro sanguinário – as consequências da sua campanha na Irlanda gaélica foram absolutamente devastadoras. Não há de facto nenhuma prova evidente de que Cromwell tivesse alguma vez cometido os massacres de civis inocentes pelos quais é sobejamente conhecido e, na verdade, há provas de que a sua intenção era a de poupar civis o mais possível aos rigores da guerra: por exemplo, enforcava saqueadores do seu próprio exército, e pagava todos os mantimentos (ao contrário dos exércitos confederados). É facto que os padres católicos não foram poupados aos rigores da guerra, mas acusar por este motivo Cromwell de fanatismo religioso é julgá-lo por padrões modernos e liberais: a tolerância religiosa não fazia parte do projecto de ninguém nos anos 1640, nem sequer para a Igreja Católica romana. Contudo, por tudo isso, Cromwell mostrou a habitual dupla posição inglesa em relação à Irlanda e aos Irlandeses. Justificou os seus massacres às guarnições em Drogheda e Wexford com as regras da guerra da altura, porém, aplicara-os com um rigor impiedoso, que jamais se tinha visto em qualquer dos lados durante as guerras civis na Inglaterra (excepto quando soldados irlandeses se viam envolvidos).

A primeira acção de Cromwell foi sitiar a cidade de Drogheda dos Velhos Ingleses protestantes, que recentemente fora ocupada por uma guarnição realista. O governador da cidade, Sir Arthur Aston, fatalmente subestimou a eficácia da artilharia de Cromwell e rejeitou o apelo de se render e evitar o derramamento de sangue. Aston teria de estar bem consciente que isto levava ao massacre da guarnição, se a cidade fosse tomada à força. Depois de apenas três dias de bombardeamentos, as muralhas cederam, em 11 de Setembro de 1649, e as tropas de Cromwell irromperam pela cidade. Os defensores abalados pouca resistência ofereceram quando os parlamentares os derrotaram. Ao todo, cerca de 3500 defensores foram assassinados, sendo as perdas dos parlamentares perto de 60. O choque da rápida queda de Drogheda e o seu terrível destino foi tal que Cromwell teve pouca resistência, até alcançar Wexford um mês mais tarde. Wexford aguentou-se cerca de um mês antes de cair após um assalto súbito. Tal como em Drogheda, a guarnição foi massacrada. A aproximação do Inverno fez parar, brevemente, a campanha de Cromwell, mas quando retomou a ofensiva na Primavera, os realistas protestantes logo desistiram de lutar. No entanto, ainda havia, entre os confederados, alguma vontade de lutar e, em Clonmel, em Maio de 1650, infligiram uma derrota difícil ao Exército do Novo Modelo numa brilhante emboscada planeada, mas ao ferirem «o nariz» a Cromwell, escaparam logo a seguir. Nesta altura, Cromwell foi chamado a Inglaterra, para enfrentar a nova ameaça da Escócia à república e deixou ao seu cunhado Henry Ireton o encargo de acabar com a resistência irlandesa, que estava cada vez mais desorganizada. Galway, a última grande cidade nas mãos dos confederados, foi capturada em Abril de 1652.

A fraca liderança, as divisões religiosas e a falta de recursos, especialmente dinheiro, acabaram por ter um papel importante no fracasso da causa dos confederados face à superior disciplina e poder de fogo do Exército do Novo Modelo. Talvez os confederados tenham sido uma causa perdida desde o princípio: teria a desonesta monarquia Stuart alguma vez cumprido as suas promessas? Grande parte da Irlanda foi devastada pela guerra e só passados 20 anos é que a economia regressou ao nível em que se encontrava antes da guerra. Cerca de 600 000 pessoas – um terço da população da Irlanda – tinha morrido, a maioria devido à fome e às doenças, em vez de nas batalhas ou de atrocidades que ambos os dois lados tivessem perpetrado em igual medida e com igual rigor.

O POVOAMENTO DE TERRAS DE CROMWELL

O cenário estava agora talvez preparado para que fosse possível efectuar-se a maior deslocação na história da Irlanda – a colonização das terras de Cromwell, que afectaram cerca de 50 por cento da terra fértil da Irlanda. A conquista da Irlanda por Cromwell custara cerca de 3,5 milhões de libras, por isso com o subsequente povoamento pretendia-se, quer a liquidação das suas dívidas, quer a resolução do problema irlandês. Os proprietários de terras realistas e confederados (tanto protestantes como católicos, estes em maior número) viram as suas terras confiscadas e 105 dos mais proeminentes foram executados, exilados ou levados para as Índias Ocidentais. Condados como Dublin, Cork, Kildare e Wicklow ficaram reservados para uso do governo; outros dez – Antrim, Down, Armagh, Meath, Meath Ocidental, Laois, Offaly, Waterford,

Tipperary e Limerick – foram atribuídos a cerca de 1500 aventureiros (investidores que tinham feito doações para a campanha irlandesa) e quase 35 000 veteranos do exército parlamentar, a quem foram dadas promissórias em lugar de salários. Havia a intenção de os novos donos de terras expulsarem os rendeiros católicos irlandeses, que seriam mudados para os condados de Mayo, Galway, Roscommon e Clare e substituí-los por rendeiros protestantes irlandeses. Embora o povoamento resultasse numa efectiva revolução quanto à posse das terras, não teve o resultado esperado. A merecida reputação dos Irlandeses para se revoltarem levou a que não houvesse um afluxo de colonos ingleses – as novas colónias no Norte da América e nas Índias Ocidentais apresentavam perspectivas muito mais atraentes –, por isso menos de um terço dos veteranos do exército tomou realmente posse das suas terras: a maioria vendeu-as a aventureiros ou a velhos protestantes proprietários rurais e regressaram à suas terras. Primeiro e antes de tudo, o que os proprietários pretendiam era o retorno dos seus investimentos, portanto, muito poucos rendeiros católicos irlandeses foram na realidade expulsos e assim a maioria logo regressou. O povoamento de Cromwell certamente destruiu o que restara da classe nativa de proprietários de terras, mas por todo o lado fora do Ulster permaneceu a maioria dos pregadores católicos gaélicos.

Alguns católicos viram ser-lhes as suas terras restituídas por Carlos II depois da Restauração, mas o ascendente dos protestantes foi confirmado na Guerra de Guilherme (1689-1691), onde o protestante Guilherme de Orange derrotou o católico rei Jaime VII/II. Tinha-se estabelecido o modelo de propriedade de terras que subsistiu até ao século XIX – grandes propriedades pertencentes a um membro da elite protestante de língua inglesa, rendeiro (excepto no Ulster e em Pale) de um campesinato maioritariamente católico, que falava gaélico. Unidos, e igualmente em desvantagem, devido ao seu catolicismo, a antiga divisão, baseada na língua, entre Gaélicos e Velhos Ingleses começou a esbater-se, sendo substituída por uma nova divisão baseada na religião.

13

O Fim do Sistema de Clãs

Que os desleais e selvagens habitantes das Terras Altas da Escócia necessitem de ser refreados e mantidos em temor respeitoso por guarnições e forças regulares, até que a geração actual se desgaste, é evidente para todos os homens de inteligência comum e que as pessoas insatisfeitas e enfatuadas permaneçam selvagens, se nada for feito para as recuperar da sua ignorância e barbaridade; mas tal como o resto das pessoas da Grã-Bretanha que agora são civilizadas foram já selvagens e bárbaras como os habitantes das Terras Altas, penso que não deve haver dúvidas de que medidas próprias irão também civilizá-los.

EDMUND BRUCE (1750)

A supressão do Senhor das Ilhas em 1493 eliminou qualquer possibilidade real do aparecimento de uma política gaélica que pudesse desafiar o domínio político dos reis dos Escoceses no coração das Terras Baixas. Apesar disso, os reis escoceses continuaram a sentir muita dificuldade em impor a sua autoridade a norte da fronteira das Terras Altas. O terreno montanhoso e a economia subdesenvolvida tinham muito a ver com este estado de coisas, porém, as Terras Altas também albergavam uma muito maior proporção de população escocesa no início dos tempos modernos do que agora depois das Confiscações e muita desta população estava armada e com vontade de lutar. Embora a coroa escocesa tivesse mostrado que era mais que um parceiro, mesmo para o magnata mais poderoso das nas Terras Altas escocesas, a queda do Senhor das Ilhas criou ali um vazio de poder, que o governo real apenas em parte conseguia preencher. Isto deixou espaço para os clãs gaélicos crescerem em proeminência política. A coroa exercia a sua autoridade indirectamente, utilizando clãs leais como seus agentes e executores e dando-lhes comissões para usarem fogo e espadas contra os clãs desobedientes. A recompensa para os chefes destes clãs era a riqueza, a terra, o estatuto social e o prestígio. Três clãs em particular vieram a dominar as Terras Altas através da sua aliança à coroa: os Campbells nas Terras Altas ocidentais, os Mackenzies no Norte e nas Hébridas, e os Gordons no Nordeste. Existiam perigos para a coroa na sua dependência a estes clãs, cujos chefes, especialmente os duques Campbell de Argyll, que foram hábeis em adoptar a manipulação das políticas de governação para sua própria vantagem.

AS ORIGENS DOS CLÃS DAS TERRAS ALTAS ESCOCESAS

A palavra «clã» deriva do gaélico *clann*, cujo significado inicial é «criança», mas que adquiriu um novo significado como «parente» nos séculos XI ou XII. Na teoria, um clã pode ser definido biologicamente como um grupo descendente via paterna derivando de um antepassado comum, do qual o clã retira o nome. Na realidade, para muitos membros do clã este laço de parentesco era apenas fictício, já que os clãs recrutavam activamente estranhos (ou «homens arruinados» como se chamavam), para aumentar a sua força. Um bem conhecido exemplo fictício, do *Waverley* de Walter Scott (1814), é o chefe jacobita, Fergus MacIvor, que estava preparado para recrutar todos os que «quisessem chamar-se filho de Ivor» a fim de aumentar a força de luta do seu clã. No final da Idade Média, a aparência do parentesco podia ser mantida com novos recrutas que adoptassem o nome do clã como sobrenome, mas isto não era de modo nenhum uma regra universal. Como os clãs não eram sociedades fechadas, a lealdade pessoal ao chefe era tão importante para a unidade do clã como o sentido de parentesco comum. Clãs com sucesso podiam largar os seus territórios subjugando clãs mais fracos e forçando-os a uma relação de protecção, ou mesmo expulsando-os totalmente das suas terras, como fizeram os Campbells aos MacGregors de Glen Orchy. Também era possível para um clã maior dividir-se em clãs mais pequenos. Isto aconteceu ao clã Shomhairle, fundado por Somerled no século XII, que se dividiu em três famílias, os MacDougals, os MacRuairies e, os mais bem-sucedidos dos três, os MacDonalds. Estes separaram-se em várias subdivisões durante os anos de declínio do Senhor das Ilhas. As questões de lealdades, heranças, jurisdição e posse de terras numa sociedade de clãs podiam ser muito complicadas, devido à hierarquia dos parentescos sénior e júnior dentro de clãs e de diferentes graus de protecções dos clãs subordinados aos clãs suseranos. Os clãs das Terras Altas cresceram da junção das instituições feudais de posse de terras, jurisdição privada e primogenitura com laços tradicionais gaélicos no século XII. O sistema foi adoptado pelos colonos de Nórdicos nas Hébridas (por exemplo, MacLeod do nome Norse *Liotr*, e Lamont de *lagman*, «homem da lei») e famílias das Terras Baixas escocesas e anglo-normandas, a quem foram garantidos domínios nas Terras Altas (como os Chisholms, Frasers, Sinclairs, Stewarts, etc.). As famílias turbulentas que dominaram a fronteira com a Escócia no final da Idade Média são muitas vezes descritas como clãs, porém, não o eram e nem foram sociedades gaélicas, sendo descritas com maior exactidão, tal como elas próprias o fazem, como «sobrenomes».

Numa época de monarquias centralizadoras, os vários estratos de lealdade e de relações de poder entre os clãs das Terras Altas, só podiam ser vistos como uma anomalia, enquanto o direito à jurisdição privada dos chefes de clã sobre o seu povo era um obstáculo real ao objectivo da coroa – submeter a totalidade do reino ao governo directo real. O dever dos homens dos clãs de prestar serviço militar era outro problema sério, uma vez que dava aos chefes de clã exércitos privados, que apenas respondiam perante o clã. Os exércitos dos clãs podiam englobar forças substanciais. Por exemplo, cerca de 1600, os Gordons reuniam 3000 homens armados. A Escócia no século XVI sofreu uma sucessão de regências e minorias e foi só no fim do século que, encorajado por um enganador relatório optimista sobre a riqueza das Hébridas, Jaime VI (r. 1567-1625) iniciou uma séria tentativa para subjugar e pacificar as Terras Altas escocesas. Depois de Jaime se ter tornado rei de Inglaterra em 1603, os seus esforços redobraram devido à sua ambição, não cumprida no seu tempo de vida, em criar um reino unido da Grã-Bretanha. A opinião das Terras Baixas nesta altura, tornara-se antagonicamente viciosa em relação aos Gaélicos, baseada na guerra dos clãs das Terras Altas e a opinião de um autor anónimo, que afirmava que Deus tinha criado o primeiro habitante das Terras Altas a partir de um monte de excrementos de cavalo, foi provavelmente muito partilhada. As medidas de Jaime eram em geral coercivas, estendendo-se mesmo às tentativas de limpeza étnica e genocídio. Em 1597, Jaime exigiu que todos os chefes de clãs nas Terras Altas e nas Ilhas mostrassem os títulos das suas terras, sabendo muito bem que as tradições de posse de terra dos Gaélicos tornavam isso impossível, em muitos casos. A falta por não apresentarem os títulos tornou-se então pretexto para o desalojamento e a transferência das terras para um habitante das Terras Baixas leal, ou um chefe de clã que, tal como Jaime acreditava, estaria pronto para pagar uma boa renda à coroa (uma campanha similar precedeu as colónias jacobitas no Ulster). Deste modo, Jaime podia ordenar o desalojamento de quase todos os chefes de clã gaélicos das Hébridas, excepto os MacLeans de Mull. Contudo, poucas ordens de desalojamento foram realmente executadas. Em parte, tal deveu-se às expectativas pouco realistas de Jaime em relação às rendas. Por exemplo, um ajuste com o conde de Huntly para ocupar as terras nas Hébridas Exteriores, na condição de erradicar a população residente, quebrou a negociação sobre a renda. No caso de Lewis, que Jaime concedera à Companhia de Aventureiros de Fife, foi a grande resistência dos MacLeods deslocados que originou o colapso. O acto mais desumano de Jaime foi ter banido e virtualmente exterminado os MacGregors, depois de estes terem derrotado um clã rival numa batalha em 1603. A maioria dos líderes dos MacGregors foram perseguidos e mortos, sendo os sobreviventes forçados a mudar de nome. Graças à protecção de outros clãs, o clã Gregor teve a possibilidade de se restabelecer mais tarde nesse século (embora fosse de novo banido). Tal como a maioria dos habitantes das Terras Baixas, Jaime equiparou a cultura e língua gaélica à barbárie. Nos Estatutos de Iona, promulgados em 1609, procurou separar os chefes de clã da sua cultura tradicional e torná-los agentes da civilização das Terras Baixas. O estatuto incluía medidas para ajudar a Igreja reformada a estabelecer-se na ainda vasta região católica das Terras Altas, bania a protecção dos bardos e exigia que os chefes de clã enviassem os seus filhos para serem educados nas Terras Baixas. Poucos anos depois, o conhecimento do inglês foi tornado condição obrigatória para a sucessão da chefia de clãs. Carlos I (r. 1625-1649) começou por dar continuidade às políticas do pai, mas o seu reinado logo se atolou em controvérsias religiosas. O apoio que Carlos dava à Igreja episcopal alienava a maioria da Escócia presbiteriana, cuja oposição à interferência real encontrou uma poderosa expressão no popular movimento das Convenções, nome dado pelas Disposições nacionais, uma defesa do presbiterianismo publicada em 1638. A tentativa falhada de Carlos em destruir os partidários das Convenções nas Guerras dos Bispos (1639-1640), levou a uma série de guerras civis que arruinaram a Grã-Bretanha e a Irlanda até 1652 e terminou com a criação do primeiro Estado unitário da Grã-Bretanha e da Irlanda sob o governo de Oliver Cromwell, nomeado Lorde Protector.

OS CLÃS E AS GUERRAS CIVIS

Quando a guerra rebentou entre o rei Carlos e o Parlamento inglês em 1642, as simpatias dos escoceses presbiterianos iam naturalmente para o Parlamento dominado pelos puritanos. Também viam que se o rei derrotasse o Parlamento, ficaria com a possibilidade de canalizar todos os recursos da Inglaterra contra eles, e a sua Igreja presbiteriana ficaria condenada. Portanto, em Janeiro de 1644, os partidários das Convenções aliaram-se ao Parlamento inglês contra o rei. No processo arruinaram provavelmente qualquer possibilidade de os habitantes das Terras Altas poderem ser pacificamente incorporados no Estado escocês. Apesar de os habitantes das Terras Baixas apoiarem esmagadoramente os partidários das Convenções, existia uma simpatia considerável em relação ao rei nas Terras Altas católicas. Durante mais de 18 meses um exército de realistas das Terras Altas, reforçado por irlandeses católicos, sob a brilhante liderança de James Graham, marquês de Montrose, fez o que quis das forças dos partidários das Convenções, até que foi derrotado em Philiphaugh na fronteira escocesa em Setembro de 1645. Esta intervenção armada aumentou bastante a animosidade dos habitantes das Terras Baixas em relação aos habitantes das Terras Altas. No futuro, os habitantes das Terras Altas não só seriam vistos como ladrões de gado bárbaros, mas também como rebeldes e apoiantes do Papado.

A aliança entre os partidários das Convenções e o Parlamento inglês acabou em 1648. Depois do Parlamento inglês ter decapitado Carlos I, em 1649, os Escoceses proclamaram rei o seu filho Carlos II. Tal representava um claro perigo para a nova república inglesa e em 1650 Oliver Cromwell, logo após a sua vitória na Irlanda, invadiu e conquistou a Escócia. Pela primeira vez, toda a Grã-Bretanha e a Irlanda estavam sob o controlo de um único governo. Foi dada de novo à Escócia a sua independência por Carlos I na Restauração, em 1663, mas Cromwell mostrou que a balança do poder nas Ilhas Britânicas pendera decisivamente a favor da Inglaterra. Desenvolvimentos nas tácticas, armas e logística, mostravam que mesmo as mais remotas regiões inóspitas como as Terras Altas podiam ser controladas por um governo central, desde que houvesse vontade e dinheiro para o pagar. Porém, a Escócia viu-se destroçada depois da Restauração por conflitos religiosos, enquanto o governo iniciou a perseguição aos partidários das Convenções, conhecida como «Tempos de Morte», onde o recrutamento dos habitantes das Terras Altas teve um papel importante. Estes tinham a permissão de ir para onde quisessem até depois da chamada Gloriosa Revolução na Inglaterra, em 1688, que viu o rei católico Jaime VII e II deposto e recolocado pelo governo conjunto da sua irmã protestante Maria e o marido holandês Guilherme de Orange. Os apoiantes de Jaime, conhecidos como jacobitas (do latim *Iacobus*), procuravam activamente recuperar o trono.

OS JACOBITAS E OS ESCOCESES DAS TERRAS ALTAS

Apesar da causa jacobita ter apoiantes por toda a Grã-Bretanha e Irlanda, tornou-se particularmente associada aos Escoceses das Terras Altas. Como os Stuarts eram uma dinastia escocesa, havia sempre mais apoio aos jacobitas na Escócia que na Inglaterra. Isto foi especialmente verdade depois de o Acto de União abolir o Parlamento escocês em 1707, quando o jacobitismo se tornou uma mancha indelével no catolicismo, o que levou a que pouco se apelasse para a maioria dos Escoceses das Terras Baixas. Mesmo os Escoceses das Terras Altas não estavam de modo algum unidos pela causa jacobita. Os jacobitas podiam contar com os MacDonalds, os MacLeans, os MacGregors, os Stewarts, os Gordons, os Farquharsons e outros, mas alguns clãs, como os Campbells e os Rosses, sempre apoiaram o governo, enquanto outros, como os Mackintoshes, tentaram permanecer neutrais. A verdadeira importância dos Escoceses das Terras Altas para a causa jacobita não era tanto a sua força de sentimentos, mas sim porque devido ao sistema de clãs, era a única região da Grã-Bretanha onde os seus apoiantes podiam juntar facilmente grandes bandos de homens lutadores. Cerca de 70 por cento do exército de Mar no levantamento jacobita de 1715, foi feito com recrutamentos de clãs, tal como 90 por cento do exército de Carlos Eduardo Stuart, em 1745.

O Parlamento escocês rapidamente confirmou a deposição inglesa de Jaime VII e II e reinstalou o presbiterianismo, mas uma vez mais houve intervenção das Terras Altas. Um exército de jacobitas das Terras Altas derrotou uma força maior e mais inexperiente de Guilherme no desfiladeiro de Killiecrankie, perto de Pitlochry, em Julho de 1689, mas o seu líder, o visconde de Dundee, foi fatalmente ferido durante a luta. A morte do líder enfraqueceu os jacobitas, que não avançaram além de Dunkeld, no limite das Terras Altas, sendo finalmente derrotados na batalha de Cromdale em Speyside, em Maio de 1690. Cerca de um mês depois, o rei Guilherme dirigiu o exército de jacobitas irlandeses de Jaime para o rio Boyne, terminando efectivamente as suas esperanças de reconquistar o trono. A queda de Limerick para as forças de Guilherme em 1691 fez com que os jacobitas se tornassem numa força política na Irlanda, mas na Grã-Bretanha as conspirações continuaram. Como parte da pacificação das Terras Altas, os chefes de clã tiveram de jurar lealdade a Guilherme e Maria antes de 1 de Janeiro de 1692. O chefe dos jacobitas, MacDonald de Glencoe chegou tarde, por isso em Fevereiro o governo escocês enviou uma força para conseguir a sua submissão. Os oficiais das tropas do governo eram Campbells, cujas terras os MacDonalds tinham recentemente saqueado, e que iam por vingança. Depois de serem tratados com a hospitalidade tradicional das Terras Altas, as tropas viraram-se contra os desprevenidos MacDonalds e massacraram cerca de 40 deles. Muitos do clã que escaparam morreram mais tarde de exposição ao frio durante a gélida noite de Inverno. Nem o governo em Edimburgo nem o rei Guilherme tinham em vista o massacre, mas ninguém foi punido por nenhum deles. Esse foi o presente de propaganda para os jacobitas e o ressentimento continuou: a nomeação em Março de 2002 de um Campbell para governar um novo centro de inspecções em Glencoe, atraiu protestos de alguns dos mais atávicos MacDonalds.

Embora tivessem sido planeadas outras rebeliões, a revolta jacobita seguinte teve lugar em 1715, o ano depois de Jorge I, da dinastia alemã de Hanôver, ter sido levado para o trono da Grã-Bretanha, a fim de assegurar a sucessão protestante depois da morte da última monarca Stuart, sem filhos, a rainha Ana. Os jacobitas, que receberam uma ajuda considerável de França, que estava em guerra com a Grã-Bretanha, planearam ambiciosamente três revoltas simultâneas: no Sudeste de Inglaterra, no Norte de Inglaterra e nas fronteiras escocesas, e nas Terras Altas. Durante os acontecimentos, a rebelião no Sudeste foi antecipada pelo governo. O conde de Mar reuniu os clãs jacobitas em Braemar em Setembro e rapidamente conseguiu o controlo das Terras Altas e de Perth. O avanço de Mar nas Terras Baixas foi, no entanto, bloqueado por uma força do governo mais pequena na batalha de Sherrifmuir, perto de Stirling, a 13 de Novembro. No dia seguinte, outra força governamental derrotou os jacobitas no Norte da Inglaterra e na fronteira em Preston, no Lancashire. Uma enxurrada de execuções públicas com todas as intenções e propósitos, terminou com o jacobitismo inglês. Quando as notícias desta derrota se espalharam pelo Norte, as forças de Mar começaram a dispersar e a rebelião entrou em colapso. Foi tentada outra rebelião nas Terras Altas, em 1719, desta vez com o apoio das tropas espanholas, mas foi derrotada em Glenshiel. A última rebelião jacobita, em 1745-1746, teve lugar em segundo plano da Guerra da Sucessão da Áustria (1740-1748), que uma vez mais opôs a Grã-Bretanha à França. Por esta altura, a grande esperança dos jacobitas era o neto de Jaime VII e II, Carlos Eduardo Stuart, conhecido por vários como «o jovem pretendente» ou «formoso príncipe Carlos». Carlos tinha confiança, boa aparência e charme mas não tinha nem agudeza militar nem política. Apesar da sua falta de habilidade, a sua última falha não era inevitável. As melhores tropas do governo estavam a lutar no estrangeiro e nem os Escoceses nem os Ingleses sentiam muito amor pelos severos Hanoverianos. Além de algumas centenas de «Gansos Selvagens» irlandeses, fornecidos pelos seus apoiantes franceses, Carlos estava quase inteiramente dependente da cobrança de impostos dos clãs para o seu exército. Esperava com optimismo, à medida que marchava para sul, que houvesse voluntários a juntar-se à sua causa. O pequeno exército jacobita (nunca teve mais de 6000 homens) bateu-se muitíssimo bem contra uma força de Hanôver mais numerosa e melhor equipada. Utilizando as tácticas favoritas dos exércitos celtas desde tempos antigos, os temerários Escoceses das Terras Altas, com aterrorizantes assaltos impetuosos, destroçaram os exércitos do governo, nervosos e inexperientes em Prestonpans (1745) e Falkirk (1746). Porém, embora Carlos marchasse tanto para sul quanto Derby, não houve nenhum levantamento popular nas Terras Baixas nem em Inglaterra. O descontentamento com os Hanoverianos não se traduziu num entusiasmo pela reintegração dos Stuarts. Uma rápida viagem a Londres, onde reinava o pânico, pode ter persuadido os Franceses a invadir a Inglaterra e portanto Carlos saiu triunfante, porém, não conseguiu convencer os seus seguidores a continuar. Retirou-se para as Terras Altas, onde sofreu uma derrota esmagadora perante o exército do duque de Cumberland em Culloden, a 16 de Abril de 1746. Os Escoceses das Terras Altas confiaram no seu ataque testado e experimentado, mas desta vez defrontavam oponentes bem treinados, que também tinham a vantagem de uma forte posição num terreno elevado. Tal como os legionários de César tinham feito há muito, os casacas vermelhas (*) de Cumberland mantiveram-se com confiança nas suas posições e derrotaram os Escoceses das Terras Altas com pesadas baixas. Muitos jacobitas feridos que não conseguiram fugir foram espetados com baionetas ou agredidos com mocas até à morte, no local onde se encontravam. Os dragões hanoverianos percorreram o interior, enforcando todos os que eram apanhados com roupas das Terras Altas, incluindo muitos inocentes, que não haviam tomado parte na batalha. Carlos tornou-se um fugitivo perseguido mas não foi traído, apesar da oferta de uma recompensa considerável e escapou à retribuição que o governo agora dava aos seus fiéis seguidores. Tal como o seu líder, muitos dos chefes de clã jacobitas fugiram para o estrangeiro, sendo-lhes confiscadas as suas terras na sua ausência; apanharam apenas três que foram decapitados, de acordo com a sua condição militar. Aprisionaram cerca de 3400 soldados rasos jacobitas, que foram enviados para Inglaterra para serem julgados e depois transportados para colónias ou para a forca. A guerra de 1745 foi, popularmente, considerada como a última guerra anglo-escocesa, o que está longe da verdade. Carlos tinha o apoio de apenas metade dos clãs, enquanto o exército de Hanôver em Culloden incluía mais escoceses nas suas fileiras que o do príncipe. A subjugação absoluta das Terras Altas que se seguiu, foi o fim há muito desejado pelos Escoceses das Terras Baixas, que a apoiaram completamente. Os jacobitas das Terras Altas que se encontravam feridos, deitados na urze em Culloden, foram provavelmente mortos, quer pelos seus conterrâneos, quer por um casaca vermelha inglês.

(*) Soldados de cavalaria (*N.T.*)

A SUBJUGAÇÃO DAS TERRAS ALTAS DA ESCÓCIA

O apoio francês e espanhol aos jacobitas queria dizer que já não importava que a subjugação das Terras Altas não se pagaria por si só: era agora um imperativo político e o custo, comparado com os recursos do Estado britânico, tornara-se facilmente aceitável. Em 1724, o general Wade foi encarregado de construir uma rede de estradas para todas as estações do ano através das Terras Altas, a fim de facilitar o movimento das tropas, instalando-se guarnições em fortes em Ruthven, Inverness, Forte Augustus, Forte William e outros pontos estratégicos. Isto provou ser ineficaz durante o ano de 1745 – de facto as estradas eram mais usadas pelos jacobitas que pelas tropas governamentais, enquanto as guarnições isoladas se neutralizavam com facilidade. Logo após esse ano, o sistema de estradas militares foi largamente aumentado e novas fortificações foram construídas, a mais impressionante das quais era o Forte Jorge, perto de Inverness, um enorme forte de artilharia que podia ser abastecido por mar. As Terras Altas continuaram com guarnições militares até ao fim das Guerras Napoleónicas, em 1815, muito depois de qualquer ameaça real jacobita.

Por esta altura, o principal dever das guarnições era tentar, sem grande sucesso, suprimir destilarias de uísque ilegais. A ocupação militar foi apoiada por uma série de legislação opressiva (os Actos de Jurisdição de Desarmamento e de Transmissão de Heranças de 1746-1747), que aboliu as jurisdições privadas de heranças dos chefes de clã e dos seus exércitos privados. Outras medidas incluíam interdições de tocar gaita-de-foles, falar gaélico e usar roupas das Terras Altas, porém, não se mostraram eficazes, sendo logo abandonadas. Mais destrutivo que a legislação governamental para a cultura gaélica, foram as mudanças económicas e as confiscações (ver pp. 240 e ss.) que se seguiram a 1745 e que despovoaram vastas áreas das Terras Altas. Muito além do impacto humano, estas mudanças alteraram-lhes completamente a paisagem. Antes das confiscações levarem a população para pequenas quintas e aldeias na costa (se não mesmo para fora das Terras Altas) para dar lugar a ovelhas, todos os vales estreitos tinham os seus lugarejos, campos cultivados e prados de feno. O «natural» deserto selvagem que o visitante das Terras Altas vê hoje, foi desnudado das suas árvores devido à exploração florestal e ao esgotamento das terras e, deste modo, é o resultado da actividade económica humana como qualquer outro nas Ilhas Britânicas.

Teria feito alguma diferença para o destino dos clãs das Terras Altas se Carlos Eduardo Stuart tivesse saído vitorioso em 1745, ou se o Acto da União nunca tivesse acontecido? A resposta é, provavelmente, não. A depressão económica que se seguiu às guerras civis na Escócia já havia dado início à mudança de atitude dos chefes de clã em relação às suas terras, que começaram a ser geridas de modo mais comercial. Este foi o período em que realmente se introduziu o gado nas Terras Baixas. As «revoluções» industriais e agrícolas do século XVIII iriam mais tarde ou mais cedo fixar uma base governamental em Edimburgo com os respectivos recursos para impor a sua autoridade por toda a região das Terras Altas. Uma vez que tal aconteceu, é provável que os chefes de clã tenham olhado para os seus bens e perguntado a si próprios se realmente necessitavam de tantos rendeiros. Em relação ao restabelecimento dos Stuarts, estes eram no fundo absolutistas reais e, embora a gratidão pudesse talvez travado Carlos Eduardo, eles iriam certamente achar a autonomia das Terras Altas inaceitável, tal como os seus antecessores. Como reis da Grã-Bretanha – por uma dissolução da união, que de outro modo não era possível – os Stuarts iriam ter amplos meios, tal como os Hanoverianos tiveram, para subjugar as Terras Altas. O que quer que tenha acontecido, em 1700 o essencial da sociedade medieval dos clãs das Terras Altas da Escócia estava a viver em tempo emprestado. No entanto, enquanto se pisavam as últimas brasas dos Celtas independentes, surgiam novas forças culturais que lhes podiam dar um novo sentido de vida.

14

O Renascimento dos Celtas

*Eu sou sensível Sr. Camden, Boxhornius e outros têm-se há muito apercebido da afinidade do nosso britânico [*i.e. *galês e córnico] com os Celtas: mas como não existe um vocabulário dos Irlandeses (ou antigos Escoceses), não conseguiram comparar essa língua após o que, o que é curioso nestes estudos, encontramo-nos a concordar mais que com os nossos, com o gaulês […] E consideramos ainda que, sendo os Gauleses um povo que consistia em três nações individuais, de tantas línguas diferentes, em geral algumas das palavras que lhes são atribuídas podiam ter sido celta propriamente dito, algumas da Aquitânia e outras belgas.*

EDWARD LHUYD, *Archaeologia Britannica* (1707)

No final do século XVII, os Celtas estavam a caminho da extinção. Houve até quem argumentasse que estavam extintos. Certamente que qualquer grau de autoconsciência da identidade celta, que tinha existido na Idade do Ferro não sobreviveu ao Império Romano. Embora ainda houvesse povos que falavam línguas celtas, eles próprios não o sabiam, uma vez que o termo ainda não fora inventado. Eram, em muitos casos, descendentes de povos insulares que nunca partilharam a identidade celta, ou mesmo, qualquer outro sentido de identidade comum. Foi bem mais de mil anos depois, que alguém se descreveu como um ou uma «celta». O facto de existirem hoje milhões de pessoas em todos os cantos do mundo que se identificam como tal, deve-se em grande medida ao sucesso de um homem, um pobre galês intelectual chamado Edward Lhuyd, cujo livro *Archaeologia Britannica*, fez mais que qualquer outro trabalho para definir ideias modernas sobre a identidade dos Celtas. Contudo, a sabedoria de Lhuyd não ressuscitou os Celtas por si só. As suas ideias tocaram um ponto importante com os povos do seu tempo que falava celta e providenciaram um solução para alguns problemas que na altura se confrontavam.

Nascido em 1660, em Glan Ffraid, no Sul de Gales, Lhuyd era um nativo que falava galês. Permaneceu ligado à sua identidade e língua galesa por toda a sua vida. A infância de Lhuyd não pode ter sido fácil, porque era o filho ilegítimo de um homem pobre, porém, teve uma boa escolaridade e em 1682 tornou-se aluno do St John's College, na Universidade de Oxford. A ambição de Lhuyd fora a de vir a ser advogado, mas em Oxford começou a estudar história natural com o Dr. Robert Plot, o encarregado do museu de Ashmolean. Embora fosse um estudante capaz, Lhuyd lutou para se manter financeiramente e nunca completou a sua formação. Em 1684 teve um emprego como assistente do Dr. Plot em Ashmolean, sucedendo-lhe como encarregado principal quando o Dr. Plot se reformou em 1690. O trabalho de Lhuyd no Ashmolean fez dele um académico respeitado. Os seus estudos sobre a flora das montanhas galesas e os fósseis marinhos de Oxfordshire atraíram a atenção de importantes cientistas de então: Sir Isaac Newton chegou a pagar para que um dos seus livros fosse publicado. Lhuyd conseguiu que os seus estudos tivessem uma mentalidade crítica e aberta. Na altura em que a maioria dos Europeus ainda acreditava que a Bíblia era literalmente verdadeira, ele ousadamente questionava a crença comum de que os fósseis eram restos de criaturas que pereceram aquando do Dilúvio.

Lhuyd publicou a *Archaeologia Britannica* em 1707, um ano de grande significado na história britânica também por outras razões. Um dos propósitos principais de Lhuyd em escrever, era demonstrar que os Galeses tinham uma identidade histórica separada e mais antiga que os Ingleses. Lhuyd percorreu Londres, à procura de um editor que financiasse o seu projecto, que o iria levar a viajar imenso através da Grã-Bretanha,

Irlanda e Bretanha, mas ninguém o ajudou, a menos que ele concordasse pagar a publicação. Existia um estigma ligado a publicações fúteis, mesmo no século XVIII, e Lhuyd sabia que isso acabaria com qualquer possibilidade de as suas ideias serem levadas a sério. Assim, Lhuyd publicou o seu trabalho com o apoio de subscritores, sendo a maior parte da sua nativa Gales. Aquando do acontecimento, os subscritores ficaram muito desapontados com o que receberam em troca do seu dinheiro. Estavam à espera de um trabalho romântico, que falasse das coisas antigas, o que na altura era popular. Ao contrário, apresentaram-lhe um trabalho seco de filologia, comparando o galês, o córnico, o bretão e as línguas gaélicas. Lhuyd tinha sido avisado de que o seu trabalho não iria ser bem recebido: um livreiro dissera-lhe que nem metade da população culta do país inteiro iria querer lê-lo. Na sua introdução, justificou-se, explicando que adquirir um conhecimento das línguas antigas da Grã-Bretanha, era a preparação essencial para o estudo histórico que se iria seguir em volumes subsequentes. Mas não iria haver volumes subsequentes: nenhum tinha sido completado aquando da sua morte em Junho de 1709, aos 49 anos. A maioria dos seus manuscritos não publicados foram comprados por uma biblioteca privada onde mais tarde foram destruídos num fogo acidental.

REDESCOBRIR OS CELTAS

O interesse de Lhuyd pelas coisas antigas começou no início dos anos 1690 quando foi incumbido de viajar pelo País de Gales, a fim de recolher material para uma edição revista da *Britannia* de William Camden. Publicado originalmente em 1586, este foi o primeiro estudo sério sobre a pré-história britânica. Na Idade Média, a história era entendida em termos teológicos, como o trabalho do plano de Deus para o mundo. A visão europeia sobre o passado estava dominada por histórias da Bíblia e dos clássicos gregos e romanos e os mitos e lendas populares, como as lendas do rei Artur. Houve poucas tentativas para distinguir factos da ficção. A épica *Eneida* de Virgílio e a *Guerra das Gálias* de César foram tratadas como sendo igualmente históricas. Tal era o prestígio residual do Império Romano que pouco interesse havia pelo passado da Europa pré-romana. Muitos povos europeus, incluindo os Galeses, construíram histórias lendárias, dando a si próprios origens comuns com os Romanos.

Tal como acontecia com tantas outras disciplinas, os séculos XVI e XVII viram na Europa o início de uma reconhecida aproximação à história, moderna e racionalista. Antiquários pioneiros como Camden e John Aubrey (1626-1697), que é muitas vezes descrito como o primeiro arqueólogo inglês, estudou e observou cuidadosamente os antigos monumentos sobreviventes do interior da Europa. Foi adoptada uma atitude mais crítica em relação a tradições lendárias, e a literatura clássica foi de novo estudada, para saber o que os escritores gregos e romanos tinham para dizer sobre os povos bárbaros da Europa. Os contactos europeus com povos menos desenvolvidos no Novo Mundo deu aos arqueólogos muita matéria para estudo sobre o que teriam sido os europeus pré-históricos. John Aubrey, por exemplo, imaginou que os antigos Bretões eram «dois ou três graus [...] menos selvagens que os Americanos». Gradualmente, os arqueólogos foram-se libertando da visão medieval do passado e começaram a construir a pré-história da Europa. De uma perspectiva moderna, é fácil subestimar a dificuldade da tarefa. Não existiam tecnologias científicas para escavações arqueológicas e, antes do desenvolvimento da moderna geologia e métodos científicos de datação, a verdadeira antiguidade, tanto da Terra como da humanidade, simplesmente não era concebível. Já bem no século XIX, os historiadores tinham de trabalhar dentro de uma cronologia estabelecida, na qual a Criação em 4004 a. C. e o Dilúvio em 2348 a. C. eram vistos como pontos fixos. Toda a pré-história da Europa tinha de algum modo de ser encaixada nos 2000 anos, entre o encalhe da Arca de Noé no monte Ararat e o surgimento de Roma.

Através deste método, foram redescobertos os antigos Celtas. Um dos primeiros estudiosos que escreveu sobre os Celtas foi o escocês George Buchanan, no século XVI. Buchanan acreditava que os Celtas haviam sido um povo do Sul da Gália, alguns dos quais migraram, via Espanha, para a Irlanda. Argumenta que foi através da sua língua que o gaélico se desenvolveu. Buchanan também reconheceu similaridades entre os fragmentos sobreviventes da antiga língua gaulesa e o moderno galês, o córnico, e o bretão, que ele descreve colectivamente como as línguas «gaulesas». Portanto para Buchanan, os Irlandeses e os seus descendentes Escoceses eram Celtas, porém, os Gauleses, Bretões e Pictos e os seus modernos descendentes, não eram. Para outros, como o decididamente excêntrico estudioso bretão Jacques-Yves Pezron, celta era simplesmente outro nome para os Gauleses. O feito de Lhuyd na *Archaeologia Britannica* foi o de unir estas diferentes escolas de pensamento, através de conclusivas demonstrações de relações próximas entre o gaélico e aquilo a que Buchanan chamara línguas gaulesas. Dada a evidência, Lhuyd teria justificado bem em manter-se na terminologia de Buchanan e chamar família às línguas que tinham definido o gaulês ou as línguas gaulesas. Havia boas razões para não o ter feito. Cerca de 1707, o «gaulês» tornara-se muito próximo do francês que, com certeza, falava uma língua românica e, em 1707, também a Inglaterra e a França estavam em guerra entre si. Ao contrário, Lhuyd preferiu chamar a esta família de línguas *celtique* ou céltico.

Embora Lhuyd acreditasse que a Grã-Bretanha fora colonizada a partir da Gália e tivesse, noutros lados, descrito os antigos Bretões como Celtas, não chamava «Celtas» aos povos modernos que falavam celta – mas a insinuação era suficientemente clara. O laço entre a língua e a identidade é muito fechado e no que Lhuyd falhou em explicitar, outros houve que o fizeram. A 1 de Maio de 1707, apenas três semanas depois da publicação de *Archaeologia Britannica*, o Acto de União unia a Inglaterra e a Escócia para criar o Reino Unido da Grã-Bretanha. O conde de Cromarty expressou a esperança de que no futuro, «pudéssemos ser Britânicos e abaixo os nomes ignominiosos de Escócia e de Inglaterra». Apesar de esta perspectiva poder ter agradado a pelo menos alguns dos Ingleses e Escoceses, tinha implicações pouco bem-vindas para os Galeses. Estes sempre se consideraram, com justificação, os descendentes dos antigos Bretões, ou seja, os habitantes originais da Grã-Bretanha. Mesmo depois de terem sido conquistados e formalmente incorporados na Inglaterra, esta reivindicação anterior às terras permaneceu importante para os Galeses, na manutenção de uma identidade não inglesa. Pouco admira, portanto, que a nova identidade britânica fosse problemática para eles. O reino da Grã--Bretanha dominado pelo inglês usurpara uma importante parte da sua identidade. No século XIX, «britânico» e «inglês» tornaram se quase sinónimos. Os Galeses precisavam de um novo modo de fazer realçar a sua identidade não inglesa e a sua anterior reivindicação à Grã-Bretanha. Os Celtas tinham as condições necessárias que os Gauleses, estando já associados a outro estado colonialista, nunca tiveram. Poucos anos depois da publicação de *Archaeologia Britannica*, pessoas galesas educadas descreviam-se como Celtas e mostravam um interesse reavivado sobre a sua própria língua. O que começou com os Galeses, espalhou-se no decorrer do século XIX para o resto dos falantes «Celtas» de Lhuyd, os Irlandeses que falavam galês e os Escoceses das Terras Altas, os Manx, os Córnicos e os Bretões. Tinha surgido o conceito moderno da identidade celta.

O ROMANTISMO E A CELTOMANIA

Os Celtas, de repente, deram forma e definição ao que até então tinham sido vagas noções sobre os povos da Europa pré-histórica. As misteriosas crenças e práticas dos druidas exerciam particular fascinação. John Aubrey propusera que os círculos megalíticos em Stonehenge e Avebury, que sabemos agora serem da época neolítica, eram templos druidas. Estas ideias eram adoptadas e popularizadas em Inglaterra por William Stukeley e em França por Malo de la Tour-d'Auvergne e Jacques Cambry. No final do século XVIII, a associação entre os druidas e os megálitos foi firmemente estabelecida na imaginação popular: apesar de os melhores esforços dos arqueólogos, ainda não foi totalmente posta de lado. Existia realmente alguma coisa em relação aos Celtas, que os Europeus do século XVIII achavam simplesmente irresistível e, deste modo, adoptaram o que se tornou conhecido como «celtomania». Embora a celtomania se tivesse extinguido antes do meado do século XIX, os próprios Celtas agigantaram-se, desde então, na imaginação histórica europeia.

A celtomania foi uma manifestação do movimento romântico, uma rebelião cultural contra o racionalismo e materialismo do Iluminismo. O romantismo exaltava a imaginação, o irracionalismo, o individualismo e a rebelião e o amor pela natureza selvagem, o misterioso e o exótico. As sensibilidades estéticas dos Europeus foram radicalmente alteradas em resultado disso, não deixando de afectar nenhum aspecto das artes. Estas mudanças estéticas tiveram grande impacto nas atitudes dos Celtas. Tudo o que era na altura conhecido sobre os Celtas antigos vinha de trabalhos de escritores clássicos hostis gregos e romanos, que os viam como bárbaros perigosos. Estes escritores construíram o que aos seus olhos era um estereótipo pouco elogioso dos Celtas, como bárbaros violentos, orgulhosos, indisciplinados e supersticiosos. Tratados de modo pouco crítico, tal estereótipo originalmente hostil e pouco exacto, parecia preencher para os românticos tudo o que o seu movimento simbolizava. Os Celtas, de selvagens perigosos, transformaram-se em nobres selvagens, não corrompidos pela civilização decadente. Apesar de quase nada se saber sobre as suas crenças, os druidas tornaram-se exemplos de espiritualidade, para serem imitados por intelectuais que se encontravam desiludidos com a organizada religião de natureza impessoal e repelidos pela fealdade criada pela revolução industrial. Os druidas começaram a aparecer na poesia, pinturas e mesmo em óperas. Proprietários de terras, como William Danby de

Swinton Hall no Yorkshire, adornaram as suas propriedades com templos druidas megalíticos e com pequenos bosques de carvalho. Foram feitas várias tentativas para reavivar o druidismo, com o início da fundação da Ordem dos Bardos, Ovates e Druidas em Londres, em 1717. A imaginação completava a escassez de conhecimento e os neodruidas ostentavam vestimentas fantasistas e inventavam rituais solenes, como o de Maen Gorsedd, uma cerimónia barda, que foi realizada pela primeira vez em 1792. Este famoso ritual foi uma invenção de Edward Williams (mais conhecido pelo seu assumido nome bardo Iolo Morgannwg), que chegou mesmo a forjar documentos para provar a sua autêntica antiguidade: tinha-se tornado parte das cerimónias do National Eisteddfod. Felizmente, não houve nenhuma tentativa para reavivar a profundamente pouco romântica (mas autêntica) prática druídica, de sacrifícios humanos e de animais.

Uns dos primeiros e mais influentes trabalhos do período da celtomania foram os poemas ossiânicos de James Macpherson (1736-1796). Macpherson nasceu em Ruthven perto de Inverness e cresceu com um bom conhecimento, tanto da língua como da poesia gaélicas. Em 1760 publicou *Fragmentos da Antiga Poesia*, que mais tarde afirmou serem traduções de antigos manuscritos de poemas épicos do semilendário bardo gaélico Ossian, que possivelmente viveu no início do período cristão. O livro foi um *bestseller* e logo se seguiram dois ou mais volumes dos poemas ossiânicos, *Fingal* (1762) e *Temora* (1763). Em parte devido à parcialidade remanescente contra os Celtas escoceses (como podia um povo tão primitivo ter tradição de poesia épica?), muitos dos profissionais da literatura foram abertamente cépticos sobre a autenticidade dos poemas. A falha de Macpherson, quando desafiado, para mostrar os seus manuscritos ao público, parece justificar essas dúvidas. A verdade é que, como o Dr. Johnson supôs na altura, Macpherson tirara nomes, histórias, frases e passagens da canções gaélicas e misturou-as numa composição que era largamente de sua invenção. A controvérsia sobre a autenticidade destes poemas não afectou a sua popularidade e inspirou românticos, nacionalistas, revolucionários, poetas e artistas por toda a Europa. Entre os admiradores de Macpherson incluíam-se Goethe, Napoleão, Wordsworth, Walter Scott e Mendelssohn. Os poemas de Macpherson são hoje pouco lidos e o seu valor está no facto de terem estimulado o interesse em coleccionar e preservar a genuína literatura celta e tradições orais, num tempo de grandes e importantes mudanças económicas, que ameaçavam a sobrevivência da sociedade. Entre os mais importantes destes trabalhos encontram-se a *Poesia dos Antigos Bardos Galeses* de Evan Evans (1764), as colecções de folclore gaélico de John Francis Campbell de Islay (1860-02) e *Barzaz-Breiz* («Canções da Bretanha Francesa») do visconde Hersart de la Villemarqué (1838).

A IDENTIDADE CELTA E O «RENASCIMENTO» GALÊS

A mais importante consequência de longo prazo da celtomania, foi que, com o incremento do seu estatuto, fez renascer o sentido de orgulho nos povos modernos de língua celta, em relação à sua cultura, língua e identidade. Romântico é melhor que retrógrado. Isto não aconteceu de um dia para o outro. Devido aos altos níveis de analfabetismo nas áreas onde se falava celta e à falta de instituições para disseminar ideias, esta nova consciência da identidade celta espalhou-se devagar e até meado do século XIX estava confinada principalmente à elite erudita. A celtomania também mudou o modo como os Celtas modernos eram vistos por outros. Este foi um processo altamente selectivo e, só no século XX, é que os povos de língua celta viram surgir daí alguns benefícios materiais e políticos. Ser vistos como românticos em vez de selvagens não protegia os Escoceses das Terras Altas das Confiscações e a celtomania estava no seu apogeu, quando o governo revolucionário francês introduziu legislação, com a intenção de minar a identidade bretã na sua vontade de criar um estado unitário francês.

O renascimento da identidade celta começou com os Galeses. No início do século XVIII, a cultura galesa encontrava-se no seu declínio máximo. Pouco se escrevia em galês, não existia uma única máquina de impressão no país e a própria língua estava em declínio. Parecia a muitos que os Galeses estavam a ser inexoravelmente assimilados pelos Ingleses e podiam, finalmente, perder por completo a sua identidade. A *Archaeologia Britannica* de Lhuyd fora uma tentativa de reforçar a identidade não inglesa dos Galeses e, como se esperava, levou realmente a um renascimento do interesse pela língua galesa. A primeira gramática definitiva da língua galesa foi publicada em 1725 e o primeiro dicionário três anos mais tarde. O grau de instrução no País de Gales aumentou gradualmente, em grande parte através dos esforços da SPCC (Sociedade para a Promoção do Conhecimento Cristão) e do sistema de escolas itinerantes instalado por Gruffydd Jones nos anos 1730. A crescente procura de livros em galês levou ao estabelecimento das primeiras máquinas de impressão no País de Gales, em Newcastle Emlyn, em 1717, e Carmarthen, em 1721.

As tradições bardas da Gales medieval tinham há muito acabado no século XVIII, mas a publicação de colecções da literatura galesa primitiva, como a *Poesia dos Antigos Bardos Galeses* de Evan, inspirou novas gerações de poetas a reavivar a arte. Perceberam que existia uma procura real da poesia e canções na língua galesa. Encontros informais de poetas e, algumas vezes de desordeiros embriagados, levou à representação da primeira *eisteddfod* (assembleia de poetas) formal desde a Idade Média, em Corwen, em 1789. O País de Gales era ainda, no início do século XVIII, uma terra de aldeolas e pequenas cidades com mercado, situando-se em Londres a maior e mais bem instruída comunidade urbana galesa. Estes expatriados fundaram sociedades cultas, como a Sociedade dos Antigos Bretões (1715) e a Sociedade Ilustre de Cymmrodorion (1751), para promover a língua e cultura galesas, não só entre os Galeses mas também entre os intelectuais ingleses. Isto tinha o objectivo de aumentar o reconhecimento inglês, de que os Galeses eram um povo distinto e separado por direito próprio. No início do século XIX, o Renascimento metodista tinha absorvido muita da energia que levara ao «Renascimento» galês, pelo que a renovação cultural não se tornou um nacionalismo político. Embora o declínio da língua galesa tenha sido apenas temporariamente travado, o renascimento celta deu aos Galeses uma nova confiança na sua identidade e a sua assimilação pelos Ingleses já não parecia inevitável.

A CELTIFICAÇÃO DA ESCÓCIA

A difícil relação entre os Escoceses das Terras Baixas que falam inglês e os Escoceses das Terras Altas que falam gaélico, alcançou o auge depois de 1745. Os Escoceses das Terras Baixas viram sempre os habitantes das Terras Altas como selvagens e ladrões, e agora também como rebeldes. O uso da palavra gaélica «Sassenach» (saxão), agora utilizado pelos Escoceses apenas como um leve nome insultuoso para os Ingleses, simbolizava a divisão interna da Escócia: no século XVIII era ainda usado pelos Escoceses das Terras Altas para descrever todos os que falavam inglês, incluindo aqueles que viviam nas Terras Baixas. Ao mesmo tempo, alguns habitantes das Terras Baixas, como o filósofo David Hume, podiam mesmo descrever-se como Ingleses. Graças em grande parte ao renascimento celta, esta divisão desaparecera no final do século XIX.

A reabilitação da reputação dos habitantes gaélicos das Terras Altas depois de 1745 iniciou-se com o turismo. O espírito do romantismo mudou as atitudes em relação ao ambiente na Europa do século XVIII. Agora que a humanidade tinha uma posição cada vez mais forte sobre a natureza indomável, as paisagens selvagens, que se pensava serem desoladas e assustadoras, tornavam-se belas e espiritualmente edificantes. Publicitado em parte pelos poemas ossiânicos de Macpherson, o cenário espectacular das Terras Altas atraiu um número cada vez maior de turistas, cujas experiências lançavam uma aura romântica sobre a região e os seus habitantes. A imagem do Celta escocês foi ainda aumentada pelo desempenho dos regimentos nas guerras com a França. Embora inicialmente cautelosos no recrutamento dos habitantes das Terras Altas, duvidando da sua lealdade, no final do século XVIII o exército britânico reconhecia-os como sendo a melhor infantaria e tropas de assalto. A tradição do ataque selvagem das Terras Altas sobreviveu, embora com baionetas em vez das antigas espadas escocesas. Para ajudar a criar um *esprit de corps* regimental, o exército adoptou a gaita-de-foles, tecidos axadrezados e uniformes baseados, de modo ligeiro, na roupa tradicional das Terras Altas, ajudando à sua sobrevivência e aumentando o seu prestígio.

Com os dias das incursões para roubar gado e das rebeliões jacobitas a fazerem parte do passado, os habitantes das Terras Baixas podiam-se dar ao luxo de romantizar o Celta escocês. O mais influente a este respeito foi Sir Walter Scott com o seu ainda popular romance, *Rob Roy* (1818), no qual Rob Roy MacGregor, na vida real um ladrão de gado do século XVIII, que extorquia dinheiro em troca de protecção, foi retratado como um Robin dos Bosques celta. O prestígio de Scott como novelista histórico permitiu-lhe preparar a visita do rei Jorge IV a Edimburgo, em 1822. Como esta foi a primeira vez que um monarca reinante visitava a Escócia em mais de 150 anos, isso gerou grande excitação. Scott vestiu os participantes mais importantes, incluindo o próprio rei, com tecidos de xadrez, *kilts*, bolsas de pele usadas à frente do saiote e gorros, inventando de uma só vez a ideia de que o *kilt* era a roupa tradicional da Escócia. De facto, o *kilt* pregueado, ou *philibeg*, fora inventado, ainda recentemente, em 1727, por Thomas Rawlinson, um metalúrgico inglês, para os seus empregados numa oficina das Terras Altas, quando descobriu que a roupa tradicional dos seus homens, um manto de lã escocês com cinturão, atrapalhava o seu trabalho. Os habitantes das Terras Baixas não usavam xadrez, mantas tradicionais, ou *kilt* como novidade, e a maioria na altura percebeu o problema e muitos concordaram (como ainda hoje) com James Stuart de Dunearn, que «Sir Walter fez-nos ridiculamente parecer uma nação de Escoceses das Terras Altas». Contudo, os chefes de clã cooperaram com vontade – estavam desejosos de desviar a atenção do público das Confiscações, na altura em pleno curso – e a imagem prevaleceu. O romance de amor da rainha Vitória pelas Terras Altas e a «balmoralização» da família real ainda a reforçou. Astutos manufactureiros têxteis das Terras Baixas começaram logo a obter lucros, inventando tecidos axadrezados de clãs como uma boa técnica de *marketing* – embora alguns deles tivessem sido tradicionalmente associados a áreas particulares, o xadrez nunca foi um distintivo ou uma identidade de clã – e mesmo estendendo o sistema a nomes de famílias das Terras Baixas. Na verdade, os Escoceses das Terras Baixas estavam a começar a achar que a identidade dos Escoceses celtas das Terras Altas tinha cada vez mais interesse, não apenas porque era romântico, mas porque, adoptando muitas das suas roupas (reais ou inventadas), podiam usá-las para acentuar as diferenças entre si e os Ingleses. Tal originou um medo real de que os Escoceses das Terras Baixas do século XIX, fossem assimilados culturalmente pelos Ingleses. A celtificação da Escócia foi ainda mais ajudada com a migração de vários milhares de habitantes das Terras Altas para as cidades industriais das Terras Baixas à procura de trabalho. Esta situação e a firme difusão da língua inglesa nas Terras Altas, levou à imprecisão das antigas divisões da Escócia e à emergência de uma identidade nacional mais homogénea na qual os Celtas tiveram um papel importante. No entanto, o moderno Partido Escocês Nacional (mas nem todos os seus apoiantes) rejeitou oficialmente o nacionalismo étnico a favor de um nacionalismo cívico.

OS CELTAS E O NACIONALISMO IRLANDÊS

A Escócia não foi o único país onde os Celtas foram pressionados a servir o nacionalismo. A Bélgica, que se tornou independente dos Países Baixos em 1830, tomou o seu nome dos Belgas e promoveu Ambiorige a herói nacional. Viriato tornou-se um herói nacional em Espanha e Portugal. O imperador francês Napoleão III patrocinou escavações dos *oppida* em Alésia e Bibracte, os sítios da feroz resistência gaulesa aos Romanos, como parte da campanha para inspirar um espírito de resistência nacional, numa altura em que a França estava ameaçada pelo crescimento do poder prussiano. A estátua heróica de Vercingétorix, que Napoleão erigiu em Alésia, pensam alguns que tinha mais que uma leve semelhança com o imperador. Não seria despropositado se assim fosse, já que, tal como Vercingétorix, Napoleão acabou por se tornar um perdedor e acabou a sua vida no exílio em Inglaterra, dois anos depois da derrota humilhante da França pela Prússia em 1871.

Em nenhum outro lado, o papel do renascimento celta teve maior importância no desenvolvimento da moderna identidade nacional do que na Irlanda. Enquanto na Escócia o renascimento celta ajudou a criar a identidade nacional que a vasta maioria dos Escoceses já subscrevia, na Irlanda ajudou a dividir ainda mais uma sociedade já profundamente separada. O moderno nacionalismo e o republicanismo começou a desenvolver-se no final do século XVIII, com o apoio tanto dos católicos como dos protestantes. O homem a quem muitas vezes se dá o crédito de fundar o movimento republicano, Wolfe Tone, era protestante, e a Sociedade de Irlandeses Unidos, que ele e outro fundaram, em 1791, foi apoiada igualmente por católicos, anglicanos e presbiterianos. A oposição ao Acto de União, que abolia o Parlamento irlandês e incorporava a Irlanda no Reino Unido, em 1801, foi na realidade mais forte entre os protestantes. Estes primeiros nacionalistas inspiravam-se nos ideais não sectários das revoluções americana e francesa, em vez de nas visões românticas do passado celta, mas à medida que o movimento se desenvolvia isso iria mudar. O renascimento celta estimulava o interesse pela pré-história da Irlanda e pela língua e literatura gaélicas, que era partilhado pelas religiões desunidas. A primeira sociedade para a preservação da língua gaélica foi fundada por um grupo de protestantes do Ulster, em 1795. No entanto, durante cem anos, a maioria dos protestantes irlandeses tinha começado a ver a língua gaélica como uma ameaça à sua identidade. Muitos ainda pensam assim. Uma das maiores dificuldades em alcançar o Acordo de Sexta-Feira Santa, em 1998, pelo futuro da Irlanda do Norte, foi a exigência nacionalista de que o gaélico tivesse estatuto igual ao inglês. O gaélico já estava extinto como língua do quotidiano, nos Seis Condados na altura da divisão da Irlanda em 1921 e nem os unionistas nem os nacionalistas acreditavam que dando-lhe igual estatuto iria produzir um repentino renascimento: era o que a língua começara a simbolizar que tornava o seu estatuto tão controverso.

Era talvez inevitável que à medida que o nacionalismo irlandês se desenvolvesse no decurso do século XIX, iria ser cada vez mais definido pela maioria católica do país. Como a Inglaterra era tida como responsável por todos os problemas da Irlanda, os nacionalistas rejeitaram os oito séculos de influência inglesa na Irlanda e nos Irlandeses, como não fazendo parte da verdadeira identidade irlandesa. Pelo contrário, viram as raízes da sua identidade num passado idealizado católico-celta de santos, eruditos, reis e guerreiros lendários. Antes do século XX, o nacionalismo expressava-se principalmente através de actividades pacíficas. A acção política, com o objectivo de alcançar autonomia em vez de uma independência imediata, era a mais óbvia, mas também havia muitas organizações recreativas e culturais com uma agenda nacionalista, tal como a Associação Atlética Gaélica, que promovia jogos irlandeses, como hóquei e futebol gaélico, e a Liga Gaélica, que promovia a língua gaélica. Através das actividades da Liga, o gaélico tornou-se muito ligado ao nacionalismo, embora isso não travasse o declínio da língua no uso diário.

Infelizmente, com a notável excepção de Gladstone, a maioria dos políticos britânicos mostrava-se indiferente ou hostil às exigências dos nacionalistas para a reforma das terras e autonomia. Inevitavelmente, a frustração em relação à falta de progresso originou esporádicas explosões de violência, como as rebeliões fenianas em 1867 e a Guerra da Terra nos anos 1880. Nenhuma destas rebeliões ameaçou o governo britânico, mas muitas vezes eram seguidas por concessões para evitar outras rebeliões maiores. Tragicamente, por agir sob ameaça, o governo britânico debilitou o nacionalismo constitucional e, demonstrando que era a única maneira de obter resultados, encorajou o crescimento da tradição de violência política que ainda permanece na Irlanda. Aqueles que escolheram o caminho do nacionalismo violento lançaram uma aura romântica sobre as suas actividades terroristas, identificando-se intimamente com o passado lendário celta. O nome popular da Irmandade Republicana Irlandesa (IRI), os Fenianos, deriva dos lendários guerreiros irlandeses, enquanto uma estátua do herói moribundo Cúchulainn foi escolhida para celebrar os republicanos que morreram em 1916, em Easter Rising, liderados pela IRI.

Já no fim do século XIX estava a tornar-se cada vez mais difícil para os protestantes serem aceites como verdadeiros irlandeses. A imersão no passado mítico pré-cristão foi uma maneira, exemplificada pelo poeta

W. B. Yeats, cujo influente trabalho do folclore irlandês, *O Crepúsculo dos Celtas*, foi publicado em 1893. A maioria dos protestantes, contudo, sentia-se ameaçada e alienada, com o crescimento de um nacionalismo que era intolerante em relação à sua identidade cultural e o seu apoio ao Unionismo cresceu rapidamente no fim do século XIX. Cada vez mais protestantes começaram a identificar-se com os Britânicos em lugar dos Irlandeses. No início do século XX, os protestantes chegaram mesmo a armazenar armas de modo a poderem resistir à autonomia à força. As vitórias radicais do Sinn Féin nas eleições de 1918, com um programa para a completa independência e a Guerra Anglo-Irlandesa (1919-1921) que se seguiu, tornou insustentável a continuação do governo britânico. Para evitar a ameaça da resistência de unionistas armados em relação a um acordo com os nacionalistas, o governo britânico decidiu-se pela divisão da Irlanda. A maior parte da Irlanda alcançou a independência como o Estado Livre da Irlanda (hoje República da Irlanda), em 1922, enquanto seis condados do Ulster, que tinham a maioria dos Unionistas, formaram a província da Irlanda do Norte e que se manteve como parte do Reino Unido. A Irlanda do Norte preservou uma estabilidade frágil, até que as tentativas dos protestantes em reprimir o movimento dos Direitos Civis Católicos levou à eclosão da violência dos «Troubles» entre comunidades em 1969, da qual a província apenas agora está a emergir. Como poder reinante, o governo britânico tem de arcar com a maior parte da responsabilidade para a eclosão dos Troubles, mas também deve ser reconhecido que foi a falha do nacionalismo em desenvolver uma identidade irlandesa abrangente, que levou à divisão da Irlanda e que se mantém no caminho da reaproximação entre as duas tradições do país desde então.

O MOVIMENTO PAN-CELTA

O reconhecimento pelos povos que falam celta do seu parentesco linguístico e cultural, levou no século XIX ao desenvolvimento do movimento pan-celta. Tal como outros movimentos similares do período, como o pan-eslavo e o pan-escandinavo, o pan-celta prometia mais do que fazia. O movimento cresceu do desejo natural dos que falavam celta, em sentir que tinham aliados nas suas lutas para manterem as suas culturas, línguas e identidades, mas nunca se desenvolveu num movimento político internacional bem-sucedido. Sintomático da sua falha foi a falta de interesse no movimento mostrada pelo governo do Estado Livre da Irlanda, depois da sua criação em 1922. Nem que aquilo que os activistas, idealistas da amizade pan-celta professavam, quisesse dizer que os imigrantes irlandeses na Escócia e no País de Gales seriam recebidos calorosamente pelos seus companheiros celtas. Não o foram.

O princípio do movimento pan-celta pode ser reconhecido nos anos 1820, na cooperação entre o erudito galês Thomas Price e o bretão Jean-Francois le Gonidec, ao traduzirem a Bíblia para o bretão. Desde 1834, o Congresso Anual dos Bardos Gauleses, em Abergavenny, tornou-se o local favorito para encontros dos eruditos de Gales, Bretanha e outras regiões celtas. Daí saiu o primeiro Congresso Pan-Celta, que ocorreu em Abergavenny, em 1838. Em 1864, Charles de Gaulle (o tio do presidente francês Charles de Gaulle) publicou um trabalho solicitando o estabelecimento de um Congresso Celta anual, o desenvolvimento de uma língua celta comum e, por fim, uma federação de países celtas independentes. Depois de alguns percalços, a solicitação de de Gaulle para um Congresso Celta anual foi cumprida em 1899, porém, o resto da sua visão permanece tão distante como sempre esteve.

Os Bretões foram os mais entusiastas pan-celtas. Sendo os mais isolados dos povos de língua celta e os únicos a fazer face ao grande nível de hostilidade governamental, torna-se compreensível a sua necessidade em sentir que tinham aliados na luta para preservar a sua cultura e identidade. As leis discriminatórias aprovadas pelo Directório em 1794 permaneceram em rigor até aos anos 1950, sendo o governo ainda hostil a qualquer estatuto especial para a Bretanha. A indivisibilidade da República mantém-se uma ideologia poderosa nos círculos governamentais franceses. Mesmo a devolução muito limitada dada à Córsega em 2000, originou várias renúncias ministeriais. Os laços pan-celtas eram, talvez, mais importantes para a Bretanha imediatamente após a Segunda Guerra Mundial. Durante a ocupação da França, um pequeno número de nacionalistas bretões colaboraram com o inimigo na esperança de conseguirem um governo autónomo. Apesar de muito pequena, comparada com o que se passava no resto da França, esta colaboração providenciou a desculpa para que o governo do pós-guerra francês tentasse suprimir o movimento bretão como um todo. As ligações pan-celtas providenciaram observadores para os julgamentos de activistas, um refúgio para exilados na Irlanda e apoio para o restabelecimento do movimento bretão nos anos 1960. A procura dos Bretões por um meio de governação autónoma ainda hoje se mantém.

15

A Diáspora dos Celtas

Nós representámos, muito activamente, uma dança que, suponho, foi ocasionada pela emigração de Skye. Chamam-lhe América. *Cada um dos pares, depois das comuns* involuções *e* evoluções, *com sucesso rodopiam à volta num círculo, até estarem todos em movimento; e a dança parece ter a intenção de mostrar como a emigração agarra, até que todos os que estão próximos começam a circular.*

JAMES BOSWELL, *Diário de Uma Viagem às Ilhas Hébridas com Samuel Johnson* (1785)

Existem hoje em todos os continentes pessoas que se julgam Celtas ou que, pelo menos, têm orgulho em afirmar uma ascendência celta. A identidade celta foi globalizada como resultado da emigração mundial de milhões de Irlandeses, Escoceses das Terras Altas, Galeses, Bretões, Córnicos e habitantes da ilha de Man, durante os últimos quatro séculos. Embora seja conveniente chamar a este incrível movimento de massas a diáspora celta, é um ponto discutível sobre quantos destes emigrantes realmente se vêem conscientemente como Celtas – provavelmente, de qualquer modo antes do final do século XVIII, muito poucos, porque o renascimento da identidade celta estava ainda confinado em grande parte à elite erudita. No entanto, as comunidades emigrantes formadas por este movimento, numa dimensão maior ou menor, resistiram à completa assimilação das comunidades que os recebiam e mantinham laços familiares e culturais com as suas terras de origem. Estes laços asseguravam que, à medida que a consciência da identidade celta era popularizada nos países celtas, no final dos séculos XIX e XX também iria difundir-se largamente pelo estrangeiro.

Embora a maioria dos emigrantes alcançasse finalmente níveis de vida mais altos que os que poderiam gozar se tivessem ficado no seu país, a emigração dos países celtas no início é quase sempre retratada sob um ponto de vista negativo, como um exílio forçado da terra natal com os emigrantes no papel de vítimas da fome ou da opressão. Apesar de muitos emigrantes dos países celtas terem pouca escolha sobre a matéria, na realidade a maioria não eram refugiados desesperados, mas pessoas modestamente ambiciosas, que viam a oportunidade de conseguir uma vida melhor para si e para as suas famílias. A imagem negativa da diáspora celta surgira principalmente devido ao lugar proeminente que acontecimentos como a Fome Irlandesa e as Confiscações das Terras Altas tinham alcançado na história popular. Eventos traumáticos providenciavam explicações simples e confortáveis para um fenómeno bastante complexo. A diáspora celta é muitas vezes pensada como um fenómeno essencialmente do século XIX, porém, continuou durante grande parte do século XX. A emigração vinda da Escócia alcançou na realidade o seu auge no final dos anos 1920 e foi só nos últimos anos, com o desenvolvimento do crescimento do «Tigre Celta» económico, que a Irlanda deixou de ser um exportador de população.

A diáspora mundial dos povos celtas foi um subproduto da expansão colonial inglesa e, numa menor dimensão, francesa. No século XVI, os Franceses e os Ingleses viram o crescimento dos impérios do Novo Mundo espanhóis e portugueses com inveja mal disfarçada e estavam determinados a imitá-los se lhes fosse possível. Ambos os países fizeram tentativas mais ou menos desastrosas para fundar colónias no Novo Mundo no século XVI, mas só no início do século XVII é que ambos tiveram algum sucesso, os Franceses no Canadá e nas Caraíbas, os Ingleses na Nova Inglaterra, Virgínia e Caraíbas. Em 1700, a Inglaterra e a França lançaram as fundações de impérios globais e a rivalidade entre eles tornou-se intensa. Entre 1689 e 1815 a Inglaterra (Grã-Bretanha desde 1707) e a França tiveram a sua «Segunda Guerra dos Cem Anos». Embora perdesse as 13 mais povoadas colónias americanas pelo caminho, a Grã-Bretanha emergiu vitoriosa para gozar um século de domínio global. O comércio e poder marítimo contribuíram em grande parte para este sucesso, mas o factor-chave foi o êxito da Inglaterra como exportador de população. Em 1700, a Inglaterra tinha uma população colonial que chegava a meio milhão, comparada com a população no país natal de 5 000 000; a França, com uma população de 20 000 000, tinha apenas 70 000 súbditos coloniais. Esta disparidade tornou-se cada vez maior no decorrer do século XVIII. Quando a França cedeu o Canadá à Grã-Bretanha, em 1763, tinha uma população de apenas 60 000 europeus – por esta altura as colónias norte-americanas da Grã-Bretanha tinham uma população de 2 000 000 de europeus, um quarto do total da população do país natal. A emigração surgiu no século XIX: cerca de 17 000 000 de pessoas deixaram as Ilhas Britânicas, pouco mais de metade vinha da Irlanda, da Escócia e do País de Gales.

OS PIONEIROS GALESES E BRETÕES

Os Galeses e os Bretões foram activos na colonização europeia da América do Norte desde o início. A proibição da Igreja Católica em comer carne às sextas-feiras assegurou que a Europa medieval apoiasse um crescente comércio de peixe salgado e seco. No século XV, da Bretanha, do País Basco e do porto inglês de Bristol, partiam cada vez mais navios para o Atlântico, à procura de novos pesqueiros. Estes marinheiros viam as suas descobertas como informações sensíveis de comércio e não as publicitavam, porém, há indícios nos documentos contemporâncos de que navios de Bristol já tinham avistado a costa do Norte da América em 1480: certamente algo estava a acontecer. Bristol era uma base acessível para muitos proprietários de navios galeses, o mais proeminente dos quais era John Thloyde (Lloyd), que foi descrito como o «maior capitão da marinha mercante de toda a Inglaterra». Em 1466, Thloyde fez uma viagem misteriosa a «partes exteriores» e em 1480 passou nove semanas em mar aberto à procura, sem sucesso, da «ilha do Brasil a oeste da Irlanda». Outro galês que patrocinou viagens de exploração a partir de Bristol foi o mercador e oficial de alfândega Richard Amerike (*i.e.*, ap Meurig). Amerike patrocinou as viagens do navegador italiano John Cabot para a

Terra Nova, sendo possível que tenha sido ele e não o mais conhecido Américo Vespúcio, a dar o nome à América. John Dee, o astrólogo galês de Isabel I e o Merlin contemporâneo, popularizou mais tarde histórias de viagens galesas para o Novo Mundo, ainda anteriores, pelo lendário príncipe Madog, cerca de 1180 e ainda antes, pelo rei Artur, como um modo de legitimar os direitos territoriais da rainha nesses locais. Foi também Dee quem primeiro inventou o termo «Império Britânico», embora estivesse com certeza a pensar nos antigos Bretões. Houve também uma tentativa falhada de Robert Vaughan de Llangyndeyrn, entre 1616 e 1632, para encontrar a «Nova Gales» na Terra Nova.

Logo depois de John Cabot ter descoberto os Grandes Bancos em 1496, pescadores de St. Malo na Bretanha, bem como de Inglaterra, Espanha e Portugal, começaram a atravessar o Atlântico para explorar a impressionante abundância de reserva de bacalhau. Os cardumes eram tão vastos que se dizia que o bacalhau estava tão junto, que se podia apanhá-lo simplesmente lançando um cesto ao mar. Estes pescadores medievais não acreditariam que os seus modernos descendentes tivessem pescado o bacalhau dos Grandes Bancos até à extinção. Embora os Bretões preferissem pescar bem no mar alto, como os pescadores de outros países, algumas vezes montavam campos de Verão temporários na costa da Terra Nova, para a reparação dos barcos ou para secar e salgar o peixe, a fim de o preservar para a longa viagem de volta. O navegador bretão Jacques Cartier estava sem dúvida a explorar o conhecimento geográfico dos pescadores bretões, quando descobriu e explorou o golfo de São Lourenço em 1534-1536. Cartier liderou a primeira tentativa francesa para fundar uma colónia permanente no Novo Mundo em 1541-1543 e, embora tivesse falhado, os navios bretões continuaram a navegar para São Lourenço a fim de pescar e comerciar peles com os Índios Iroqueses até ao fim do século. Depois da colónia da «Nova França» ter começado com a fundação do Quebeque, em 1608, os Bretões tornaram-se os primeiros emigrantes de países celtas a viver permanentemente no Novo Mundo. Os Bretões continuaram a emigrar para o Quebeque mesmo depois dos Britânicos o terem conquistado, em 1759, mas no século XIX foram os EUA o destino favorito dos Bretões que emigravam. A Revolução Industrial levou ao colapso da indústria rural têxtil na Bretanha e por isso a emigração aumentou dramaticamente no século XIX. Nos anos entre 1851 e 1951 mais de um milhão de bretões deixou a sua terra, o equivalente a um terço da população.

Os Escoceses e os Irlandeses já eram muito numerosos entre os súbditos das colónias inglesas no final do século XVII. Alguns deles eram descendentes de prisioneiros de guerra escoceses e irlandeses, levados para as Índias Ocidentais e para a Virgínia pelo Parlamento durante as guerras civis. Outros eram irlandeses católicos deslocados devido às colónias jacobitas, que se tinham fixado nas Índias Ocidentais como aprendizes com contratos de plantadores ingleses – muitos dos quais foram para Maryland depois que foi introduzida a tolerância para o culto católico em 1649. Mercadores escoceses e plantadores também se fixaram em Barbados e os tribunais escoceses muitas vezes mandavam transportar criminosos para colónias inglesas, onde o seu trabalho barato era bem recebido. Os presbiterianos escoceses emigraram para a Carolina do Sul na Nova Jérsia, para escapar à opressão religiosa do seu próprio governo. No entanto, antes do Acto de União, em 1707, os Escoceses que quisessem emigrar preferiam o Báltico, devido às suas oportunidades comerciais, ou o Ulster, pela terra. As duas tentativas da Escócia para fundar colónias sozinha falharam. Uma colónia no início do século XVII na Nova Escócia viu-se no meio da rivalidade anglo-francesa na região, enquanto a tentativa de fundar uma outra em Darien no Panamá, em 1698-1699, foi um desastre que quase levou o país à bancarrota e facilitou o caminho para a união com a Inglaterra. Apesar de os Escoceses serem ambíguos em relação à união, deu-lhes pelo menos acesso igual ao Império Britânico. Em proporção com os seus números, os Escoceses provaram ser imperialistas ainda mais entusiastas que os Ingleses. Durante os séculos XVIII e XIX, os Escoceses participaram entusiasticamente no Império Britânico, fosse como colonizadores, mercadores, administradores coloniais, missionários, engenheiros ou soldados.

Seria simplista apresentar toda a emigração escocesa como uma emigração celta. Ainda hoje nem todos os Escoceses se vêem como sendo Celtas e antes do século XIX a divisão cultural era muito acentuada entre os anglófilos das Terras Baixas e os Escoceses de língua gaélica das Terras Altas. Antes do século XIX a maioria dos emigrantes provinha das Terras Baixas. Dadas as diferenças culturais, não é de surpreender que a emigração das Terras Baixas e das Terras Altas tenha sido de natureza bem diferente. De facto, os habitantes das Terras Baixas eram mais individualistas e geralmente procuravam melhorar as oportunidades pessoais de carreira, tal como os emigrantes ingleses. Os habitantes das Terras Altas, muito provavelmente emigravam com a sua família ou comunidade baseada em grupos, muitas vezes tentando transplantar o seu modo de vida para o novo país. O carácter único da emigração das Terras Altas foi o resultado das Confiscações, que desenraizou comunidades inteiras em nome de uma modernização agrícola.

AS CONFISCAÇÕES DAS TERRAS ALTAS

As Confiscações fizeram parte de um processo mais alargado de comercialização da agricultura por todo o Ocidente europeu no início do período moderno, que viu milhões de camponeses forçados a sair das terras. Este processo começara na Inglaterra no século XVI, com a vedação da terra comum e a consolidação de terras arrendadas que estavam espalhadas em unidades mais vastas. Os que foram desalojados das terras acabaram por ir para as cidades, onde se tornaram mão-de-obra barata da Revolução Industrial, ou emigraram para as colónias. Os proprietários rurais das Terras Altas não ignoravam os desenvolvimentos na Inglaterra, porém, as circunstâncias particulares sociais e políticas das Terras Altas não foram favoráveis à sua adopção antes de 1745. Os chefes de clã precisavam de rendeiros para os seus exércitos privados. Os rendeiros estavam obrigados a prestar serviço militar, portanto, quantos mais rendeiros um chefe tivesse, maior seria o seu exército privado e mais poderoso e influente seria o chefe. Quando o duque João II de Argyll começou a reduzir o número de rendeiros nas suas propriedades nos anos 1730, foi considerado como tendo enfraquecido a influência militar e política do seu clã, os Campbells, por isso não teve muitos seguidores.

O sistema tradicional de posse de terras tornou-se obsoleto, quando as Terras Altas ficaram finalmente sob governação central depois de 1745. Despojados das suas jurisdições privadas e direitos feudais, os chefes de clã começaram a rejeitar as suas responsabilidades tradicionais para com os membros de clã juniores e tornaram-se proprietários de terras normais, determinados a conseguir o máximo possível de rendimentos das suas propriedades. Os primeiros a ir foram os locatários de terras. Estes eram da pequena nobreza do clã que agiam como chefes dos terra-tenentes militares, arrendando terras (*tacks*) do chefe e subalugando-as a um preço mais alto a camponeses fazendeiros, que o serviam em tempo de guerra. Tendo acabado os dias de guerras privadas, podiam ser dispensados, por serem desnecessários e intermediários caros e foram forçados a sair por rendas cada vez mais altas. Muitos decidiram emigrar para as colónias do Norte da América e muitas vezes conseguiam persuadir as suas comunidades a ir com eles, com a promessa de terras livres para todos. A Carolina do Norte, que tinha um governador escocês, foi provavelmente o destino mais popular para os habitantes das Terras Altas, antes de, em 1776, ter eclodido a Guerra da Independência da América. Foi este tipo de emigração que o escocês das Terras Baixas James Boswell recordou no seu diário sobre a sua viagem às Terras Altas com o Dr. Johnson, em 1773. Durante a sua viagem Boswell e Johnson conheceram Flora MacDonald, na altura já uma heroína romântica, que emigrou para a Carolina do Norte com o seu marido, em 1774. Os dois, talvez surpreendentemente, foram lealistas durante a Guerra da Independência. Flora regressou à Escócia em 1779, o seu marido dois anos mais tarde depois de um período de prisão pelos revolucionários. Toda esta emigração não foi encorajada ou bem-vista pelos donos de terras, devido à perda dos rendeiros, ou pelo governo, que se ressentia da perda de recrutas das Terras Altas, altamente valiosos para o exército. Depois da independência americana, o governo mudou de tom e começou a encorajar a emigração para o Canadá, cuja escassa população tornava a região vulnerável a um ataque americano.

A introdução das ovelhas *Cheviot* em Perthshire, a partir das Fronteiras, em 1765, contribuiu para estimular a emigração. Nos últimos anos do século XVIII tornou-se cada vez mais comum os donos das terras reestruturarem as suas propriedades a fim de criarem grandes herdades de ovelhas com um único rendeiro. Isto levou a um despejo de rendeiros agrícolas em larga escala e à sua fixação em aldeias planeadas – a maioria das quais na costa – onde trabalhavam na pesca e no fabrico de fertilizantes a partir de algas ricas em potássio, em pequenas quintas. A figura mais ultrajante das Confiscações é sem dúvida George Granville Leveson-Gower, duque de Sutherland, que evacuou a quase totalidade da população do Leste do Sutherland, cerca de 10 000 pessoas, para aldeias na costa, entre 1812 e 1820, deixando que o interior do país se tornasse numa região selvagem e despovoada, para as ovelhas. O tratamento cínico dado aos rendeiros evacuados, a quem eram dadas quintas demasiado pequenas para a sua subsistência, forçando-os a trabalhar nas propriedades do duque, ia aumentando a sua amargura. Frequentemente os donos de terras encontravam a resistência dos rendeiros. Num dos mais sérios incidentes, no «Ano das Ovelhas» (1792), foram chamadas tropas para Kildermorie em Easter Ross, depois de os rendeiros terem repetidamente levado as ovelhas do dono das terras para fora das colinas. O descontentamento espalhado com as novas disposições levava a que a corrente de emigrantes continuasse. Os donos de terras continuavam a fazer o seu melhor para desencorajar a emigração, por isso influenciaram com sucesso membros legislativos para que fosse introduzido o Acto do Passageiro, em 1803, que levou a que o custo da emigração subisse, ao impor novos regulamentos nas linhas de embarque. Apesar da emigração, o total da população das Terras Altas estava a crescer rapidamente, em grande parte devido à introdução da batata e de melhores cuidados de saúde, como a vacina para a varíola.

A influência dos proprietários relativamente à emigração, que se tornou tão notória na memória das pessoas das Terras Altas, só começou depois do fim das Guerras Napoleónicas em 1815. A importação de fertilizantes mais baratos, como o guano, tornaram a fertilização com algas pouco económica. Logo depois os preços da lã começaram a entrar em declínio devido à competição da Austrália e, mais tarde, da Nova Zelândia. A economia sofreu ainda mais um golpe nos anos 1840 quando o míldio atacou as batatas e trouxe a fome às Terras Altas. Felizmente, os pequenos caseiros não eram totalmente dependentes da batata tal como os camponeses irlandeses, portanto, a ajuda do governo foi maior, embora houvesse muitas dificuldades e fome, as mortes foram em pequeno número. Face ao rápido declínio no rendimento das rendas, os proprietários rurais das Terras Altas concluíram que a emigração não era assim tão má. Proprietários rurais e organizações coloniais introduziram vários esquemas para ajudar os rendeiros excedentes e empobrecidos a emigrar. Utilizaram-se então diferentes graus de coacção. John Gordon de Cluny foi um proprietário rural que se tornou famoso pela violência usada contra os seus rendeiros das Hébridas, a fim de forçá-los a emigrar. A partir do final dos anos 1830 a venda de terras na Austrália serviram para financiar a emigração de 5000 habitantes das Terras Altas para Nova Gales do Sul. A passagem de outros 5000 para a Austrália Meridional, Vitória e Tasmânia foi financiada pela Sociedade da Emigração das Terras Altas e da Ilha de Wight, nos anos 1850. A Nova Zelândia era também um destino popular para os emigrantes escoceses, porém, relativamente poucos eram das Terras Altas. Os planos de emigração usualmente permitiam a famílias e comunidades emigrarem em conjunto – persuadir os Escoceses das Terras Altas a emigrar seria, de outro modo, difícil – mas quando chegavam à Austrália as agências coloniais não faziam qualquer tentativa para manter as comunidades juntas através de concessões de terra colectivas.

Como os colonos das Terras Altas ficavam dispersos entre uma população mais vasta e sem o apoio das comunidades, a cultura e a língua gaélicas não sobreviveram por muito tempo.

Por ser relativamente mais acessível e barato, o Canadá era o destino mais importante para os emigrantes das Terras Altas, depois de as colónias americanas se tornarem independentes. As povoações mais importantes situavam-se no Sul do Ontário, especialmente no condado de Glengarry, nas ilhas do Príncipe Eduardo, Cape Breton e à volta de Pictou e Antigonish na Nova Escócia. Quer organizassem a emigração eles próprios, ou fossem financiados por um proprietário rural, como os Escoceses das Terras Altas emigraram e se fixaram em grupos e consequentemente ajudaram a financiar a emigração de membros de família que foram a seguir (o que é conhecido como emigração em cadeia), formaram comunidades distintas e duradouras no Canadá, onde se falava gaélico e mesmo hoje diz-se que há lá mais pessoas a falar gaélico, do que na própria Escócia. Embora a língua estivesse em declínio no Ontário na década de 1880 e em Cape Breton na década de 1930, as tradições musicais gaélicas permanecem fortes, tal como outras manifestações da moderna identidade dos Escoceses das Terras Altas. Um colégio gaélico em St Anns, em Cape Breton, promove a cultura e as tradições das Terras Altas.

OS GANSOS BRAVOS

Em contraste com a Escócia, o início da emigração da Irlanda foi motivado principalmente por razões políticas e religiosas. Começando com a derrota da rebelião de Desmond em 1536, os refugiados irlandeses fugiram para Espanha e Portugal. Alguns serviram na Invencível Armada espanhola de 1588. Milhares lutaram pela Espanha na Flandres, durante a Guerra dos Trinta Anos. Owen Roe O'Neill e muitos que lutaram pelos confederados católicos nas guerras civis na década de 1640, ganharam a sua experiência militar desse modo. Já em 1649 o regimento de Tyrone, formado em 1605, afirmou ter sofrido mais de 12 000 baixas ao serviço de Espanha, a maioria dos quais em batalha. Durante o século XVII houve um constante fluxo de exilados a caminho do continente, para servir nos exércitos espanhóis, franceses e austríacos. Outros, em menor número, dirigiam-se para a Baviera e Rússia. O fluxo aumentou depois da conquista de Cromwell e de novo quando os jacobitas irlandeses foram derrotados na Guerra Guilhermina (1689-1691). O governo inglês não fez nada para impedir a saída de obstinados combatentes rebeldes da Irlanda: estava contente de se ver livre deles e até os ajudou, permitindo-lhes a passagem por Inglaterra ou providenciando navios, como os apoiantes de Guilherme fizeram. Os simpatizantes jacobitas, muitos dos quais de Munster, seguiram para sul para se juntarem aos *Na Géanna Fiáine* (os «Gansos Bravos»), como se tornaram conhecidas as brigadas irlandesas ao serviço da Espanha e da França. Motivados pelo desejo de lutar contra os Ingleses e de restaurar a dinastia dos Stuarts, os Gansos Bravos distinguiram-se em muitas batalhas. A sua mais notável acção foi em Fontenoy (perto de Tournai na moderna Bélgica), em 1745, quando uma carga dramática levada a cabo pelas brigadas irlandesas derrotou as tropas inglesas e hanoverianas, lideradas pelo duque de Cumberland. Ironicamente, a vitória ajudou a convencer Carlos Eduardo Stuart a lançar, ainda nesse ano, a sua falhada tentativa de derrubar a dinastia de Hanôver. A Brigada Irlandesa de França, composta por 400 homens, tornou-se na unidade mais profissional do exército de Carlos Eduardo, e a que lutou mais arduamente em Culloden.

Alguns exilados irlandeses detiveram altos cargos no estrangeiro: o jacobita Charles Wogan tornou-se governador de La Mancha e Alexander O'Reilly, que se juntou ao regimento Hibérnia espanhol ainda adolescente, foi governador militar de Nova Castela (Venezuela). Algumas vezes, a mudança de circunstâncias políticas permitia que exilados militares regressassem – tal como aconteceu depois da restauração de Carlos II – enquanto que os que se fixaram permanentemente além-mar, embora não formassem comunidades irlandesas duradouras, integraram-se na sociedade local (não ajudou o facto de a maioria dos emigrantes ser masculina). Cambrai, Graz e Praga eram conhecidas como locais de retiro populares para oficiais irlandeses. No final do século XVIII, o governo britânico começou a desencorajar o recrutamento estrangeiro de Irlandeses, uma vez que precisava de efectivos militares para as suas próprias forças e ao mesmo tempo atenuava a discriminação contra os católicos (depois de 1793 era-lhes permitido manter comissões) e abria a emigração para as suas colónias, o que levou ao declínio, mas não ao fim, da tradição da emigração militar.

A emigração da Irlanda aumentou constantemente no século XVIII, quando cerca de 250 000 escoceses do Ulster, presbiterianos, desiludidos com a autoridade institucional anglicana e com as rendas altas, optaram por partir para as colónias britânicas da América do Norte. Com os seus ideais de autoconfiança, trabalho duro e a sua pronta mentalidade frontal, a contribuição dos Escoceses do Ulster para a criação de riqueza nos Estados Unidos foi enorme, no entanto, hoje a identidade dos Irlandeses-Americanos é esmagadoramente católica. Em parte, tal deve-se aos números: os emigrantes católicos irlandeses finalmente excederam em grande número os emigrantes protestantes. O que tem a ver principalmente com a alienação: os emigrantes católicos irlandeses encontraram a mesma discriminação na América protestante, que tinham sentido no seu país. Enquanto os imigrantes protestantes irlandeses se integraram com facilidade na sociedade que ajudaram a moldar, os católicos irlandeses não puderam, ou não quiseram fazê-lo.

O IMPACTO DA GRANDE FOME

Apesar da sua marginalização económica e política, havia no início do século XIX mais pessoas a falar gaélico na Irlanda que em qualquer outra altura da sua história. A rápida disseminação do cultivo da batata no século XVIII levou à explosão populacional. Nos 50 anos antes de 1841, a população da Irlanda mais do que duplicou, de cerca de quatro milhões para 8,2 milhões. O alto valor nutritivo do tubérculo e a facilidade de adaptação mesmo em solos pouco férteis, tornou-a na alimentação básica para os pobres camponeses agricultores. A família podia ser mantida com a produção de pequenas plantações de terra. Aqueles que os visitavam notaram quão saudáveis e bem nutridas pareciam, mesmo as mais pobres famílias camponesas irlandesas, apesar de viverem em condições de extrema pobreza material. Estas impressões são confirmadas por relatórios militares britânicos deste período, que mostram que os recrutas irlandeses para o exército eram em média mais altos que os seus mais urbanos colegas ingleses, que viviam em casebres pouco saudáveis e cuja comida era muitas vezes adulterada por negociantes exploradores. Enquanto os proprietários de terras asseguravam que a melhor terra continuava a ser unicamente para a produção de cereais e criação de gado, a maioria destinada à exportação para a Grã-Bretanha, não se cansavam de encorajar os camponeses agricultores a arrendar cada vez mais terras marginais. Terrenos acamados (elevações de solo artificiais destinadas a plantações que existem na Irlanda desde o Neolítico) espalhavam-se até à beira de pântanos e também pelas extremidades das montanhas. Manter os canteiros de batatas tornara-se um trabalho intensivo, o que não constituía problema dado o rápido crescimento da população, sendo a produção, por área, três vezes mais do que a da terra arada. A Irlanda desenvolveu uma bizarra distribuição de população nos locais onde se situavam as áreas menos férteis, especialmente no Oeste em Connacht e Munster, que eram as mais densamente povoadas.

Logo a seguir às Guerras Napoleónicas, em 1815, teve lugar uma longa depressão agrícola. A baixa dos preços forçou os rendeiros pobres a depender ainda mais da batata, vendo-se obrigados a vender as mais valiosas colheitas de cereais, como a aveia, para pagar as suas rendas. O gado estava simplesmente além das posses da maioria do campesinato e o leite, a manteiga e o queijo não faziam parte da sua dieta. O declínio da criação de gado contribuiu para aumentar a confiança num único tipo de batata, a *Lumper*, que se dava bem em solos pobres e necessitava de pouco estrume, porém, era aquosa e com valores nutritivos inferiores. Um observador notou que a «*Lumper* não é de facto comida para humanos. Misture com qualquer outro tipo de batata e dê-as a uma porca e ela não irá comer nenhuma até ter devorado todas as de boa qualidade». Já na década de 1830 mais de 3 000 000 pessoas, um terço da população da Irlanda, dependia da batata, que lhe fornecia cerca de 90 por cento de calorias da sua dieta alimentar. Esta crescente dependência, preocupava o governo, que logo se apercebeu que uma falha nesta cultura iria levar à fome – as batatas podiam ser armazenadas no máximo nove meses, portanto, os agricultores não podiam abastecer-se nos anos bons para fazer face aos anos de escassez.

Em Junho de 1845, o míldio da batata atacou na Bélgica onde se pensa que foi introduzido num carregamento de fertilizantes vindo da América do Sul. A doença rapidamente se espalhou pela Europa, atingindo a Irlanda em Setembro desse ano. A doença – uma infecção por um fungo que apodrece os tubérculos na terra – apanhou a Europa de surpresa. Talvez não devesse ter sido assim, uma vez que já estava a atacar em força na América do Norte, desde 1843. As batatas eram uma produção importante para os camponeses agrícolas em muitas áreas da Europa e o míldio levou a fome a milhares de pessoas nos Países Baixos, Alemanha, Suíça e Escócia, porém, em nenhum lado a dependência era tão absoluta como na Irlanda. Avaliações iniciais sugeriam que 80 por cento da produção irlandesa iria perder-se em 1845. Quando a perda acabou afinal por ser apenas metade, a maioria das pessoas pensou que o pior tinha passado. Porém, no ano seguinte, a produção voltou a cair, pelo que a fome levou a que muitos milhares de pessoas morressem. Exactamente quantas pessoas morreram nos seis anos antes de a produção de batata recuperar não se sabe; a maioria das estimativas aponta para cerca de 500 000 a um milhão, sendo o número superior o mais provável. A mortalidade foi mais alta nas áreas dominadas por *clachans* (grupos nucleares de casas de quintas onde a posse de terras era comunal): as doenças contagiosas espalhavam-se mais depressa através dos seus habitantes que viviam muito juntos, já enfraquecidos pela fome. Em algumas áreas de Connacht e Munster estima-se que morreu 25 por cento da população durante a fome.

Podia-se pensar que o governo do Reino Unido, na altura o país mais rico do mundo, pudesse intervir para mitigar os efeitos do míldio da batata, contudo, estava mais apegado às ideologias do malthusianismo e do *laissez-faire* capitalista. O governo britânico acreditava que a sobrepopulação era a raiz dos problemas da Irlanda, portanto, o aparecimento do míldio da batata e a fome daí resultante foi um mal necessário, mesmo uma correcção bem-vinda, que a seu tempo daria lugar a um país mais próspero, economicamente moderno, logo que a população caísse para um nível em equilíbrio com os recursos disponíveis. A ajuda de alimentos e a interdição à sua exportação não se equacionaram por motivos de comércio livre, uma vez que se receava que tal fosse minar os preços e afastar do negócio os agricultores não afectados pelo míldio, reduzindo assim ainda mais a produção de víveres no país. Os que defendem o governo britânico argumentam que não havia recursos e conhecimentos de peritos para providenciar ajuda efectiva à fome, mesmo que quisesse, porém, o triste facto é que possuía ambos. Na única ocasião em que o governo realmente interveio em larga escala, no Verão de 1847, montou um sistema de cozinhas de sopas que alimentava mais de três milhões de pessoas diariamente. Embora a qualidade nutritiva das refeições fosse muitas vezes pobre, a taxa de mortalidade reduziu-se consideravelmente. Tivesse este parco sistema sido instalado em 1846 e mantido até 1852, altura em que a produção de batata recuperou, a maioria da mortalidade causada pela fome podia certamente ter sido prevenida, tal como aconteceu na Escócia. Surpreendentemente, em 1846 foi negada à Irlanda a importação de cereais até que a Escócia tivesse sido abastecida. A fome em massa era inaceitável na Grã-Bretanha, mas não na Irlanda. Embora esta fizesse parte do Reino Unido desde 1801, o governo britânico ainda a considerava uma colónia, não um parceiro igual com direito a uma parte da riqueza nacional em tempos de necessidade. Mesmo tendo a Irlanda mais de um quarto da população do Reino Unido, os gastos do governo na ajuda à fome nunca excederam o número ridículo de 0,3 por cento do produto nacional bruto. Não admira, então, que a memória da fome tenha ocasionado um novo e duradouro amargor nas relações anglo-irlandesas. Contudo, isso seria para o futuro: a reacção imediata das vítimas foi a de interpretar a fome em termos religiosos. Tinha havido tão boas colheitas nos anos precedentes, que grandes quantidades de excedentes de batatas tinham sido simplesmente deitados fora e deixados a apodrecer. O míldio foi o castigo de Deus a uma população esbanjadora.

A TRADIÇÃO DO EXÍLIO

Na Irlanda, principalmente, a tradição irlando-americana da fome começou a ser vista como a causa principal de emigrações em massa e despovoamento que o país sofreu no século XIX. Mas terá a fome, apesar de muito traumática, realmente merecido essa reputação? Certamente, entre os censos de 1841 e 1851 a população irlandesa caiu cerca de 20 por cento e nos sete anos em que o míldio da batata continuou (1845-1852), cerca de um milhão e meio de pessoas emigraram. Não podem existir dúvidas de que o impacto imediato da fome foi dramático. No entanto, a emigração em massa continuou até ao início da Primeira Guerra Mundial em 1914, altura em que a população irlandesa era de apenas 4,4 milhões. Claramente, a fome não pode ser a única, ou mesmo a principal causa da emigração *contínua* irlandesa.

De facto, a emigração já estava a aumentar nas décadas de 1820 e 1830. Tal pode estar relacionado com o colapso das indústrias rurais irlandesas (especialmente têxteis de lã) face à competição do rápido crescimento dos centros de manufactura têxtil do Norte de Inglaterra e do Ulster. Estima-se que os habitantes de um terço dos condados irlandeses, em 1821, estavam mais ligados à manufactura, comércio e ofícios do que à agricultura: o impacto da desindustrialização, em termos de perdas de oportunidades de emprego, foi portanto enorme. É também significativo que, enquanto a população da Irlanda estava em declínio no seu todo, os mais pobres distritos da costa oeste, onde pequenos proprietários dependiam da plantação da batata, tivessem na realidade aumentado nos 30 anos que se seguiram à fome. Só na década de 1880, depois de outra sucessão de más colheitas, é que a emigração em massa começou. Não é pois real que a mudança de padrões de posse de terra também tenha influenciado a emigração. A emigração foi mais intensa a partir da fértil e intensa agricultura do Leste, porque a terra era escassa. No Oeste, devido aos milhares de despejos de rendeiros pobres, a terra – terra pobre – existia em abundância. Quando se tornou mais difícil obtê-la no Oeste, a emigração aumentou. Parecia, na altura, que a falta de oportunidades na indústria e na agricultura eram as razões reais para a emigração continuada no século XIX.

Também há a questão de saber qual a razão de uma tão elevada proporção de emigrantes irlandeses rumarem aos EUA. À primeira vista parece óbvio que existia um forte e sustentado desejo em escapar à opressão britânica, uma certeza que o governo dos EUA do século XIX e a propaganda nacionalista irlandesa deliberadamente encorajou. Mais uma vez as coisas não eram tão simples. A importância primordial de um desejo de liberdade parece duvidosa em vista do facto de tanto, antes da fome como durante o século XX, a Grã-Bretanha ter sido o destino mais popular para os emigrantes irlandeses e mesmo na segunda metade do século XIX ocupava o segundo lugar depois dos EUA. O facto de os irlandeses católicos não serem exactamente recebidos de braços abertos na América protestante também vai contra a primazia deste motivo. Mais importante que isso, na década de 1840 a Grã-Bretanha estava a sofrer uma séria recessão industrial, encorajando emigrantes a tomar a mais onerosa opção de ir para a América, onde as oportunidades de emprego eram melhores. O dinheiro enviado de volta para os familiares fundou, subsequentemente, uma cadeia auto-sustentada de emigração, que continuou durante o resto do século XIX.

Uma importante parte da atitude dos Irlandeses em relação à experiência da emigração tem sido tratá-la como um exílio, em vez de uma procura de melhores oportunidades. Esta é a razão pela qual a fome é tão central na identidade dos Irlandeses da América. Qual será a razão, quando é claro que nem a fome nem a governação britânica foi a principal causa da emigração irlandesa? A emigração é, para a maioria das pessoas, um grande sofrimento emocional: envolve o corte de relacionamentos próximos, o abandono de pais e outros parentes idosos, algumas vezes para nunca mais os ver, gerando sentimentos de culpa intensos. Olhando para a sua experiência como uma continuação da tradição dos séculos XVII e XVIII, de ida para o exílio por razões políticas e culpar os Britânicos por forçarem as suas decisões, os emigrantes irlandeses tinham mais facilidade em aceitar atitudes que podiam de outro modo parecer muito egoístas.

SALVAR OS GALESES

O País de Gales não sofreu o mesmo grau de emigração e despovoamento como a Irlanda e a Escócia. Quantificar a emigração de Gales é difícil, uma vez que, depois dos Actos de União, deixou de haver qualquer separação de identidade legal da Inglaterra e não foram mantidas estatísticas separadas. Contudo, era certamente muito mais baixa, tanto da Escócia como da Irlanda. A mudança económica no interior de Gales foi um processo gradual, sem as descontinuidades catastróficas das colónias rurais, das confiscações e da fome. Tal como estava a acontecer na Inglaterra ao mesmo tempo, a vedação de terras comunais retirava a terra aos pequenos agricultores, mas as perdas de oportunidades rurais foram mais do que compensadas pela rápida industrialização das áreas de regiões carboníferas do Sul e Nordeste de Gales, que começaram no século XVIII. Gales tornou-se a terra de oportunidade que atraía centenas de milhares de imigrantes ingleses no século XIX. A região carbonífera de Gales do Sul experimentou um *boom* económico (tal como numa menor extensão as mais pequenas regiões carboníferas de Gales do Norte) e o consequente crescimento urbano rápido, foi alimentado pelos elevados índices dos nascimentos, pela emigração interna dos Midlands ingleses, Cornualha e Irlanda, e pelo investimento financeiro inglês. A população de Gales mais do que duplicou entre 1770 e 1851, aumentando de cerca de 500 000 habitantes para 1 163 000 e ainda mais do que duplicou de novo em 1914. Apesar da abundância de oportunidades no seu país, houve os que emigraram porque pensavam que podiam conseguir melhores resultados no estrangeiro. A especialização dos mineiros galeses e trabalhadores de ferro tinha uma grande procura nos EUA, quando o país começou a industrializar-se na segunda metade do século XIX. O período das agressivas vedações de terras comunais, que beneficiavam principalmente os grandes proprietários de terras, fez deslocar muitos camponeses agrícolas durante o período das Guerras Napoleónicas, alimentando assim a emigração.

O rápido aumento de pessoas que falavam inglês no século XIX no País de Gales começou a ser visto como uma ameaça à língua, à cultura e à identidade galesas. Isto inspirou o mais vasto autoconsciente elemento da diáspora celta – tentativas para fundar colónias de pessoas que falassem galês no estrangeiro, onde esta cultura pudesse ser preservada das influências anglicanas. As primeiras comunidades de língua galesa ultramarinas foram fundadas na América do Norte, como Cambria na Pensilvânia e Bangor em Saskatchewan. Tais povoamentos tiveram tal sucesso, que logo atraíram colonos de língua inglesa em tão grande número, o que começou a preocupar os colonos que falavam galês. Assim, houve tentativas para fundar colónias fora do mundo de língua inglesa, na Rússia, no Brasil e na Argentina. A mais bem-sucedida destas foi a colónia fundada em 1865 no vale de Chubut, na Patagónia argentina. Dos originais 163 colonos apenas dois tinham alguma experiência de agricultura, pelo que durante vários anos a colónia lutou para sobreviver. Mas conseguiu sobreviver. No início do meado da década de 1870 a colónia começou a atrair novas ondas de colonos galeses, até que, em 1914, a sua população alcançou cerca de 3000 pessoas. Y Wladfa («A Colónia») era uma comunidade totalmente auto-suficiente, de língua galesa, sendo o galês a língua da capela, da escola, dos negócios, da lei e do governo local. O governo argentino prometera que iria reconhecer Y Wladfa como um dos estados da Argentina, porém, tal promessa nunca foi cumprida: preocupavam-se que a presença dos Galeses fosse um pretexto para a imposição de direitos territoriais britânicos na região. Em 1880, o governo argentino começou a reivindicar o controlo sobre a demasiado independente colónia, impondo o recenseamento e, em 1896, o espanhol como a língua de instrução. Na mesma altura colonos espanhóis e italianos invadiram o vale, ultrapassando rapidamente em número os Galeses. A língua galesa entrou num longo declínio, mas tem havido algum modesto renascimento nos últimos 20 anos. A herança galesa é celebrada com *eisteddfodau* e a antiga colónia tornou-se uma espécie de atracção turística. Enquanto a Patagónia galesa pode estar segura em relação a um futuro imediato, Y Wladfa não se tornou na Nova Gales como os seus fundadores esperavam.

16

Os Celtas nos Dias de Hoje

Demasiados, talvez para a maioria das pessoas fora da companhia dos grandes eruditos, no passado e no presente, os «Celtas» de qualquer modo são [...] um saco mágico, no qual se pode colocar qualquer coisa, e do qual qualquer coisa pode vir. [...] Tudo é possível no fabuloso crepúsculo celta, que não é tanto um crepúsculo dos deuses como da razão.

J.R.R. TOLKIEN (1963)

A fundação do Congresso Celta em 1899 tornou necessário perguntar, quem são os Celtas e o que é um país celta? Para muitos, para se ser celta é necessário falar a língua celta, mas essa estreita definição teria excluído os Córnicos, cuja língua se extinguira no século XVIII. A definição finalmente concluiu que os Celtas são os habitantes dos países nos quais as pessoas falam línguas celtas, ou falaram em tempos históricos recentes, porém, não é uma definição universalmente aceite nos países assim definidos. De modo algum, todos os habitantes da Escócia, País de Gales, ilha de Man, Cornualha, Bretanha e Irlanda iriam aceitar que são

Celtas, embora certamente parte da agenda do movimento pan-celta tenha tentado persuadi-los que o são. A definição também levanta a questão de quão importante na realidade a língua é para a moderna identidade celta.

AS LÍNGUAS CELTAS ACTUAIS

Quatro línguas celtas – galês, bretão, irlandês e gaélico escocês – são ainda hoje faladas no dia-a-dia. Duas outras – manx e córnico –, que desapareceram (em relação à história celta) em tempos relativamente recentes, estão a ser sujeitas a campanhas de recuperação dessas línguas. Não se sabe ao certo, o número de pessoas exacto que falam celta. Cerca de dois milhões e meio de pessoas afirmam que conseguem falar a língua celta, mas aquelas que habitualmente a falam é com certeza muito mais baixo, provavelmente menos de 500 000. É uma ideia errada, deliberadamente encorajada por nacionalistas, que o declínio das línguas celtas se deve à perseguição dos governos britânico e francês. Este pode ter sido um factor para o declínio do bretão, mas o governo britânico é culpado principalmente pela indiferença. As razões reais para o seu declínio são mais complexas: emigração, imigração de pessoas que não falam celta, falta de oportunidades sociais, económicas e educacionais, são todas mais importantes que a calculada malícia governamental. Falar galês em escolas galesas, por exemplo, era punido não por imposição governamental, mas (se na realidade era punido – a prática não era universal) por professores que falavam galês com o apoio de pais, que acreditavam, com razão, que a fluência em inglês iria dar às suas crianças melhores oportunidades de vida. Similarmente, o declínio do ensino da língua gaélica nas Terras Altas no século XIX foi resultado de pressão parental, não de política governamental.

O papel-chave para a perseguição como um factor no declínio das línguas celtas é refutado pela experiência do gaélico irlandês. Por volta de 1800 havia, provavelmente, cerca de quatro milhões de pessoas que falavam celta na Irlanda mas a Fome da década de 1840 e a emigração em massa que se seguiu, originou um rápido declínio na segunda metade do século XIX, restando apenas 55 000 na altura da independência. Um factor importante no declínio do gaélico foi a relutância da Igreja Católica em aprovar a tradução das Escrituras para as línguas vernáculas: assim o gaélico nunca se pôde tornar na língua da religião na Irlanda como o galês na Gales protestante. Muitos nacionalistas no início, como Daniel O'Connell (1775-1847), desprezavam o gaélico e encorajavam as pessoas que falavam a língua a aprender inglês, para melhor competirem com os seus senhorios coloniais. Depois da independência, o gaélico tornou-se, com o inglês, a língua oficial do Estado irlandês. Os *Gaeltachts* (áreas onde se fala gaélico) receberam um estatuto especial e subsídios governamentais, enquanto o gaélico se tornou uma disciplina obrigatória nas escolas. Por isso, o resultado é que, superficialmente, o gaélico irlandês é a mais florescente das línguas celtas – mais de 1 400 000 pessoas afirmam serem capazes de o falar. A realidade é bem diferente. Apesar de 80 anos de apoio governamental, o gaélico sofreu um declínio ininterrupto como uma língua falada no dia-a-dia. Em 1991 apenas 22 000 pessoas afirmavam falar habitualmente o gaélico e, de acordo com as estimativas mais pessimistas, o número real pode ser tão baixo quanto 10 000 (menos de 0,3 por cento da população da República). Mesmo em muitos *Gaeltachts*, as pessoas que falam gaélico habitualmente não chegam agora a 50 por cento da população. É bem possível nos nossos dias visitar um *Gaeltacht* e não ouvir gaélico. Em investigações recentes, os Irlandeses mostram um consistente alto nível de apoio em relação ao gaélico, que é claramente um importante elemento da identidade irlandesa, no entanto não se traduz numa vontade de falar a língua. A verdade é que, na prática, os Irlandeses não têm vontade de renunciar às vantagens da língua inglesa, que lhes permitiu com bastante sucesso apresentar a sua cultura a uma vasta audiência por todo o mundo.

O gaélico escocês também continua em declínio. As 66 000 pessoas que falavam a língua na Escócia, em 1991, tinham caído para 58 000 em 2001, porém, com cerca de 30 000 falantes habituais, o gaélico escocês está em melhor forma que o seu homólogo irlandês. Apesar do considerável apoio estatal para o ensino do gaélico, transmissão e publicação, equivalente a um subsídio de 500 libras por ano para cada pessoa que fale a língua, esta está provavelmente perdida no continente escocês. Existem comunidades auto-suficientes de pessoas que falam gaélico nas Hébridas onde a língua pode ter um futuro viável. Um sinal de esperança é o alto nível de apoio da educação da língua gaélica entre os que chegam às Hébridas, que querem que os seus filhos se possam integrar na comunidade local. O gaélico nunca foi uma língua de toda a Escócia, e os entusiastas do escocês (*i.e.*, a forma do inglês falado nas Terras Baixas, a língua das canções e poemas de Burns) argumentam que a sua língua também devia receber reconhecimento e apoio do Estado.

O galês é sem dúvida a mais rica das línguas celtas. Em termos absolutos o número de pessoas que falam galês chegou ao seu máximo por volta de 1851, mas proporcionalmente em relação ao total da população do País de Gales, já estava em declínio. Em 1900, apenas metade da população de Gales falava galês e em 1991 baixou para cerca de 19 por cento (total dos que falavam a língua, 591 000; pessoas que habitualmente a falavam, 326 000). Ainda assim, continua a ser a língua dominante em largas áreas do Norte rural, Centro e Sudeste de Gales. Na última década, houve sinais de que o declínio se estava a inverter, com um considerável aumento no número de pessoas que conseguem falar algum galês registadas nos censos de 2001, cerca de 797 000 (28 por cento da população). Muito do crédito para isto deve-se ao Partido Nacionalista Galês Plaid Cymru (O Partido do País de Gales), que foi fundado para fazer campanha sobre as questões da língua, em 1925. A campanha do partido ganhou igual estatuto para o galês tal como o inglês em 1967, seguindo-se muitas medidas de apoio à língua, incluindo um canal de televisão de língua galesa e a instrução obrigatória da língua nas escolas de Gales. Contudo, tendo em consideração a situação difícil do gaélico na Irlanda, ainda falta ver se estas medidas irão levar a um aumento sustentado do uso do galês como uma língua do quotidiano. A educação da língua galesa não foi universalmente bem-vinda. Nas áreas onde se fala inglês, muitos pais viam as lições galesas como uma motivação política que fazia desperdiçar o tempo dos seus filhos.

O estado do bretão é o mais difícil de julgar, devido à falta de estatísticas oficiais (política deliberada dos sucessivos governos franceses). Devido às exigências da florescente indústria de turismo na Bretanha e ao crescimento da população de língua francesa, as pessoas que falavam bretão só usavam a sua língua habitualmente em privado, entre família e amigos. Os visitantes, especialmente das cidades e das belas áreas costeiras, raramente ouvem agora o bretão falado em público. Enquanto se acredita que a maioria dos adultos que vivem em áreas rurais a oeste de Vannes e St Brieuc têm algum conhecimento da língua, esta é falada habitualmente em apenas seis ou sete bolsas isoladas. No início da década de 1990 estimava-se que 660 000 pessoas falavam bretão mas talvez apenas 100 000 destas fossem falantes habituais. Embora haja agora maiores oportunidades para a instrução do bretão, não há nenhum sinal do declínio da língua estar a ser travado.

O córnico e o manx gaélico extinguiram-se apenas em tempos históricos recentes: o último nativo que falava córnico morreu em 1891 e o último falante de manx morreu em 1974. Ambas as línguas estão a ser sujeitas a várias e contínuas campanhas de renascimento, mas o número de pessoas que alcançaram um perfeito conhecimento delas é muito pequeno, talvez menos de uma centena. O córnico nunca se tornou uma verdadeira língua literária e o conhecimento da sua gramática, sintaxe e vocabulário está incompleto. «O renascimento do córnico» é actualmente uma língua sintética, que contém elementos adoptados do bretão e do galês. A maioria das populações da ilha de Man e da Cornualha são hoje de origem inglesa e a ideia de que o manx e o córnico possam ser restaurados como línguas do dia-a-dia é pura fantasia romântica. Realisticamente o seu futuro será, provavelmente, um «passatempo linguístico» para os entusiastas. Embora o córnico tenha recebido reconhecimento governamental em 2002, o seu uso em sinais de estrada e afins são pouco mais que um artifício para atrair turistas.

O futuro a longo prazo para as línguas celtas é, na melhor das hipóteses, incerto; apenas o galês parece estar realmente seguro. Partidários linguistas persistem em acreditar que o declínio das línguas celtas pode não só ser travado como também revertido, podendo mesmo tornar-se, de novo, verdadeiras línguas nacionais. Para basearem as suas crenças, apontam para o sucesso do renascimento do hebraico na moderna Israel, depois de ter estado extinto como língua falada durante mais de 2000 anos. Porém, as circunstâncias dificilmente são comparáveis. Israel era uma nação de imigrantes de vários países diferentes que não partilhavam uma língua comum. Todos, portanto, tinham interesse em aprender hebraico. Os Celtas modernos, no entanto, não têm esse incentivo uma vez que todos, quer falem uma língua celta ou não, também falam inglês ou francês. As pessoas irão certamente continuar a aprender línguas celtas como um modo de compreender e expressar a sua ligação à sua identidade cultural, mas, na prática, quantas dessas pessoas irão investir um esforço considerável necessário para se conseguir uma verdadeira fluência na língua, à qual darão muito pouco uso no dia-a-dia?

Para alguns, um Celta é essencialmente alguém que fala uma língua celta. Para esses, a sua futura sobrevivência depende das suas línguas: se estas se extinguirem, então também os Celtas estarão extintos. Tal visão parece muito pessimista. Torna-se cada vez mais claro que a maioria dos Celtas modernos dão tanta ou mais importância a outros aspectos culturais, políticos e históricos de identidade do que à língua. A identidade celta está a desenvolver-se independentemente das suas raízes linguísticas e ainda está numa fase de difusão e a conquistar novos convertidos. Um caso a ressalvar é o espantoso exemplo de crescimento da identidade celta na Galiza, no Noroeste de Espanha, que nada deve às línguas celtas. Os modernos Celtas galegos argumentam que o folclore, tradições de construção, costumes, música folclórica e valores sociais são tão válidos como base para uma identidade celta como a língua. Embora o Congresso Celta tenha recusado a candidatura da Galiza para membro, baseado no facto de as línguas celtas se terem extinto na região há mais de 2000 anos (o galaico, a moderna língua da Galiza, é uma forma de português), alguns galegos afirmam que a sua cultura é na realidade mais celta que a de países reconhecidamente celtas.

Também é evidente que as questões das línguas têm um pequeno papel no renascimento da identidade celta na Cornualha. Apesar de muito poucas pessoas atingirem a fluência no córnico renascido, uma pesquisa recente efectuada numa escola de crianças no condado mostrou que um terço se achava mais como sendo córnico do que inglês, enquanto um décimo da população do condado assinou uma petição pedindo a instalação de uma assembleia córnica. Problemas económicos, como a alta taxa de desemprego causada pelo declínio das indústrias tradicionais, como as minas de estanho e a pesca, baixos salários e preços das habitações inflacionados a níveis insustentáveis por londrinos abastados que procuram casas para férias, são a principal causa para este nascente separatismo. O renascimento em 1998 do parlamento medieval das minas de estanho da Cornualha, que já tinha governado as minas do condado, foi essencialmente um golpe publicitário a fim de atrair a atenção para o declínio dessa indústria. Não é na verdade um corpo representativo, já que apenas os membros da comunidade do estanho (o distrito mineiro de estanho) podem votar e a elegibilidade baseia-se na descendência córnica. Apesar disso o parlamento clama para si um papel de campanha mais alargado. Em 2001 três membros desse parlamento roubaram cartazes de Heranças inglesas de antigos monumentos por toda a Cornualha, brandindo-os como prova da «agressão cultural inglesa». Quando os seus membros foram finalmente capturados pela guarda de segurança e presos, o parlamento emitiu uma declaração indicando os ladrões como prisioneiros políticos. Existe também um partido nacionalista da Cornualha, Mebyon Kernow: apesar de ter sido fundado em 1951, tem ainda que fazer uma ruptura eleitoral, sugerindo que, enquanto a devolução possa ser uma saída importante para muitas pessoas da Cornualha, o nacionalismo não o é.

O crescimento da identidade celta na Galiza também evidencia uma das principais razões para o sucesso alargado da moderna identidade celta. Para os Galegos, a adopção da identidade celta faz parte da principal luta para manter uma identidade não espanhola. O revivalismo celta dos séculos XVIII e XIX ocorreu por razões muito semelhantes – a necessidade de povos marginalizados em manter a identidade separada e evitar a assimilação de vizinhos poderosos. A razão pela qual os Celtas permanecem uma parte importante da identidade galesa, irlandesa, escocesa, córnica, manx e bretã é exactamente porque essas necessidades não desapareceram. De facto, intensificaram-se. Enquanto em 1800 os Ingleses eram apenas metade da população das Ilhas Britânicas, em 2000 atingiram 75 por cento. Os Bretões estão similarmente a ser ultrapassados em número pelos Franceses, mesmo na Bretanha. Existe ainda a poderosa atracção da cultura global a que mesmo grandes nações como a Inglaterra e a França não conseguem resistir. Tem-se dito que aquilo com que a Irlanda necessita de se preocupar, não é agora com a anglicização, mas com a «Los Angelização». Quando as culturas começam a tornar-se homogeneizadas, as pequenas diferenças tornam-se muito importantes. A identidade celta está também a ser fortalecida por vastos desenvolvimentos políticos, como a involução no Reino Unido, que viu a abertura de uma assembleia galesa e um parlamento escocês em 1999, e as políticas regionais da União Europeia, que têm permitido que minorias em Estados-membros possam apelar para além dos governos centrais por reconhecimento, financiamento cultural, apoios para a língua e ajuda económica. De facto, o passado celta é algo que é partilhado por quase todos os países da União Europeia. Poderá a ideia de que os Europeus são todos Celtas debaixo da pele, um dia ser incentivada como base para uma identidade comum? A ideia não é assim tão artificiosa: provavelmente não foi por acidente que a maior exposição de arte e arqueologia celta patrocinada pela União Europeia no início da década de 1990 teve como subtítulo «Os Pais da Europa».

A CELTOMANIA NOS NOSSOS DIAS

A identidade celta continua a difundir-se, tal como a celtomania. A moderna celtomania está inextricavelmente ligada ao crescimento do movimento ambiental, que pode dizer-se ter começado com a publicação de *Silent Spring* (*), de Rachel Carson em 1962. Carson questiona sobre a protecção do ambiente natural, não apenas baseada em dados científicos mas também em motivos morais. Extraindo a tradição de pensamento americano desde Ralph Waldo Emerson, ela argumenta que a humanidade precisa de mostrar mais humildade perante as forças da natureza e abandonar atitudes como «supõe-se que a natureza existe para a conveniência do homem». Os argumentos científicos desta autora convenceram governos em todo o mundo a regular o uso de pesticidas, porém, os seus argumentos morais tiveram ainda maior influência, estando em consonância com aqueles que se mostram consternados com a destruição do meio ambiente só pela obtenção de lucros e com a alienação da humanidade em relação à natureza no mundo industrial. Ao fazer isto, Carson ajudou a dar ao moderno movimento do ambiente a sua quase crença religiosa, de que a salvação da humanidade depende da harmoniosa relação com a natureza. Aliada a outros aspectos da revolução social da década de 1960 – o descontentamento (normalmente abundante) da juventude em relação ao materialismo, a rebelião contra atitudes tradicionais relativamente à família, tipos de relações, nacionalismo, militarismo e imperialismo – criou um campo fértil para o ressurgimento da celtomania, renovando o apelo ao nobre selvagem (embora, ao contrário do século XVIII, os Celtas agora tenham que partilhar o papel com os Índios americanos). A imagem positiva dos Celtas tem sido também ajudada com a mudança dos valores europeus. Desde a destruição maciça das guerras mundiais do século XX, a conquista e a construção de impérios já não são vistas como actividades louváveis. Como «belos perdedores da Europa», isto deu aos Celtas uma certa (e certamente imerecida) aura de superioridade moral. É por estas razões que, apesar dos grandes avanços nos estudos académicos da história e arqueologia celtas, a moderna celtomania foca-se não tanto nos Celtas históricos, mas nos Celtas romantizados criados pelo primeiro período da celtomania.

(*) *Primavera Silenciosa*, edição portuguesa, Editorial Pórtico. (*N. do T.*)

A mais importante manifestação da moderna celtomania está no aumento do interesse pelo neodruidismo, *wicca* e outros panteísticos paganismos «modernos», que dão uma forte ênfase à necessidade de viver em harmonia com a natureza. Apesar de os primeiros neodruidas do século XVIII, provavelmente, acreditarem que estavam a fazer renascer uma antiga religião, a maioria dos druidas modernos são mais realistas sobre a sua religião e reconhecem com liberdade a sua natureza sintética. Não afirmariam mais do que acreditar que estão a recriar o espírito do druidismo e, em particular, o seu respeito pela natureza. Mesmo isso requer algumas tomadas de posição alargadas sobre as sensibilidades antigas. O druidismo moderno não tem nenhuma teologia organizada e nenhuma definição estrita de crença que os seus seguidores possam subscrever; podem misturar e experimentar. É aí que se encontra a atracção do neodruidismo para aqueles que questionam o moderno capitalismo, mas que acham as religiões organizadas impessoais, inaceitáveis ou simplesmente inacreditáveis. Tal era a popularidade das celebrações do solstício dos neodruidas em Stonehenge, entre os chamados «Viajantes da Nova Era», na década de 1990, pelo que o governo do Partido Conservador da altura, que via neles apenas guedelhudos imundos sobre rodas, vingativamente lhes restringiu o acesso às pedras, com a justificação de as proteger (desde então as restrições abrandaram). É muito fácil ser cínico sobre a celtomania moderna – tem produzido, afinal, algumas bizarras ramificações, incluindo o tarô, o xamanismo, o sexo mágico celta e ainda sacos de chá celtas –, no entanto os resultados têm sido principalmente benignos, aumentando o turismo nos países celtas e a consciência da cultura celta, em especial a sua música e arte. A celtomania tem, contudo, também alimentado uma atitude pouco crítica em relação à história celta, tanto que os inimigos dos Celtas, sejam eles Romanos, Normandos, Ingleses ou outros, são sempre «impiedosos» e os Celtas vítimas inocentes. Esta unidimensional imagem dos Celtas como vítimas, esquecendo-se convenientemente os seus dias de expansionismo agressivo, tem muitas vezes sido explorada pelos nacionalistas no País de Gales, na Escócia e na Irlanda, para não mencionar os realizadores de Hollywood. Um exemplo extremo de tudo isto é que durante os tumultos, os grupos terroristas republicanos irlandeses, como o IRA, apresentaram com sucesso as suas actividades perante a opinião mundial como a simples continuação de uma antiga luta dos Celtas contra a opressão inglesa. Deram uma aparente solidez a esta afirmação, apesar de não terem actividades terroristas no

País de Gales e na Escócia. Os benefícios políticos (e financeiros) de que o movimento republicano usufruiu foram consideráveis. Pode-se dizer de passagem que a adopção de uma estrutura celular descentralizada pelo IRA possibilitou a manutenção da campanha terrorista durante 30 anos, face à enorme superioridade dos recursos do Estado britânico e tem permanecido, esperemos que seja o fim, inquebrável. Também se apropriaram dos grupos de supremacia branca nos estados do Sul dos EUA, como a Liga do Sul, que afirma que o povoamento branco sulista era essencialmente celta, enquanto que o da Nova Inglaterra era inglês. Neste cenário, a Guerra Civil Americana torna-se uma extensão da luta anglo-celta e a batalha de Gettysburg uma reprise de Culloden, onde os arrojados amantes da liberdade celtas confederados são dizimados pelos lúgubres anglo-ianques. Nem todos os usos do passado são bons.

TERÃO OS CELTAS FUTURO?

Apesar do declínio das línguas celtas, podia parecer que a sobrevivência a longo prazo dos Celtas fosse uma certeza. No entanto, pode não ser assim. O renascimento da identidade celta, que começou no século XVIII, foi uma resposta autoconsciente dos povos de língua celta, sobreviventes a circunstâncias particulares de marginalização económica, social e política. Porém, identidades que se adoptam conscientemente, também podem ser abandonadas conscientemente se se acredita que se tornaram irrelevantes ou pouco atractivas em circunstâncias diferentes. A Irlanda transformou-se nos últimos 30 anos, de um dos países da Europa economicamente mais atrasados, num próspero «Tigre Celta» de alta tecnologia. O gaélico falado está quase extinto, a música mais popular é a música *country* e ocidental, a Igreja Católica tem vindo constantemente a perder influência e o país deixou de ser um exportador de população: pelo contrário, tem resolvido os problemas de integração de imigrantes do Terceiro Mundo numa sociedade que ainda é muito homogénea. Apesar da sua longa história de migração económica, a Irlanda tem provado não ser muito acolhedora em relação aos actuais migrantes económicos. Os outros países celtas estão também a mudar à medida que vão ganhando gradualmente maior poder político e prosperidade económica e que se tornam mais integrados na larga comunidade europeia. Irão estas mudanças confirmar às pessoas a sua identidade celta? Ou irão levá-las a reavaliá-la?

Não é impossível que uma identidade que tem raízes na Idade do Ferro possa um dia ser vista como inadequada por sociedades que se consideram modernas e multiculturais. Os Celtas podem, portanto, encontrar-se relegados para o papel de honráveis antepassados, tal como têm sido em França. É possível que o futuro da identidade celta venha a ser mais uma identidade pessoal ou cultural, em vez de uma identidade nacional ou étnica. Singularmente tal seria apropriado para uma identidade que já transcendeu as fronteiras nacionais. E em relação à celtomania? Por um lado, parece haver poucas perspectivas de que os problemas ambientais e sociais que entusiasmaram a moderna celtomania sejam rapidamente resolvidos, mas o futuro terá preocupações da sua própria natureza e podem não ser os mesmos que os nossos. A celtomania é um importante adereço para a identidade celta, porque cria a percepção popular de que é atractiva e desejável. Será que vai diminuir o compromisso dos Celtas em relação à sua identidade se os não-celtas se tornarem indiferentes a isso? Isto poderá ter um importante significado na diáspora celta uma vez que uma elevada proporção dos que actualmente aceitam as raízes celtas são na realidade de ascendência mista e podem com igual justificação afirmar-se ingleses, ou de outras raízes europeias, se o desejarem. A sobrevivência contínua da identidade celta deve portanto continuar incerta quando está a entrar no seu quarto milénio.

Referências Bibliográficas

Esta é uma bibliografia seleccionada, limitada exclusivamente a trabalhos em inglês, a maioria dos quais foram publicados recentemente e que se encontram disponíveis para o leitor não académico. Gostaria de aproveitar a oportunidade para reconhecer, de um modo geral, a minha dívida em relação aos arqueólogos e historiadores em cujas pesquisas este livro se baseia, e de agradecer ao Departamento de História da Universidade de Lancaster por apoiar o meu trabalho como membro honorário de investigação científica.

ALCOCK, L., *Arthur's Britain* (Harmondsworth, 1971)

ARNOLD, B. e GIBSON, D. B. (eds.), *Celtic Chiefdom, Celtic State* (Cambridge, 1995)

AUDOUZE, F. e BÜSCHSENSCHÜTZ, O., *Towns, Villages and Countryside of Celtic Europe* (Londres, 1991)

BALL, M. J. (ed.), *The Celtic Languages* (Londres e Nova Iorque, 1993)

BARBER, E. W., *The Mummies of Ürümchi* (Londres, 1999)

BERRESFORD-ELLIS, P., *The Celtic Revolution* (Talybont, 1985)

BLACK, R., GILLIES, G. e Ó MAOLALAIGH, R., *Celtic Connections, Vol. 1: Language, Literature, Culture, History* (East Linton, 1999)

BROUN, D. e CLANCY, T. O. (eds.), *Spes Scottorum: Hope of Scots* (Edimburgo, 1999)

CARR, G. e STODDART, S. (eds.), *Celts from Antiquity* (Cambridge, 2002)

CHAPMAN, M., *The Celts: The Construction of a Myth* (Basingstoke e Londres, 1992)

Clyde, R., *From Rebel Hero: The Image of the Highlander 1745-1830* (East Linton, 1995)
Coffey, M. e Golway, T. (eds.), *The Irish in America* (Londres e Nova Iorque, 2000)
Collis, J., *The European Iron Age* (Londres, 1984)
Cowan, E. J. e MacDonald, R. A. (eds.), *Alba: Celtic Scotland in the Medieval Era* (East Linton, 2000)
Craig, D., *On the Crofters' Trail: In Search of the Clearence Highlanders* (Londres, 1990)
Cunliffe, B., *The Ancient Celts* (Londres, 1999)
Cunliffe, B., *Facing the Ocean: The Atlantic and its Peoples* (Oxford, 2001)
Cunliffe, B., *Iron Age Communities in Britain* (3.ª ed., Londres e Nova Iorque, 1991)
Cunliffe, B., *The Oxford Illustrated Prehistory of Europe* (Oxford, 1994)
Curchin, L. A., *Roman Spain: Conquest and Assimilation* (Londres, 1991)
Davies, J., *The Celts: Prehistory to the Present Day* (Londres, 2000)
Davies, J., *A History of Wales* (Londres, 1993)
Davies, R. R., *The First English Empire: Power and Identities in the British Isles 1093-1343* (Oxford, 2000)
Davies, R. R., *The Revolt of Owain Glyn Dwr* (Oxford, 1995)
Davies, W., *Wales in the Early Middle Ages* (Londres e Nova Iorque, 1982)
De Paor, M. e L., *Early Christian Ireland* (Londres, 1965)
Drinkwater, J. F., *Roman Gaul* (Londres, 1983)
Duffy, S. (ed.), *Atlas of Irish History* (Dublin, 1997)
Dumville, D. N. (ed.), *Saint Patrick* (Woodbridge, 1993)
Durkacz, V. E., *The Decline of the Celtic Languages* (Edimburgo, 1983)
Ellis, S. G., *Ireland in the Age of the Tudors* (Londres, 1998)
Eluère, C., *The Celts: First Masters of Europe* (Londres, 1993)
Filip, J., *Celtic Civilisation and its Heritage* (Praga, 1962)
Frere, S., *Britannia* (3.ª ed., Londres, 1987)
Galliou, P. e Jones, M., *The Bretons* (Oxford, 1991)
Grant, A., *Independence and Nationhood: Scotland 1306-1469* (Londres, 1984)
Green, M. J. (ed.), *The Celtic World* (Londres e Nova Iorque, 1995)
Green, M. J., *Exploring the World of the Druids* (Londres, 1997)
Harvey, D. C. *et al.* (eds.), *Celtic Geographies: Old Culture, New Times* (Londres e Nova Iorque, 2002)
Haywood, J., *The Historical Atlas of the Celtic World* (Londres, 2001)
Henig, M., *The Heirs of King Verica: Culture and Politics in Roman Britain* (Stroud, 2002)
James, S., *The Atlantic Celts: Ancient People or Modern Invention?* (Londres, 1999)
James, S., *Exploring the World of the Celts* (Londres, 1993)
Jones, M., *The Creation of Brittany* (Londres, 1988)
Jones, M., *Ducal Brittany* (Oxford, 1970)
King, A., *Roman Gaul and Germany* (Londres, 1990)

Laing, L., *The Archaeology of Late Celtic Britain and Ireland c. 400-1200 AD* (Londres, 1975)
Laing, L., e J., *The Picts and the Scots* (Stroud, 1994)
MacInnes, A., *Clanship, Commerce and the House of Stuart* (East Linton, 1996)
McDonald, R. A., *The Kingdom of the Isles: Scotland's Western Seaboard, c. 1100-c. 1336* (East Linton, 1997)
McLynn, F., *The Jacobites* (Londres e Nova Iorque, 1985)
Mallory, J. P., *In Search of the Indo-Europeans* (Londres, 1989)
Maund, K., *The Welsh Kings* (Stroud, 2000)
Megaw, V. e R., *Celtic Art from its Beginnings to the Book of Kells* (edição revista, Londres, 2001)
Morris, J., *The Age of Arthur* (Londres, 1973)
Morris, J. E., *The Welsh Wars of Edward I* (Oxford, 1901, reedição Stroud, 1996)
Ó Cróinín, D., *Early Medieval Ireland 400-1200* (Londres e Nova Iorque, 1995)
O'Sullivan, P., *The Meaning of the Famine* (Leicester, 1997)
Otway-Ruthven, A. J., *A History of Medieval Ireland* (2.ª ed., Londres, 1980)
Piggott, S., *The Druids* (edição revista, Londres, 1975)
Pittock, M. G. H., *Celtic Identity and the British Image* (Manchester e Nova Iorque, 1999)
Raftery, B., *Pagan Celtic Ireland: The Enigma of the Irish Iron Age* (Londres e Nova Iorque, 1994)
Rankin, D., *Celts and the Classical World* (Londres, 1987)
Reilly, T., *Cromwell: An Honourable Enemy* (Londres, 1999)
Renfrew, C., *Archaeology and Language* (Londres, 1987)
Salway, P., *Roman Britain* (Oxford, 1981)
Simms, K., *From Kings to Warlords* (Woodbridge, 1987)
Smyth, A. P., *Warlords and Holy Men: Scotland AD 80-1000* (Londres, 1984)
Snyder, A. P., *The Britons* (Oxford, 2003)
Snyder, C. A., *An Age of Tyrants: Britain and the Britons AD 400-600* (Stroud, 1998)
Todd, M., *The Southwest to AD 1000* (Londres, 1987)
Turvey, R., *The Welsh Princes 1063-1283* (Harlow, 2002)
Walker, D., *Medieval Wales* (Cambridge, 1990)
Webster, B., *Medieval Scotland, The Making of an Identity* (Londres e Basingstoke, 1997)
Webster, G., *Boudica: The British Revolt against Rome AD 60* (Londres, 1978)
Wells, P. S., *The Barbarians Speak: How the Conquered Peoples Shaped Roman Europe* (Princeton e Oxford, 1999)
Wells, P. S., *Beyond Celts, Germans and Scythians* (Londres, 2001)
Whyte, I. e K., *On the Trail of the Jacobites* (Londres e Nova Iorque, 1990)
Williams, G., *The Welsh in Patagonia* (Cardiff, 1991)
Williams, R., *The Lords of the Isles* (Londres, 1984)
Withers, C. W. J., *Gaelic Scotland* (Londres e Nova Iorque, 1988)

Lista de Mapas

Lista de Gravuras

20. Castelo de Carrickfergus
21. Castelo de Cloghmore
22. Hugh O'Neill
23. Castelo de Parkes
24. Castelo de Corgarff
25. Pequenas quintas abandonadas em Lonbain, Wester Ross
26. Camponeses irlandeses famintos clamam aos portões de um asilo

Índice Remissivo

N.B. O índice lista "Cristianismo, Cristãos" até à Reforma; depois disso o índice é por denominação (e.g. "Catolicismo, Católicos", "separação da Igreja Anglicana" etc.).

Índice

HISTÓRIA NARRATIVA

1 – *História dos Estados Unidos desde 1865,* Pierre Melandri
2 – *A Grande Guerra – 1914-1918,* Marc Ferro
3 – *História de Roma,* Indro Montanelli
4 – *História Narrativa da II Guerra Mundial,* John Ray
5 – *Hitler – Perfil de um Ditador,* David Welch
6 – *A Vida de Maomé,* Virgil Gheorghiu
7 – *Nicolau II,* Marc Ferro
8 – *História dos Gregos,* Indro Montanelli
9 – *O Império Otomano,* Donald Quataert
10 – *A Guerra Secreta,* Ladislas Farago
11 – *A Guerra de Secessão,* Farid Ameur
12 – *A Guerra Civil de Espanha,* Paul Preston
13 – *A Vida Quotidiana no Egipto no Tempo das Pirâmides,* Guillemette Andreu
14 – *O Amor em Roma,* Pierre Grimal
15 – *Os Templários,* Barbara Frale
16 – *No Rasto dos Tesouros Nazis,* Jean-Paul Picaper
17 – *História do Japão,* Kenneth G. Henshall
18 – *Artur, Rei dos Bretões,* Daniel Mersey
19 – *O Islão e o Ocidente. Uma Harmonia Dissonante de Civilizações,* Christopher J. Walker
20 – *Pós-Guerra. História da Europa desde 1945,* Tony Judt
21 – *A Guerra Fria,* John Lewis Gaddis
22 – *História da União Soviética,* Peter Kenez
23 – *História do Tibete. Conversas do o Dalai Lama,* Thomas Laird
24 – *A Europa em Guerra – 1939-1945,* Norman Davies
25 – *Santos e Pecadores. História dos Papas,* Eamon Duffy
26 – *A Grande Guerra pela Civilização. A Conquista do Médio Oriente,* Robert Fisk
27 – *O Sabor da Conquista – A Ascensão e Queda das Três Grandes Cidades das Especiarias,* Michael Krondl
28 – *Mundos em Guerra,* Anthony Pagden
29 – *História de Israel,* Martin Gilbert
30 – *O Parlamento do Homem. História das Nações Unidas,* Paul Kennedy
31 – *Os Celtas. Da Idade do Bronze aos Nossos Dias,* John Haywood

Impresso por:
Docuprint
CNPJ 01.036.332/0001-99